Wendezeit im Christentum

Fritjof Capra/David Steindl-Rast
in Zusammenarbeit mit Thomas Matus

Wendezeit im Christentum

Perspektiven für eine aufgeklärte Theologie

Scherz

1. Auflage 1991
Einzig berechtigte Übersetzung aus dem Amerikanischen
von Erwin Schuhmacher.
Titel des Originals: «A Sense of Belonging».
Copyright © 1991 by Fritjof Capra and David Steindl-Rast.
Gesamtdeutsche Rechte beim Scherz Verlag, Bern, München, Wien.
Alle Rechte der Verbreitung, auch durch Funk, Fernsehen,
fotomechanische Wiedergabe, Tonträger jeder Art sowie
durch auszugsweisen Nachdruck, sind vorbehalten.
Schutzumschlag von Design Team.

Inhalt

7

VIERTER TEIL:
Soziale Implikationen des neuen Denkens
in Naturwissenschaft und Theologie

Vorwort

«Wenn in den meisten anderen Regionen der nördlichen Welt der Winter Einzug hält, dann ist in Big Sur der Frühling bereits auf dem Vormarsch. Hier kommt der Frühling ganz plötzlich mit den ersten starken Regenfällen des Dezembers oder sogar des späten Novembers. ‹Winter› in Big Sur ist in Wahrheit die Ankunft eines wunderbaren grünen und blühenden Frühlings.» Diese Worte des Schriftstellers F. Schmoe gelten auch für das geistige Klima in Big Sur. Hier regt sich der kalifornische Frühling in den Wurzeln eines neuen Denkens, das anderen Orts vielleicht noch im gefrorenen Boden schlummert.

Das Neue Denken ist nicht zwangsläufig überlegen, weil es «neu» ist, doch es ist auch nicht zwangsläufig schlechter als das alte. Es braucht ein Forum, auf dem es präsentiert, diskutiert und bewertet werden kann. Big Sur verfügt über ein solches Forum – das Esalen Institut. Seit mehr als zwei Jahrzehnten haben Ideen und Methoden, die zunächst in Esalen erdacht wurden, anschließend Einfluß in anderen Teilen der Welt ausgeübt. Diese bahnbrechenden Methoden und Ideen, dieses intellektuelle Hebammenwerk in Esalen, ruft uns die Namen von Aldous Huxley, Abraham Maslow, Fritz Perls, Buckminster Fuller, Stanislav und Christina Grof, Alan Watts, Gregory Bateson, Charlotte Selver, Joseph Campbell, Michael und Dulcie Murphy in Erinnerung. Die Liste könnte endlos fortgesetzt werden. Das gilt auch für die kulturellen Anstöße, die von hier ausgingen und oft genug beträchtliches Aufsehen erregten.

Auch die in diesem Buch niedergeschriebenen Gespräche fanden in Esalen statt. Ende des Jahres 1985 veranstaltete das

9

Elmwood Institute ein Symposium zum Thema «Kritische Fragen über das neue Denken». Dabei übergab Fritjof Capra den Teilnehmern eine Aufstellung typischer Eigenschaften des «neuen Denkens in der Naturwissenschaft». Eher scherzhaft gemeint, erstellten David Steindl-Rast und Thomas Matus damals eine ähnlich aufgebaute Parallel-Liste für das Gebiet der Theologie. Doch wurde bald deutlich, daß unsere nette kleine Liste weitreichende Implikationen hatte. Daraufhin trafen wir uns über Jahre hinweg immer wieder in Esalen, um die Implikationen der gefundenen Parallelen Punkt für Punkt zu diskutieren. Das vorliegende Buch wurde aus diesen Diskussionen gewissermaßen herausdestilliert. Seine einzelnen Seiten sind von Big Sur und dessen unvergleichlicher Schönheit geprägt.

Eigentlich sollte das Buch auch bebildert sein. Aber dann – welche Illustrationen könnten das sich stets wandelnde Licht in den Eukalyptusbäumen, die sich ständig verändernde Färbung von Himmel und Meer einfangen? Was könnte den Duft vermitteln, der von dem auf hohe Klippen gekauerten Garten herüberweht, oder das Donnern der Meereswogen, die sich tief unten brechen? Der warme und schwere Geruch von Kompost, das Rauschen des Windes in den Zypressen, das Gurgeln des Baches unter dem hölzernen Fußgängersteg verbanden sich so unmittelbar mit der Stimmung unseres Dialogs, daß der Leser sie vielleicht unbewußt schnuppern, fühlen und hören kann.

Dieser besondere Rahmen, den die Natur uns lieferte, ist zwar nicht ausdrücklich in unserem Text erwähnt, war jedoch ein wesentliches Element unseres Gesprächs. Das Gefühl der Zugehörigkeit, das zum Kern des spirituellen Gewahrseins gehört, wurde zum zentralen Thema dieser intellektuellen Begegnungen. Da diese in einem so großartigen Naturrahmen stattfanden – eingebettet in die natürlichen Zyklen von Licht und Dunkelheit, von brennender Sonne und wohltuenden Nebelschleiern, von gelassener Ruhe und aufschreckenden Gewittern –, erlebten wir dieses Gefühl der Zugehörigkeit intensiver, als unsere lebhaftesten Diskussionen es uns vermitteln konnten. Unsere gemeinschaftliche andauernde Erfahrung eines Dialogs nicht nur untereinander, sondern auch mit Mutter Erde, half uns immer wieder zu intuitivem Verständnis und schweigender Übereinstimmung zu gelangen, in der Worte nicht mehr nötig waren. Wir meinen, daß Mutter Erde auf jeder Seite dieses Buches präsent ist. Unsere lebendige Erde ist die schweigende Quelle all dessen, was wir in diesen Gesprächen aussagen. Sie vermittelt uns den Kontext für das neue Denken über Gott und die Natur.

Fritjof Capra
David Steindl-Rast

Kriterien für das neue Denken
in Naturwissenschaft und Theologie

Neues Denken in der
Naturwissenschaft
von Fritjof Capra

Neues Denken in der
Theologie
eine Paraphrase von Thomas Matus
und David Steindl-Rast

Das alte naturwissenschaftliche Paradigma kann man als kartesianisch, newtonsch oder baconsch bezeichnen, da seine Haupteigenschaften von Descartes, Newton und Bacon formuliert wurden.

Das alte theologische Paradigma kann man als rationalistisch, manualistisch (lehrbuchhaft) oder positivscholastisch bezeichnen, da seine Haupteigenschaften in theologischen Handbüchern auf der Grundlage scholastischer, schriftlich überlieferter Beweistexte formuliert wurden.

Das neue Paradigma kann man ganzheitlich, ökologisch oder systemisch nennen, wobei keines dieser Adjektive es vollständig charakterisiert.
Das neue Denken in der Naturwissenschaft umfaßt die nachstehenden fünf Kriterien, deren erste beiden sich auf eine Sicht der Natur, die anderen drei auf unsere Epistemologie beziehen.

Das neue Paradigma kann man ganzheitlich, ökumenisch oder transzendental-thomistisch nennen, wobei keines dieser Adjektive es vollständig charakterisiert.
Das neue Denken in der Theologie umfaßt die nachstehenden fünf Kriterien, deren erste beiden sich auf unsere Anschauung von der göttlichen Offenbarung, die drei anderen auf unsere theologische Methodologie beziehen.

1. *Wechsel vom Teil zum Ganzen*

Im Rahmen des alten Paradigmas glaubte man, in jedem komplexen System könne man die Dynamik des Ganzen aus den Eigenschaften der Teile ableiten. Im neuen Paradigma wird das Verhältnis zwischen den Teilen und dem Ganzen umgekehrt. Die Eigenschaften der Teile können nur in Anbetracht der Dynamik des Ganzen begriffen werden. Im Grunde gibt es überhaupt keine Teile. Was wir als Teil bezeichnen, ist nur ein Muster in einem untrennbaren Gewebe von Zusammenhängen.

2. *Wechsel von der Struktur zum Prozeß*

Nach dem alten Paradigma glaubte man, es gebe fundamentale Strukturen, und dann Kräfte und Mechanismen, durch die diese interagieren, wodurch ein Prozeß in Gang komme.

Im neuen Paradigma gilt jede Struktur als Manifestation eines ihr zugrundeliegenden Prozesses. Das ganze Gewebe ist seinem Wesen nach organisch.

1. *Wechsel von Gott als Offenbarer der Wahrheit zur Wirklichkeit als Gottes Selbstoffenbarung*

Im Rahmen des alten Paradigmas glaubte man, die Gesamtsumme der Dogmen (die grundsätzlich alle von gleicher Bedeutung seien) ergebe die offenbarte Wahrheit. Im neuen Paradigma wird das Verhältnis zwischen den Teilen und dem Ganzen umgekehrt. Den Sinn einzelner Dogmen kann man nur aus der Dynamik der Offenbarung als Ganzer begreifen, die ein einziger, ganzheitlicher Vorgang ist. Einzelne Dogmen konzentrieren sich auf bestimmte Augenblicke der Selbstmanifestation Gottes in der menschlichen Erfahrung von Natur und Geist.

2. *Wechsel von der Offenbarung als zeitlose Wahrheit zur Offenbarung als historische Manifestation*

Nach dem alten Paradigma glaubte man, es gebe ein statisches Bündel übernatürlicher Wahrheiten, die Gott uns zu offenbaren trachtete. Doch galt der historische Prozeß, durch den Gott sie offenbarte, als unwesentlich und daher unwichtig. Im neuen Paradigma ist der dynamische Prozeß der Heilsgeschichte als solcher die große Wahrheit der Selbstmanifestation Gottes. Die Offenbarung selbst ist im ureigentlichen Sinne dynamisch.

3. *Wechsel von der objektiven zur «epistemischen» Naturwissenschaft*

Im alten Paradigma glaubte die Naturwissenschaft, objektiv zu sein, d. h. unabhängig vom menschlichen Beobachter und dem Prozeß des Erkennens.

Im neuen Paradigma glaubt man, die Epistemologie – also das Verstehen des Erkenntnisprozesses – müsse ausdrücklich in die Beschreibung der Naturphänomene werden. Zum jetzigen Zeitpunkt gibt es noch keinen Konsens darüber, was die richtige Epistemologie ist. Doch entsteht langsam Konsens darüber, daß Epistemologie ein integraler Bestandteil der Naturwissenschaft sein muß.

3. *Wechsel von der Theologie als objektiver Wissenschaft zur Theologie als Prozeß des Erkennens*

Im alten Paradigma hielt man die theologischen Feststellungen für objektiv, d. h. für unabhängig von der gläubigen Person und dem Prozeß des Erkennens.

Das neue Paradigma meint, das Nachdenken über nichtbegriffliche Wege des Erkennens – intuitive, gefühlsmäßige, mystische – müsse ausdrücklich in theologische Überlegungen einbezogen werden. Zum jetzigen Zeitpunkt gibt es keinen Konses darüber, in welchem Verhältnis begriffliche und nichtbegriffliche Wege des Erkennens in theologischen Überlegungen zueinander stehen. Jedenfalls setzt sich ein Konsens durch, daß nichtbegriffliche Wege des Erkennens integrale Bestandteile der Theologie sind.

4. *Wechsel vom Gedankengebäude zum Netzwerk als Metapher des Erkennens*

Die Metapher von der Erkenntnis als einem Gedankengebäude – fundamentaler Gesetze, fundamentaler Prinzipien. Grundbausteine, usw. – ist in der abendländischen Naturwissenschaft und Philosophie seit Tausenden von Jahren gebräuchlich.

Während eines Paradigmenwechsels hat man den Eindruck, daß die Grundlagen der Erkenntnis zusammenbrechen.

4. *Wechsel vom Gedankengebäude zum Netzwerk als Metapher des Erkennens*

Die Metapher von der Erkenntnis als einem Gedankengebäude – fundamentaler Gesetze, fundamentaler Prinzipien, Grundbausteine, usw. – ist in der Theologie seit vielen Jahrhunderten gebräuchlich.

Während eines Paradigmenwechsels hat man den Eindruck, daß die Grundlagen der Lehre zusammenbrechen.

Im neuen Paradigma wird diese Metapher durch die des Netzwerks ersetzt. Da wir nun die Wirklichkeit als ein Netzwerk von Zusammenhängen wahrnehmen, bilden auch unsere Beschreibungen ein Netzwerk mit vielfachen Querverbindungen, das die beobachteten Phänomene repräsentiert; in einem solchen Netzwerk gibt es weder Hierarchien noch Fundamente. Die Vorstellung, die Physik biete das maßgebende Modell für alle anderen Wissenschaften und liefere die Vorstellungsbilder für wissenschaftliche Beschreibung, wird aufgegeben.

5. Wechsel von der Wahrheit zu annähernden Beschreibungen

Das kartesianische Paradigma beruhte auf dem Glauben an die Gewißheit wissenschaftlicher Erkenntnis. Im neuen Paradigma wird anerkannt, daß alle wissenschaftlichen Begriffe und Theorien begrenzt und nur Annäherungen sind. Die Naturwissenschaft kann niemals ein vollständiges und definitives Verständnis der Wirklichkeit vermitteln. Naturwissenschaftler befassen sich nicht mit der Wahrheit (im Sinne einer präzisen Entsprechung zwischen der Beschreibung und dem beschriebenen Phänomen); sie befassen sich mit begrenzten und annähernden Beschreibungen der Wirklichkeit.

Im neuen Paradigma wird diese Metapher durch die des Netzwerks ersetzt. Da wir nun die Wirklichkeit als ein Netz von Zusammenhängen wahrnehmen, bilden auch unsere theologischen Feststellungen ein Netzwerk verschiedener Perspektiven der transzendenten Wirklichkeit. In einem solchen Netzwerk kann jede Perspektive einzigartige und gültige Einsichten in die Wahrheit vermitteln. Die Vorstellung, daß ein einziges, einheitliches theologisches System für alle Gläubigen bindende Gültigkeit haben könnte, wird aufgegeben.

5. Verlagerung des Schwerpunkts von theologischen Feststellungen zu göttlichen Mysterien

Das lehrbuchhafte Paradigma der Theologie behauptete schon durch seine bloße Form als «Summa» oder Kompendium, unser theologisches Wissen sei erschöpfend. Mit der stärkeren Betonung des Mysteriums durch das neue Paradigma gesteht dieses den begrenzten und annähernden Charakter jeder theologischen Äußerung ein. Die Theologie kann niemals ein vollständiges und definitives Verständnis göttlicher Mysterien vermitteln. Wie jeder Gläubige findet der Theologe die letzte Wahrheit nicht in der theologischen Aussage, sondern in der grenzenlosen Wirklichkeit, der diese Aussage aufhellenden, jedoch begrenzten Ausdruck verleiht.

Einführung

Fritjof Capra (FC): Wir wollen uns zuerst einmal selbst vorstellen und sagen, was uns zu diesem Dialog motiviert hat. Mit Ihrer Erlaubnis möchte ich den Anfang machen. Ich bin als Katholik aufgewachsen und habe mich aus verschiedenen Gründen vom Katholizismus abgewandt. Ich begann mich sehr für fernöstliche Religionen zu interessieren und fand auffallende Parallelen zwischen den Theorien der modernen Naturwissenschaft, vor allem denen meines Fachgebiets Physik, und den Grundgedanken des Hinduismus, Buddhismus und Taoismus. Diese Entdeckung ging Hand in Hand mit einer tiefgreifenden persönlichen Transformation. Ich war stets ein Mensch, der sich mit Spiritualität befaßte, und als ich mich östlicher Spiritualität zuwandte, erarbeitete ich mir im Laufe der Jahre einen persönlichen spirituellen Weg, der praktisch von allen drei großen östlichen Traditionen beeinflußt ist – vom Taoismus, Buddhismus und Hinduismus – und darüber hinaus auch sehr von der Ökologie, von dem, was wir heute «tiefe Ökologie» nennen.

Bis vor kurzem hat mein persönlicher Weg das Christentum überhaupt nicht einbezogen, zumindest nicht bewußt. Das änderte sich jedoch, als meine Tochter geboren wurde – eigentlich schon, bevor sie geboren wurde. Ich diskutierte damals mit Ihnen, Bruder David, und wie ich mich erinnere, erzählten Sie, Sie hätten vor einiger Zeit eine Taufe gefeiert, die halb katholisch, halb buddhistisch war.

David Steindl-Rast (DSR): Sie war im Grunde *ganz* katholisch und *ganz* buddhistisch.

FC: Die Sache hat mich sehr interessiert, und ich dachte, es wäre wunderbar, wenn wir das auch mit unserem Baby tun könnten, das wir damals erwarteten. Und so geschah es dann auch. David war so freundlich, es zu arrangieren, und wir erlebten eine sehr schöne Zeremonie. Damals bekannte ich mich dazu, meiner Tochter eine spirituelle Erziehung angedeihen zu lassen oder zumindest ein spirituelles Umfeld zu schaffen, das auch die christliche Überlieferung *einbezieht*. Auf diese Weise wurde natürlich mein persönliches Interesse am Christentum wieder geweckt, weil ich spürte, daß ich es ernst nehmen mußte. Inzwischen ist Juliette zwei Jahre alt und kommt bald in das Alter, in dem sie für Geschichten empfänglich wird. Ich will ihr Episoden aus dem Mahābhārata und andere indische Geschichten erzählen, aber auch buddhistische und einige chinesische. Und selbstverständlich möchte ich ihr auch Geschichten aus der christlichen, jüdischen und abendländischen spirituellen Überlieferung erzählen. Müßte ich ihr heute die Weihnachtsgeschichte erzählen, dann könnte ich das mit sehr einfachen Worten tun. Doch nehmen wir einmal an, sie wäre fünf Jahre älter. Dann, meine ich, könnte ich in Schwierigkeiten geraten. Ich wüßte nicht so recht, wie ich sie gut formulieren sollte.

Übrigens gibt es da noch einen anderen Aspekt. Ich halte viele Vorträge in Deutschland, der Schweiz und Österreich. Dort ist der Stellenwert der Kirche ein ganz anderer als hier in Kalifornien. Ich glaube, es hat nicht ein einziges Seminar und keine einzige Vortragsveranstaltung gegeben, bei der nicht jemand die Frage gestellt hat: «Und wo bleibt Gott in Ihrem Weltsystem?» Diese Frage kommt immer wieder auf. Dort ist die gesamte Weltanschauung viel theistischer als hier in Kalifornien.

Neuerdings zeigen die Kirchen in Deutschland – die katholi-

sche wie die protestantische – sehr viel Interesse an der New-
Age-Bewegung. Sie haben Angst vor der neuen Spiritualität,
die jetzt auch in Europa an Boden gewinnt. Sie spüren, daß sie
sich damit befassen müssen, und ich werde immer wieder zu
diesen Diskussionen eingeladen. Dadurch habe ich auch beruflich ein stärkeres Interesse an dieser Thematik gewonnen.
Wegen dieser verschiedenen Interessen bin ich hier und
freue mich sehr auf den bevorstehenden Dialog.

DSR: Sie erwähnten vorhin jene buddhistisch-christliche
Taufe oder Initiation, Fritjof. Es lohnt sich, darüber zu Beginn
etwas mehr zu sagen. Die Zeremonie fand in Green Gulch statt,
auf der Farm des San Francisco Zen Center. Beide Eltern waren ordinierte buddhistische Priester und zugleich praktizie-
rende Christen. Solche Fälle erlebt man immer häufiger in verschiedenen Zen-Zentren – daß nämlich Menschen, die einst
ihren christlichen Glauben ablegten und sich dem Zen zu-
wandten, nach vielleicht zehn, fünfzehn oder zwanzig Jahren
aufgrund der Beschäftigung mit Zen ihr Christentum auf einer
viel tieferen Ebene wiederentdecken. Jetzt wollen sie sogar, daß
ihre Kinder in diese Tradition eingeführt werden. Die Taufe
eines Kindes ist ein Initiationssakrament und gliedert das Kind
einer christlichen Gemeinschaft ein. Da beide Traditionen,
richtig verstanden, miteinander vollkommen vereinbar sind,
war es möglich, dieses Kind in beide gleichzeitig aufzunehmen.
Der ganze Sangha (buddhistische Gemeinde) und ein großer
Kreis von Menschen haben daran mit tiefem Verständnis teil-
genommen.

FC: Ich glaube, es gibt da noch einen anderen Gesichtspunkt.
Man will ein Kind ja nicht nur wegen einer eigenen persönlichen Beziehung zu diesem Glauben ins Christentum einführen,
sondern auch, weil das Christentum ein Teil seiner Umwelt ist.
So ist es ja auch notwendig, wenn auch schwierig, das Kind mit
dem Tod vertraut zu machen, wenn ein Tier oder sein Großva-

ter stirbt, sowie mit Gewalt oder Niedertracht; wir müssen es mit diesen Dingen vertraut machen, weil sie zu unserer Welt gehören. Auf der positiven Seite sind die Religionen ein Teil der Welt, und meine Tochter wird in einem christlichen Umfeld aufwachsen. Selbst wenn ich keine Neigung zum Christentum hätte, müßte ich mich also ernsthaft bemühen, das Kind damit bekanntzumachen.

DSR: Es geht dabei eher um eine Verheißung als um eine Verwirklichung, einfach um das Offensein für etwas, das erst noch kommen wird. In dem Handzettel, den wir für die Zeremonie verteilten, hieß es einfach: «Einige Christen wie auch einige Buddhisten, die heute an der Zeremonie teilnehmen, mögen sich damit noch nicht ganz anfreunden können. Wir sollten jedoch diese Zeremonie als eine Verheißung ansehen, der wir nähergekommen sein werden, wenn dieses Kind einmal erwachsen sein wird. Die Generation dieses Kindes wird verstehen, wie gut beide Überlieferungen zusammenpassen.»

Damit komme ich zu dem zweiten Punkt, den Sie erwähnt haben. Jetzt macht es Ihnen noch Spaß, Ihrer kleinen Tochter Geschichten zu erzählen. Sobald sie jedoch älter wird, mag das schwieriger werden. Das geht vielen Leuten so, weil uns diese Geschichten meistens in einer für Kinder geeigneten Form präsentiert wurden. Man hat uns jedoch nicht dazu angehalten, sie in einem späteren Lebensalter in einer Form neu zu erzählen, die Erwachsenen angemessen ist. Wir müssen sie überdenken. Es gibt Erwachsene, die in jeder anderen Hinsicht erwachsen, in ihrer religiösen Bildung jedoch immer noch Kind sind. Sie können über Religion nicht in Begriffen der Erwachsenen sprechen. Sie, Fritjof, haben nun eine wunderbare Gelegenheit, zusammen mit Ihrem Kind zu wachsen. Erzählen Sie ihm zum Beispiel Märchen, dann haben die für ein Kind andere Bedeutung als für Erwachsene. Als Heranwachsende betrachten wir sie abfällig als baren Unsinn. In reiferem Alter kehren wir jedoch zu ihnen zurück und schätzen ihren tiefen Sinn.

Für mich persönlich ist an dieser Diskussion folgendes wichtig. Ich halte ebenfalls häufig Vorträge im deutschsprachigen Raum und werde oft gefragt: «Wie passen New Age und christlicher Glaube zusammen?» Auch bei Konferenzen von Wissenschaftlern und Repräsentanten von Religionen, zu denen ich geladen werde, muß ich dieselben Fragen beantworten. Daher mein großes Interesse, mehr über Naturwissenschaft zu erfahren. Ich habe als Künstler begonnen. Die Kunst war die erste Liebe und das erste große Interesse meines Lebens. Dann begann ich mich für primitive und kindliche Kunst zu interessieren, sattelte deshalb immer mehr um auf Psychologie und Anthropologie und promovierte schließlich in Psychologie. Das geschah zu der Zeit, in der wir in Wien versuchten, die Psychologie zu einer exakten Naturwissenschaft zu machen, so naturwissenschaftlich wie nur möglich. Wir gehörten nicht zu den Psychologen, deren Handwerkszeug die Couch war, sondern absolut zu denen, die mit Ratten arbeiteten. Bei uns mußte alles und jedes gemessen werden. Und dem galt auch mein eigenes Interesse. Ich habe also ein Gespür für Naturwissenschaft und ein großes Interesse an einem Dialog dieser Art. Mönch wurde ich erst, nachdem ich Kunst und Psychologie studiert hatte. Je länger ich mich «professionell mit Religion befasse», wenn man es so bezeichnen will, desto mehr entdecke ich die große Bedeutung der Kunst und der Naturwissenschaft für die Fülle menschlichen Lebens. Daher ist für mich persönlich dieser Dialog von so großer Bedeutung. Auch da gibt es eine Parallele zwischen uns. Wir sind am Verhältnis zwischen Naturwissenschaft und Theologie nicht nur interessiert, weil wir öffentlich darüber diskutieren müssen, sondern es ist für uns beide eine sehr persönliche Angelegenheit – im Grunde für uns drei, meine ich.

Thomas Matus (TM): Die komplexen Zusammenhänge zwischen Kunst, Naturwissenschaft und Religion sind für mich von entscheidender Bedeutung, Bruder David. Doch habe ich einen ganz anderen Hintergrund als Sie und Fritjof, weil ich nicht als Katholik aufgewachsen bin. Genaugenommen wurde ich nicht im Sinne einer bestimmten institutionellen Religion erzogen. Beide Elternteile – mein Vater Abkömmling einer polnischen Einwandererfamilie, meine Mutter Tochter eines Baptistenpredigers – waren zunächst sehr religiös erzogen worden. Als ich geboren wurde, hatten sie sich aus den institutionellen Formen der Religion zurückgezogen. Aus diesem Grunde förderten sie mein Interesse an Spiritualität, ohne mich zu einer bestimmten religiösen Praxis zu zwingen.

In meiner Teenagerzeit beschäftigte sich meine Mutter mit New-Age-Literatur und sogar ein wenig mit fernöstlicher Philosophie. Als ich den Hinduismus und Buddhismus entdeckte, klang mir beides sofort wahr, obwohl ich auch eine Beziehung zum Christentum hatte, da ich die Bibel gelesen und von Zeit zu Zeit die Sonntagsschule der Baptisten besucht hatte.

Meine erste Einführung in fernöstliche Religionen erfolgte durch die *Autobiographie eines Yogi* von Paramahansa Yogananda. In diesem Buch zitiert Yogananda im Zusammenhang mit dem neuen naturwissenschaftlichen Paradigma, das bereits in den 1930er Jahren erkennbar wurde, die beiden britischen Naturwissenschaftler Arthur Eddington und James Jeans. Das stachelte mein Interesse für Yoga und gleichzeitig für theoretische Physik an. Ich las einige populärwissenschaftliche Bücher über Relativität und Quantenmechanik. Und obwohl ich sehr wenig von der Sache verstand, wurde mir zumindest klar, daß die Neue Physik etwas darstellte, was mit Spiritualität in Zusammenhang gebracht werden sollte.

In einer Hinsicht unterschied meine Erfahrung sich von der des Bruders David. Obwohl ich nicht im Rahmen einer Konfession aufgewachsen war, war ich bereits im Alter von etwa sechzehn Jahren überzeugt, schicksalhaft zum Mönch berufen zu sein. Ob ich nun ein Hindumönch oder christlicher Mönch werden sollte, war eine Frage, die ich später entscheiden würde.

Schließlich schloß ich mich den Kamaldulenser Mönchen hier in Big Sur an, was natürlich bedeutete, daß ich mich für den Weg des überlieferten Christentums entschied. Während meiner Jahre im College wurde ich von der Wahrheit des katholischen Glaubens überzeugt und war bereit, die Kirche als meinen Guru anzuerkennen. Doch blieben weiterhin einige meiner Fragen unbeantwortet. Zu meinem Glück riet mir ein chinesischer Benediktinermönch in einem Kloster nahe Los Angeles, nicht abzulehnen, was ich von anderen Überlieferungen gelernt hatte. Das war damals im Jahre 1960, vor dem Zweiten Vatikanischen Konzil und im Rahmen der neuen Offenheit der Katholischen Kirche. Es war ein großes Glück, daß ich diesen Rat erhielt. Er sagte mir: «Du würdest nicht da sein, wo du jetzt bist, wenn du nicht alles das durchlebt hättest, was dir widerfahren ist. Daher kannst du das alles nicht einfach abstreifen.»

Hier im Kloster in Big Sur erlebte ich jedoch ziemlichen Widerstand gegen diesen ökumenischen Geist. Als Novize durfte ich mich weder mit Yoga noch mit orientalischen Religionen beschäftigen. Doch klammerte ich mich an die Hoffnung, daß ich schließlich doch die Gelegenheit dazu erhalten würde. Und als das dann der Fall war, ergriff ich sie auch.

Man kann also sagen, daß wir drei trotz unterschiedlicher Hintergründe viele gemeinsame Interessen haben.

Lassen Sie mich nun noch etwas dazu sagen, wie ich dazu gekommen bin, an Ihrem Dialog teilzunehmen. Als Sie beide über Fritjofs Kriterien des neuen Denkens in der Naturwissenschaft korrespondierten, fragte Bruder David mich, ob ich ihm helfen würde, ein paralleles Schema von Kriterien für die Theologie zusammenzustellen. Also werde ich Ihnen nunmehr zuhören und gelegentlich Beobachtungen aus der Geschichte der Theologie und der Geschichte der Religionen beisteuern.

ERSTER TEIL:
Naturwissenschaft und Theologie

FC: Ich denke, wir sollten zu Beginn ganz allgemein über das Verhältnis zwischen Naturwissenschaft und Theologie sprechen. Der Begriff des Paradigmawechsels kommt aus der Naturwissenschaft, und wenn wir ihn auf die Theologie anwenden, wird sich erst herausstellen, ob das gerechtfertigt ist. Daher möchte ich zunächst einige sehr allgemeine Fragen stellen. Was ist eigentlich der Zweck der Naturwissenschaft einerseits und der Theologie andererseits? Welches sind ihre Methoden? Danach möchte ich einiges zum Fortschritt der Naturwissenschaft sagen, was Anlaß zur Diskussion des Begriffes Paradigma geben wird.

I. Sinn und Zweck von Naturwissenschaft und Theologie

FC: Meines Erachtens ist es Sinn und Zweck der Naturwissenschaft, Erkenntnisse über die Wirklichkeit zu erlangen, über unsere Welt. Neben vielen anderen Wegen ist die Naturwissenschaft ein besonderer Weg zum Erlangen von Wissen. Und ein Aspekt des neuen Denkens in der Naturwissenschaft ist, daß die Wissenschaft weder der einzige noch der beste, sondern nur einer von vielen Wegen ist. Der Ausdruck «Naturwissenschaft» ist, wie Sie wissen, jüngeren Datums. Früher nannte man das «Naturphilosophie». Naturwissenschaft und Philosophie waren also nicht getrennt. Und in der Tat nennt man Newtons erste mathematische Formulierung der Wissenschaft im modernen Sinne immer noch *Die mathematischen Prinzipien der Naturphilosophie.*

Die Naturwissenschaft und die Beherrschung der Natur

Heute ist der Zweck der Naturwissenschaft fast gleichbedeutend mit der Herrschaft und Kontrolle über die Natur und eng mit der Technologie verknüpft. Viele Naturwissenschaftler sind beruflich überhaupt nicht an Anwendungsmöglichkeiten interessiert, sondern nur an der reinen Wissenschaft, um mehr Kenntnisse über die Welt zu erlangen. Doch ist die Idee der Beherrschung der Natur selbst in der reinen Wissenschaft sehr eng mit der naturwissenschaftlichen Methode assoziiert, fast synonym mit ihr, was ich für sehr bedauerlich halte.

Viele von uns Anhängern des neuen Paradigmas meinen, dieser Gedanke, daß der Mensch die Natur beherrschen solle – eine patriarchalische Einstellung –, sollte aus der Wissenschaft verschwinden. Wir würden gern eine Naturwissenschaft entstehen sehen, in der die Wissenschaftler mit der Natur kooperieren und nach mehr Wissen streben, damit wir die natürlichen Phänomene kennenlernen und in der Lage sind, uns ihnen anzupassen. So verstehe ich die traditionelle mittelalterliche Vorstellung, Wissenschaft «zum Ruhme Gottes» zu betreiben.

Damit komme ich zu den Fragen, «Was ist der Zweck der Theologie?» und «In welcher Beziehung steht Theologie einerseits zur Religion und andererseits zur Spiritualität?».

Spiritualität und Religion

TM: Ich kann diese Fragen in die Form eines Axioms bringen. Man kann Spiritualität ohne Religion besitzen, aber keine Religion, keine *authentische* Religion, ohne Spiritualität. Es gibt Religion ohne Theologie, jedoch keine authentische Theologie ohne Religion und Spiritualität. Daher hat meines Erachtens Spiritualität als Erfahrung, Praxis und Einsicht die Priorität.

FC: Was ist demnach Religion? Eine Institutionalisierung dieser Spiritualität?

TM: Institutionalisierung ist eine der Konsequenzen, wenn eine ursprüngliche spirituelle Erfahrung in eine Religion umgewandelt wird. Am wichtigsten ist jedoch, daß Religion den kategorischen oder intellektuellen Aspekt sowie den sozialen Aspekt der Erfahrung zum Ausdruck bringt.

DSR: Ich halte es für wichtig, stets zwischen «RELIGION», groß geschrieben, und «einer Religion» zu unterscheiden. Das sind zwei ganz verschiedene Dinge. Raimundo Panikkar vergleicht RELIGION und SPRACHE. Menschen verfügen über SPRACHE, doch kann niemand SPRACHE sprechen; man muß *eine* Sprache sprechen. Das ist eine wichtige Erkenntnis. Man kann nicht RELIGION ohne eine Religion haben; reine RELIGION kann man ebensowenig praktizieren wie man SPRACHE an sich sprechen kann. RELIGION,wie ich sie verstehe, steht der Spiritualität sehr nahe. Sie ist die Begegnung mit dem Mysterium, mit dem Sinn. Wir brauchen uns nur unserer Gipfelerfahrungen zu erinnern. In diesen Augenblicken haben die Dinge Sinn. Hier haben wir etwas, das einer kleinen Erleuchtungserfahrung entspricht. Es ist eine Einsicht in den Sinn des Lebens, noch bevor das zu einem klaren Bild wird. Es ist ein Erleben des Sinnes – wobei Sinn das ist, worin wir Ruhe finden. Wir können in ihm ruhen: «Das ist es, das macht Sinn.» Haben wir eines dieser «Das ist es»-Erlebnisse, dann ist dies der Kern von RELIGION.

FC: Können Sie etwas mehr über diese Erfahrung sagen? Ist das Spiritualität?

DSR: Nun, ich verwende den Begriff «Spiritualität» anders. In diesem speziellen Sinne wäre «Spiritualität» das Handeln aus dieser Erfahrung heraus, von RELIGION in jedem Aspekt des täglichen Lebens. Spiritualität läßt Sinn ins Alltagsleben einfließen. Wer ein solches Gipfelerlebnis hat, es abschüttelt und danach weiterlebt, als hätte er nie eines gehabt, der besitzt keine Spiritualität.

FC: Spiritualität ist also eine Lebensweise, die der religiösen Erfahrung entspringt.

DSR: Ja. Spiritualität läßt RELIGION in Ihre Weise zu essen, zu schreiben, ja selbst in das Beschneiden Ihrer Fingernägel fließen.

FC: Dann lassen Sie mich etwas über RELIGION, über diese Einsicht fragen. Im Alltag kann ich ebenfalls eine Erfahrung haben, «in der ich Ruhe finde», wenn ich nämlich Verständnis erlange für irgendeine Technologie oder ähnliches, für alltägliche Dinge, die nichts mit Religion zu tun haben. Was ist wirklich charakteristisch für diesen besonderen «Sinn, in dem wir Ruhe finden»?

DSR: Jeder von uns trägt eine große Frage in sich. In uns ist etwas, das ständig Fragen stellt. Meistens, oder vielleicht immer, ist es eine unausgesprochene Frage. Hin und wieder jedoch, ohne besonderen Anlaß, kennen wir plötzlich die Antwort, haben wir einen flüchtigen Eindruck von ihr. Doch ist diese Antwort noch nicht ausgesprochen. Wir sagen uns nur: «Das ist es!» Das geschieht vielleicht durch das Lächeln eines Babys in der Wiege. Vater oder Mutter schauen auf das Baby, und plötzlich «Das ist es!» Es ist diese Art, in der Ruhelosigkeit, mit der normalerweise unser Leben abläuft, «zur Ruhe kommen» zu können. Sagt Ihnen diese Antwort etwas?

FC: Ja. Ich möchte jedoch auf etwas anderes in der Spiritualität oder RELIGION hinaus, etwas, das für mich sehr wichtig ist. Es ist dieses Gefühl, mit dem Kosmos als Ganzem verbunden zu sein. Das finde ich auch im Lächeln des Babys. Das Lächeln dieses Babys ist *mein* Lächeln, weil ich der Vater bin. Doch ist das Lächeln *eines jeden* Babys ebenfalls mein Lächeln. Und das Lächeln eines Delphins – wenn man das Lächeln nennen kann – ist ebenfalls mein Lächeln. Das meinte Gregory Bateson, als er sagte – «das Muster, das die Orchidee mit der Schlüsselblume, den Delphin mit dem Wal und alle vier mit mir verbindet». Dieses Gefühl der Verbundenheit mit dem gesamten Kosmos ist meiner Ansicht nach entscheidend für die religiöse Erfahrung.

TM: Könnten wir dafür den Ausdruck «Zugehörigkeit» verwenden?

DSR: Ja, das ist genau der Ausdruck, den ich gewöhnlich verwende – Zugehörigkeit.

TM: «Zugehörigkeit» hat eine doppelte Bedeutung. Das heißt: «Dies gehört mir» und «Ich gehöre diesem», im Sinne von besitzen oder jemand zu sein, der im Besitz von jemandem ist. «Hierhin gehöre ich» bedeutet aber auch: «Hier finde ich meinen Platz.» Es heißt «Das ist es!» und gleichzeitig «Hier bin ich».

DSR: «Ich bin zu Hause.» Vielleicht kann man jetzt einen anderen bildlichen Ausdruck verwenden. Ich sagte vorhin, wir trügen dieses Suchen, diese Fragestellung stets mit uns herum. Vielleicht kann man sagen, wir fühlten uns oft verwaist, verloren, herumirrend und nach etwas Ausschau haltend. Und dann kommt auf unerklärliche Weise auf einmal der Augenblick: «Jetzt bin ich zu Hause, das ist mein Zuhause! Und ich gehöre dazu. Ich bin nicht verwaist. Ich gehöre zu etwas.» Das geschieht oft explizit, manchmal jedoch einfach implizit. «Ich gehöre zu allen anderen Menschen.» Selbst wenn gerade niemand in der Nähe ist, habe ich dieses klare Gefühl. Ich gehöre zu all den Tieren, zu allen Pflanzen. Und dieses Dazugehören bedeutet, daß ich bei ihnen zu Hause bin, für sie Verantwortung trage und ihnen verantwortlich bin. Ich gehöre zu ihnen, wie sie zu mir gehören. In dieser großartigen kosmischen Einheit gehören wir alle zusammen.

Dann stellt sich die große Frage, wie wir von diesem Standort aus den Weg zu den Religionen finden, die wir um uns erleben? Oder sogar zu unserer ganz persönlichen Religion?

Dafür sind zumindest drei Schritte erforderlich: Theologie, Ethik und Rituale. Zuerst tritt der Verstand vor; damit kommt die Theologie ins Spiel. Hier besteht auch unsere engste Parallele zur Naturwissenschaft. Haben wir ein Erlebnis, vor allem eines, das uns zutiefst bewegt und existentiell fordert, dann müssen wir darüber nachdenken, um es besser zu verstehen. Und hier sehe ich den Platz der Theologie. Sie bemüht sich zu begreifen, was RELIGION impliziert, ist unser intellektuelles Spiel mit der religiösen Erfahrung des Dazugehörens und deren Verarbeitung.

Die Theologie

FC: Etymologisch betrachtet ist Verbundenheit die Wurzel der Religion. Und die Wurzel der Theologie liegt im «theos», in Gott. Doch so, wie Sie es darstellen, ist die Vorstellung von Gott gar nicht erforderlich.

DSR: Nicht erforderlich ist der *Name* «Gott». Ich achte immer sehr darauf, nicht «Gott» zu sagen, wenn ich nicht weiß, ob meine Gesprächspartner mit diesem Begriff zurechtkommen oder ihn zumindest nicht zu sehr mißverstehen. Der Ausdruck «Gott» kann so leicht mißverstanden werden, daß man ihn mit großer Vorsicht gebrauchen sollte.

TM: Der Ausdruck «Theologie» stand ursprünglich nicht für das systematische Studium religiöser Dogmen, sondern vor allem für die mystische Erfahrung. Der um das Jahr 400 lebende christliche Mönch und Autor Evagrius Ponticus hat ein berühmt gewordenes Wort geprägt: «Wenn du im rechten Sinne betest, bist du ein Theologe, und wenn du ein rechter Theologe bist, wirst du wissen, wie man betet.» Als Axiom oder Motto definiert das Theologie als Eindringen in das unnennbare Mysterium.

DSR: Darf ich nochmals auf die Bedeutung des Zugehörens und sich zu Hause fühlens zurückkommen? Beim richtigen Gebrauch des Ausdrucks «Gott» – richtig in dem Sinne, in dem die tiefsten Denker und heiligsten Menschen ihn in den verschiedenen religiösen Überlieferungen übereinstimmend gebrauchen – meinen wir mit «Gott» den Bezugspunkt unseres Zugehörens. Die eine Wirklichkeit, der wir letztlich angehören und die daher auf innerlichste Weise uns gehört, kann «Gott» genannt werden.

FC: Danach wäre also der Begriff «Theologie» spezifisch auf christliche Theologie anzuwenden?

DSR: Meines Erachtens könnte man ihn in jeder theistischen Religion gebrauchen, die die letzte Wirklichkeit als «Gott» bezeichnet.

FC: Ich nehme jedoch an, hier in unserem Gespräch gebrauchen wir ihn im christlichen Sinne.

DSR: Ja, das tun wir. Doch möchte ich ihn nicht einengen. Man könnte auch Erkenntnisse anderer Überlieferungen hinzunehmen, die als echte theologische Erkenntnisse gelten können.

FC: Dann sollten wir das auch in unserem Gespräch tun. Zurück zum Wesen der Religion. Sie, Pater David, haben von drei Stufen gesprochen: Theologie, Ethik und Rituale. Bis jetzt haben wir nur über Theologie gesprochen.

Die Ethik

DSR: Ja. Die beiden anderen interessieren uns hier nicht so sehr. Doch wo es eine Religion gibt, im Unterschied zur RELIGION, da gibt es nicht nur Theologie oder Doktrinen, also die intellektuelle Beschäftigung mit der religiösen Erfahrung. Es gibt auch Ethik, Gebote und Verbote für das, was man tun und was man lassen soll, die jenem Gefühl des Zugehörens entspringen.

31

Hat man wirklich dieses starke innerliche Erlebnis des Zugehörens, dann weiß man implizit, daß dies eine bestimmte Lebensweise erfordert. Moralische Makellosigkeit äußert sich darin, daß man sich so verhält, wie Menschen sich verhalten, wenn sie zusammengehören. In diesem großen Haushalt unserer Erde muß man sich auch wie ein Mitglied dieses Hauses benehmen, sonst ist irgend etwas falsch. Es gibt gewisse Dinge, die man tut, um mit den anderen Familienmitgliedern gut auszukommen. Deshalb hat Ethik also unmittelbar etwas mit einer *kosmischen* Wirklichkeit zu tun. Wir haben das beschnitten, wenn wir nur von menschlichem Verhalten gegenüber Menschen sprechen.

FC: Dann ist Ethik also die zweite Stufe?

DSR: Ja. Lehren, Doktrinen entstehen, wenn der Intellekt sich mit religiöser Erfahrung befaßt. Das ist Theologie. Dann jedoch, wenn unser Wille, unsere innere Bereitschaft sich mit derselben Erfahrung des Zugehörens befaßt, dann gelangen wir zur Moral, zur Ethik.

Das Ritual

DSR: Der dritte Schritt betrifft unsere Gefühle. Nicht nur der Intellekt und der Wille, sondern auch unsere Gefühle reagieren auf die Erfahrung einer letztendlichen Zugehörigkeit. Und das führt zum Ritual, der äußerlichen Darstellung dieser Erfahrung. Rituale sollen immer und immer wieder die Erfahrung unseres tiefsten Zugehörigkeitsgefühls zelebrieren.

FC: Dann wird also das Gefühl der Dankbarkeit, das vielleicht als eines der ersten bei dieser Erfahrung des Zugehörens entsteht, durch Rituale ausgedrückt.

DSR: Genauso ist es. Spiritualität beginnt mit Dankbarkeit. Dankbarkeit ist das tägliche Ritual, durch das alles und jede einzelne Handlung unseres Alltagslebens uns in jedem Augenblick an unser Zugehören erinnern kann. So gesehen sind Rituale ein wesentlicher Teil von Spiritualität.

Naturwissenschaft und Theologie

FC: Dann sollten wir uns jetzt auf den ersten Teil konzentrieren, auf den intellektuellen Teil. Aus Ihrer Erläuterung ergibt sich, daß sowohl Naturwissenschaft als auch Theologie Reflexionen über Erfahrungen sind. In der Naturwissenschaft wäre es das Erfahren der Alltagswelt auf sehr systematische Weise. Ich möchte übrigens vor allem über *Natur*wissenschaft sprechen. Im Englischen ist diese Betonung nicht so wichtig, weil dort *science* in der Regel Naturwissenschaft bedeutet. Bei Diskussionen in Deutschland erinnert man mich jedoch stets daran, ich sollte *Naturwissenschaft* sagen, weil *Geisteswissenschaft* auch die Philosophie und andere Disziplinen einbezieht.

In der Naturwissenschaft befassen wir uns also mit Naturerscheinungen und versuchen, zu tieferen Ebenen der Wirklichkeit vorzustoßen und zugleich breitere, umfassendere Theorien zu entwickeln. Theologie bedeutet für mich Nachdenken über die tiefsten Erfahrungen, deren wir als Menschen fähig sind, und die für uns daher auch vom rein menschlichen, persönlichen Gesichtspunkt aus die bedeutsamsten sind. Naturwissenschaft wäre dann das Nachdenken über die äußeren Erfahrungen. Nimmt man den Baum als Metapher, dann würde Theologie sich mit seinen Wurzeln, Naturwissenschaft mit den Zweigen befassen.

Natürlich gibt es da Überschneidungen, weil man nur lose definieren kann, was eine tiefe und was eine äußere Ebene der Wirklichkeit ist. Es muß also eine Schnittstelle zwischen beiden geben. Und an ihr gerieten Naturwissenschaft und Religion traditionell in Schwierigkeiten. Jetzt können sie einander jedoch inspirieren.

DSR: Sie gerieten nicht immer in Schwierigkeiten. In einigen geschichtlichen Perioden war eine bestimmte Religion wirklich Träger der gesamten wissenschaftlichen Bemühungen; ein typisches Beispiel ist der Islam im Mittelalter. Der Islam war ein starker Förderer der Wissenschaften. Oder denken Sie nur an die vielen Wissenschaftler, die religiösen Orden angehörten. Im Mittelalter waren die Mönche jahrhundertelang Hüter alles akademischen Wissens. Daher wurden die wissenschaftlichen Erkenntnisse jener Zeit auch von den Mönchen weitergegeben. Doch sprechen wir lieber von der Gegenwart. Meines Erachtens ist die bildliche Vorstellung einer Welle besonders schön. Der Theologe und der Naturwissenschaftler sind wie zwei Korken, die auf derselben Welle schwimmen. Die Welle könnte das kollektive Bewußtsein, die Kultur, der Zeitgeist oder so etwas Ähnliches sein. Dieses kollektive Bewußtsein erlebt jetzt einen Paradigmenwechsel. Das halte ich für unsere gemeinsame Basis. Sie manifestiert sich in der Naturwissenschaft und in der Theologie.

FC: Ich könnte auch sagen, daß wir die Naturwissenschaft deswegen mit der Theologie vergleichen können, weil beide Wege zum Verständnis der Wirklichkeit sind. Es sind Wege mit großen Unterschieden, aber auch großen Ähnlichkeiten.

DSR: Wie würden Sie diese Wege charakterisieren?

FC: Die Ähnlichkeiten bestehen darin, daß beide auf Erfahrung und auf einer gewissen Art systematischer Beobachtung beruhen, also empirisch sind. Natürlich gibt es erhebliche Unterschiede in der Art, wie Naturwissenschaftler und Theologen beobachten. Doch stellen beide Disziplinen theoretische Überlegungen über Erfahrungen an.

DSR: Ich würde noch einen Schritt weiter gehen und sagen, daß solche Naturwissenschaft nicht nur nicht auf Spiritualität beruht, sondern daß sie geradezu ein Ausdruck eines Mangels an Spiritualität ist. Theologie in diesem weitesten Sinne, als Nachdenken über unsere Gotteserfahrung, über unseren höchsten Kontext, ist nicht etwas, was man genausogut lassen wie tun kann. Sie geht jeden Menschen etwas an, auch den Naturwissenschaftler als menschliches Wesen. Zumindest in diesem Sinne beeinflußt Theologie die Naturwissenschaft.

FC: In früheren Zeiten hat die Theologie allerdings auch die Theorien der Naturwissenschaft beeinflußt. Nehmen Sie als Beispiel Newton und seine Idee, wie Gott die Grundbausteine der Materie geschaffen habe. Solchen Einfluß gibt es heute kaum noch; doch ist er meines Erachtens bei einigen Wissenschaftlern noch vorhanden.

DSR: Würden Sie das mit dem neuen Denken in der Naturwissenschaft für vereinbar halten?

FC: Ich will damit folgendes sagen. Theologie, oder in umfassenderem Sinne eine religiöse Sicht der Welt, pflegt in einigen Fällen wissenschaftliche Theorien zu beeinflussen. Vorhin sagten wir doch, daß wissenschaftliche Theorien alle diese Verknüpfungen und Zusammenhänge beschreiben. Dann jedoch gelangt man zu einem Horizont, an dem man sie nicht länger beschreiben kann. Andererseits wünschen wir uns Stimmigkeit zwischen unseren fundamentalen Anschauungen über den Sinn von allem, also diesen fundamentalen Fragen, die religiöse Fragen sind. Man möchte, daß sie mit den eigenen religiösen Erfahrungen übereinstimmen, und ich kenne Naturwissenschaftler, die sich das wünschen. Sie möchten, daß die spezielle Theorie, an der sie arbeiten, durch ihre religiöse Überzeugung oder religiöse Erfahrung getragen wird. Im 17. Jahrhundert war dies die vorherrschende Praxis.

37

DSR: Aber würde das nicht heute unser Verständnis der Naturwissenschaft und ihrer Ziele beeinträchtigen? Würde das ihrer Intention nicht entgegengehen?

FC: Das weiß ich nicht. Das hängt davon ab, von welchem Einfluß wir sprechen. Das ist eine sehr schwierige Frage. Ich sehe das eher positiv. So kenne ich beispielsweise Naturwissenschaftler, deren buddhistische Praxis sich in perfekter Übereinstimmung mit ihren naturwissenschaftlichen Theorien befindet.

DSR: Meines Erachtens ist es Aufgabe der Theologie, über die Offenbarung in Begriffen der jeweiligen Zeit zu sprechen. Sie wird dementsprechend von der Art von Metaphysik beeinflußt werden, die der Naturwissenschaft der jeweiligen Epoche entspricht. Die Metaphysik basiert auf Naturwissenschaft, und die Theologie bedient sich der metaphysischen Sprache. Erfährt die Naturwissenschaft einen Paradigmenwechsel, dann entsteht eine neue Weltanschauung, innerhalb derer die Theologie sich auf neue Art definieren muß.

2. Die Methoden von Naturwissenschaft und Theologie

FC: Dann wollen wir uns jetzt über die Formen unterhalten, in denen Naturwissenschaft und Theologie sich ausdrücken, über die Methoden, die für beide charakteristisch sind. Vorhin haben wir gesagt, beide seien intellektuelle Reflexionen über menschliche Erfahrung, und in beiden Fällen erlange man Erkenntnis. Das Ergebnis ist Erkenntnis oder Wissen über die Wirklichkeit. Sowohl in der Naturwissenschaft als auch in der Theologie gibt es einen Bestand an Wissen über die Wirklichkeit. Was nun die Naturwissenschaften von den anderen Wegen zur Erkenntnis unterscheidet, ist eine bestimmte Methode.

Die naturwissenschaftliche Methode

Es gibt, wie ich annehme, Meinungsverschiedenheiten zwischen Naturwissenschaftlern darüber, was genau die wissenschaftliche Methode ausmacht. Ich selbst habe mich für zwei Kriterien entschieden. Das eine ist systematische Beobachtung, das andere der Bau eines wissenschaftlichen Modells zur Darstellung der Ergebnisse dieser Beobachtung. In der Vergangenheit bedeutete systematische Beobachtung oft ein kontrolliertes Experiment. Das jedoch war sehr eng mit der Vorstellung der Beherrschung, der Kontrolle der Natur verknüpft. Natürlich gibt es Wissenschaftszweige, in denen das nicht möglich ist, etwa die Astronomie. Es ist klar, daß man die Sterne nicht beherrschen kann. Dennoch kann man sie systematisch beobachten. Die Ergebnisse dieser systematischen Beobachtung, die

Daten, werden dann auf kohärente Weise miteinander verknüpft, auf eine Weise, die von inneren Widersprüchen frei ist.
Das Ergebnis ist eine Darstellung dieser Daten in einem sogenannten «Modell». Oder, wenn es umfassender ist, nennen wir
das eine «Theorie». In der modernen naturwissenschaftlichen
Terminologie gibt es jedoch wirklich keine klare Unterscheidung zwischen einem Modell und einer Theorie.
Ein wissenschaftliches Modell hat zwei sehr wichtige Eigenschaften. Die eine ist innere Stimmigkeit – das Modell muß in
sich widerspruchsfrei sein. Zweitens muß es der Realität sehr
nahe kommen. Aus moderner naturwissenschaftlicher Sicht ist
das sehr wichtig. Alles, was wir in der Naturwissenschaft feststellen, ist nur eine begrenzte und annähernde Beschreibung
der Wirklichkeit. Man könnte sagen, Naturwissenschaftler beschäftigen sich gar nicht mit der Wahrheit – wenn man unter
Wahrheit die exakte Übereinstimmung zwischen dem, was beobachtet wird, und der Beschreibung des Beobachteten ver-
steht. In diesem Sinne gibt es in der Naturwissenschaft keine
Wahrheit. Alles, was wir sagen, kommt ihr nur nahe. Ich zitiere
oft Heisenberg mit der sehr zutreffenden Feststellung in seinem
Buch *Physik und Philosophie*: «Natürlich ist es eine wohlbe-
kannte Tatsache, daß die Wörter nicht so klar definiert sind,
wie es im ersten Augenblick scheinen mag, und daß sie nur
einen begrenzten Anwendungsbereich besitzen.»
   Und nun kann ich den Ball zu Ihnen zurückspielen und fragen, wie funktioniert das in der Theologie? Welche Methode
befolgt die Theologie?

Die Methode der Theologie

TM: Zunächst möchte ich etwas zu den beiden Punkten sagen
– systematisches Beobachten und Bau von Modellen. Einige
neuere Theologen haben den Modellaspekt der naturwissenschaftlichen Methodologie übernommen, unter ihnen Avery

Dulles, einer der besten katholischen Theologen in den Vereinigten Staaten. Ich persönlich neige jedoch dazu, die Methode der Theologie als sehr verschieden von der naturwissenschaftlichen zu sehen. Nicht daß die beiden Methoden im Gegensatz zueinander stehen oder einander widersprechen; sie sind nur sehr unterschiedlich. In der Geschichte der Theologie ist es immer ein Problem gewesen, daß die Theologie beanspruchte, eine Wissenschaft im klassisch aristotelischen Sinne zu sein. Das haben beispielsweise die mittelalterlichen Scholastiker von ihrem eigenen theologischen System behauptet. Viele heutige Theologen vermeiden diese Kategorie.

Theologie ist das *Verstehen* des Glaubens oder «der Glaube auf der Suche nach Verstehen, *fides quaerens intellectum*» – das ist die klassische Definition der Theologie. Und als Verstehen eines Mysteriums kann Theologie nicht die vollständige Bedeutung des Mysteriums erfassen. Um einen oft von Naturwissenschaftlern benutzten Ausdruck anzuwenden: Theologisches Verstehen ist eine «Annäherung», das heißt, es kommt dem Mysterium nahe, ohne es voll zu begreifen. Das ist etwas, was jeder verantwortungsbewußte Theologe sehr deutlich machen muß.

Der Glaube

FC: Sie haben gerade ein anderes Wort gebraucht, «Glaube». Wir haben von vielem gesprochen, von Erfahrung, Nachdenken über Erfahrung, von Religion, von Spiritualität. Doch haben wir noch nicht vom Glauben gesprochen. Was ist Glaube?

TM: Es ist sehr schwierig, Glaube mit wenigen Worten zu definieren. In einem sehr allgemeinen Sinne ist religiöser Glaube eine Art von Wissen und eine Art von Erfahrung. Zum Glauben gehört auch ein Element der Überraschung. Es ist eine Erfahrung der Wirklichkeit, die überraschend ist, die unsere Natur dennoch als wahr empfindet. In der biblischen Überlieferung und im Christentum wird hervorgehoben, Glaube als Wissen um Gott sei eine Gabe Gottes. Doch ist Glaube mehr als bloße intellektuelle Zustimmung zu Informationen, die von außen in unseren Geist eingespeist werden, selbst wenn sie von Gott kommen. Zum Glauben gehört, daß Gott sich selbst in uns offenbart, sowie unsere Reaktion auf Gott, die in Liebe zum Ausdruck kommt.

FC: Ich selbst und wahrscheinlich die meisten von uns wuchsen damit auf, daß wir lernen mußten, die Lehre komme in einer Reihe von Dogmen zum Ausdruck, und der Glaube bestehe darin, diese Dogmen für absolut wahr zu halten.

DSR: Man kann das Wort Glaube sehr verschiedenartig verwenden, sogar in der Theologie. Im einen Fall kann es Doktrin oder Lehre bedeuten, den «Niederschlag des Glaubens», worauf die religiöse Überzeugung ausgerichtet ist. Das ist keineswegs der primäre oder wichtigste Aspekt des Glaubens. Glaube wird aber auch als Synonym für Überzeugung gebraucht. Auch das ist keine primäre Anwendung des Begriffes.

FC: Welches ist denn nun die wirkliche, die tiefste Bedeutung?

DSR: Glaube, würde ich sagen, ist eine Angelegenheit des Vertrauens. Mutiges Vertrauen in jene allerletzte Zugehörigkeit, die man in seinen religiösen Augenblicken, in den persönlichen Gipfelerlebnissen erfährt. Der Glaube ist jene innere Geste, mit der man sich selbst jenem Zugehören anvertraut. Das Element des Vertrauens ist das Primäre. Glaube ist mutiges Vertrauen auf das Dazugehören, das wir in unseren großen Augenblicken erfahren. Es scheint jedoch zu gut, um wahr zu sein, weshalb wir uns ihm nicht völlig anvertrauen können. Wenn wir uns jedoch wirklich dem Leben, der Welt anvertrauen, dann ist unser Verhalten Glaube im tiefsten Sinne.

FC: Interessanterweise gibt es das auch in der Naturwissenschaft. Bekanntlich ist jeder Sprung in etwas Neues, jede Entdeckung, ein intuitiver Sprung. Es gibt jedoch Naturwissenschaftler, die intuitiver sind als andere. Und die besonders intuitiven besitzen diese Art von Glauben. Es ist sehr typisch für sie, daß sie irgendwie innerlich spüren, daß sie auf dem richtigen Wege sind und sie dieser Intuition trauen können. So berichtete zum Beispiel Heisenberg, in den 1920er Jahren hätten die Leute sich langsam «in den Geist» der Quantenmechanik hineingefühlt, ehe sie in der Lage waren, sie zu formulieren. Das war im höchsten Grade intuitiv. Und Menschen wie Niels Bohr oder Geoffrey Chew oder Richard Feynman in der Physik – einige von ihnen kenne ich persönlich – wissen einfach, daß der von ihnen eingeschlagene Weg der richtige ist und sie zu einem bestimmten Ziel führen wird. Sie haben eine Einsicht, können jedoch noch nicht darüber sprechen, können sie noch nicht formulieren. Es gibt also auch in der Naturwissenschaft so etwas wie Glaube.

DSR: Vielleicht besteht der Unterschied darin, daß dieser «Glaube», zumindest in der von Ihnen beschriebenen Art, weitgehend eine intellektuelle Intuition ist.

FC: Mag sein – wenn Intuition für Sie etwas Intellektuelles ist.

DSR: Diese Art von Vertrauen hat doch wohl etwas mit Erkenntnis oder Wissen zu tun. Man spürt intuitiv, hat so eine Ahnung, daß die Erkenntnis sich einstellen wird. Im Gegensatz dazu ist das Vertrauen des Glaubens im religiösen Sinne ein existentielles Vertrauen, dem man sein ganzes Leben anvertrauen kann.

FC: Dennoch besteht ein Zusammenhang. Denn auch in der Naturwissenschaft gibt es einen Schatten jenes existentiellen Aspektes. Für einen Wissenschaftler hat die Theorie, der er sein

43

Leben und seine wissenschaftliche Laufbahn widmet, eine existentielle Qualität. Dieser Glaube hat somit eine existentielle Qualität, nicht in umfassenderem Sinne, doch ist er mehr als nur intellektuell.

DSR: Vielleicht hätte ich nicht den Ausdruck «intellektuell» gebrauchen sollen. Was ich wirklich meinte, ist «noetisch». Der «Glaube» des Naturwissenschaftlers hat wohl auch mit intuitiver Erkenntnis zu tun, bewegt sich jedoch auf der Ebene des Wissens und bestimmt nicht auf der der Moral. Dagegen umfaßt religiöser Glaube auch die Ethik und jene Rituale im Alltag, die wir Spiritualität nennen.

FC: Es gibt aber doch Naturwissenschaftler, und ich zähle mich selbst zu ihnen, die diesen Zusammenhang jetzt wiederherstellen wollen, die Verbindung mit der Ethik.

DSR: Das bringt uns zu einer sehr interessanten Frage, von der ich hoffte, daß wir sie ansprechen würden. Äußern Sie sich jetzt als Naturwissenschaftler oder als Mensch, der zufällig Wissenschaftler ist? Wenn Sie in dem von Ihnen eben erwähnten umfassenderen Zusammenhang argumentieren, dann tun Sie das meines Erachtens als Mensch, der auch Wissenschaftler ist. Und das stellt die Dinge in eine Perspektive. Religiöser Glaube wendet sich an den ganzen Menschen, der im Kontext mit anderen Menschen und dem ganzen Kosmos steht. Der wissenschaftliche Glaube ist dagegen eine Ahnung, auf dem richtigen Wege zu sein.

FC: Dem kann ich durchaus zustimmen. Und was, Pater Thomas, meinten Sie genau, als Sie vorhin sagten, Theologie sei das Verständnis des Glaubens?

TM: Wenn man sagt, Theologie sei das Verständnis des Glaubens, dann bedeutet das, daß sie nicht dasselbe ist wie der

DSR: Lassen Sie mich eine andere Definition versuchen. Vorhin sprachen wir vom Gefühl des Zugehörens. Alle Religionen der Welt würden zugestehen, daß dies unsere gemeinsame Grundlage ist, die grundlegende religiöse Erfahrung. Damit haben wir jetzt also ein Fundament gelegt, das wir «Gott» nenen könnten, wenn man diesen Ausdruck als Bezugspunkt unseres letztendlichen Zugehörens verwenden will. Gott ist der Eine, dem wir letztendlich gehören.

So gesehen, setzt diese Erkenntnis eine lange Forschungsreise zu Gott voraus, sowie die Anerkennung der Personalität des Bezugspunkts unseres Zugehörens. Wenn ich selbst persönlich bin, dann muß auch derjenige, dem ich gehöre, persönlich sein. Natürlich darf Gott nicht durch irgendeine der Begrenzungen eingeschränkt werden, die wir mit einer Person assoziieren, etwa die Einschränkung, daß ich, wenn ich ich bin, nicht gleichzeitig ein anderer sein kann. Das ist auf Gott nicht anwendbar. Mit anderen Worten – Gott muß die ganze Vollkommenheit einer Person haben, jedoch keine ihrer Einschränkungen.

Von hier aus führt uns wieder ein langer Erkundungsweg zu der Erkenntnis, daß Gott uns *die Freiheit* läßt, ihm zu gehören, daß er uns dieses Zugehören *schenkt*. Bis zu diesem Punkt habe ich eine Art Gebiet erkundet, Gottesgebiet. Und plötzlich geht es mir auf: Ja! Ich betreibe diese Erkundung. Doch handelt es sich nicht nur darum, daß ich Gott suche; es ist zugleich Gott, der sein göttliches Selbst offenbart. Im Ablauf der Religionsgeschichte, die sich über Jahrtausende erstreckt, ist dies ein Meilenstein. Doch kann jeder von uns diese Erfahrung nacherleben. Gott zu erkunden ist Gebet – nicht im konventionellen Sinne, sondern in dem, in dem auch Theologie Gebet ist. Während wir betend Gottes Reich erkunden, erreichen wir plötzlich einen Punkt, an dem wir entdecken, daß es sich uns von selbst schenkt. Gott und das gesamte Universum schenken sich uns ständig.

FC: Dann ist also Offenbarung tatsächlich mit der Vorstellung eines persönlichen Gottes verbunden?

DSR: So ist es. Ich glaube nicht, daß der Ausdruck Offenbarung außerhalb dieses Kontextes einen Sinn ergibt.

TM: Ergänzend möchte ich noch etwas zu dem anmerken, was in der biblischen Überlieferung als Offenbarung angesehen wird. In der Bibel ist Offenbarung ein Eingriff Gottes in die Menschheitsgeschichte, in eine menschliche Situation. Offenbarung ist untrennbar von Erlösung. Das Alte Testament spricht vom lebendigen Gott, der in der Situation eines entfremdeten, unterdrückten Volkes interveniert und es aus seiner Sklaverei führt. Mit anderen Worten – wir erkennen, daß wir jetzt endlich nicht mehr entfremdet sind, denn wir kennen Gott. Und wir kennen Gott, indem wir erlöst werden.

DSR: Das ist ein lebendiger Prozeß. Doch möchte ich bei Ihrer Bemerkung vom «eingreifenden Gott» einhaken, da wir diesen Ausdruck oft verwenden und dabei vergessen, daß so zu sprechen eine Art Geschichtenerzählen ist. Gott sitzt nicht da oben und mischt sich dann schließlich ein. So ist das nicht gemeint; wir entdecken vielmehr Freiheit, entdecken Befreiung von etwas, und nun sehen wir . . .

TM: Wir wissen, wer Gott ist, weil wir erleben, wie wir von unserer Entfremdung befreit werden. Natürlich müssen wir nicht den Begriff «eingreifen» anwenden.

FC: Das erinnert mich an die buddhistische und hinduistische Vorstellung davon, wer wir wirklich sind. So fragt beispielsweise ein Zen-Kōan: «Was war dein Antlitz, bevor du empfangen wurdest?» Und in der Hindu-Überlieferung gibt es den Mythos, daß Gott die Welt erschafft und sich dann in seiner Schöpfung vergißt – und wir sind diese Schöpfung. Die endgültige Befreiung oder Erlösung, *Moksha,* soll uns daran erinnern, wer wir sind, daß wir tatsächlich Gott sind. *«Tat tvam asi.»* Das, meine ich, könnte man Offenbarung nennen. Wenn ich beim Meditieren mein wahres Wesen erkenne und meine göttliche Natur wiederentdecke, dann wird mir etwas durch mein tieferes Selbst offenbart. Könnte man das nicht so sagen?

DSR: Da Gott unser eigenes Selbst ist, wird die Wahrheit *immer* durch unser tieferes Selbst offenbart. Doch würde ich mich davor hüten, den Ausdruck Offenbarung in allzu weitem Sinne zu verwenden. Wenn ich von Offenbarung spreche, dann liegt die Betonung auf der Selbstoffenbarung Gottes. Das korrekte Bild ist nicht, daß wir einen Schleier wegziehen, sondern daß die Braut sich für den Bräutigam entschleiert. Das ist die Vorstellung, die der Offenbarung zugrunde liegt. Aus diesem Grunde kommt das dem Heideggerschen Begriff von Wahrheit nahe, der mit dem griechischen Wort für Wahrheit verbunden ist.

TM: *«Alethia»,* was soviel heißt wie «nicht verborgen sein». Die Wahrheit tritt absichtlich aus der Verborgenheit hervor, tritt selbst ins Licht. Das ist etwas, was wir alle erleben.

DSR: Ja, der Hinduismus zum Beispiel schließt auch theistische Überlieferungen ein. Ich würde nicht zögern, in diesem Falle von Offenbarung zu sprechen. Viel wichtiger als Offenbarung in dieser oder jener historischen Überlieferung ist mir jedoch, daß sie ein Teil unserer eigenen Erfahrung ist. Offenbarung ist nicht einfach irgendeine objektive Information, die uns von draußen gegeben wird. Sie ist persönliches Entdecken des Verbundenseins.

FC: Wenn Sie nun Theologie als Verstehen des Glaubens definierten, dann wäre das doch wohl ein Verstehen durch intellektuelles Erkunden *und,* wie ich annehme, auch durch Offenbarung. Würden Sie das so sagen?

49

TM: Ja. Der Glaube ist totale Hingabe an Offenbarung oder an Gott, der sich selbst dadurch offenbart, daß er mich erlöst und mir mein wahres Selbst offenbart. Die Reihenfolge ist meines Erachtens folgende: erstens Offenbarung, dann der Glaube als Reaktion darauf, und schließlich ein Augenblick des Verstehens. Das Verstehen des Glaubens ist notwendig, sowohl um diesen Augenblick nochmals zu erleben, die fundamentale Begegnung mit der Wirklichkeit, als auch um ihn mitteilen zu können.

FC: Dann ist also Offenbarung tatsächlich die Grundlage Ihres Glaubens?

TM: Offenbarung ist die Grundlage. Man kann den Glauben als eine *Reaktion* auf die Offenbarung verstehen, ein Willkommenheißen, ein Annehmen.

FC: Dann wäre also Theologie die intellektuelle Erkundung dieser Reaktion. Sie könnten sagen, das, worüber wir vorhin sprachen, sei Erleben des Zugehörens aus *unserer* Sicht. Wenn man jedoch jemandem gehört, dann gibt es da noch den anderen Gesichtspunkt. Und das wäre die Offenbarung.

DSR: Das ist das Schlüsselwort. In den Psalmen steht ein Wort, das mir wie ein Meilenstein der Entdeckung erscheint: «O Herr, Du bist mein Gott.» O Herr, Du bist *mein* Gott, Du *gehörst* mir.

FC: Dann ist also das Zugehören eine zweibahnige Straße.

DSR: Ja, eine Zweibahnstraße! Das ist die großartige Entdeckung.

FC: Und das macht den Unterschied zur Naturwissenschaft aus.

DSR: Richtig. Doch ist es offensichtlich etwas, was auch Wissenschaftler als Menschen verstehen und annehmen können, nicht in ihrer Eigenschaft als Wissenschaftler, weil die Naturwissenschaften sich mit dieser Materie nicht befassen.

FC: Darin liegt nun wiederum ein großer Unterschied zu der Art von Naturwissenschaft, die wir überwinden möchten. Seit Bacon war die Beherrschung und Ausbeutung der Natur das Ziel der meisten Wissenschaftler. Bacon gebrauchte die sehr gewalttätige Metapher von der Natur als einer Frau, der die Wissenschaftler ihre Geheimnisse durch Folter entreißen müßten. Das hat eindeutig nichts mit Offenbarung zu tun, sondern ist das absolute Gegenteil. Genaugenommen bedeutet das Vergewaltigung. Auch wenn das nun langsam ins Bewußtsein des Naturwissenschaftlers einsickert, dann besteht doch weiterhin ein beträchtlicher Unterschied zwischen Naturwissenschaft und Theologie, weil Naturwissenschaft aktives Erkunden bedeutet, nicht einfach im Gebet oder in Meditation dasitzen und darauf warten, daß die Wirklichkeit sich offenbart.

Dennoch war das gesamte Verhalten der Naturwissenschaft etwas, das E. F. Schumacher eine «Wissenschaft der Manipulation» nannte, anstelle einer «Wissenschaft der Weisheit». Heute wollen wir die Rückkehr zur Wissenschaft der Weisheit, und vielleicht wird Offenbarung dabei eine große Rolle spielen.

DSR: Zumindest im Sinne von Heidegger schenkt diese Wirklichkeit sich uns selbst, sie entschleiert sich uns gegenüber sozusagen *absichtlich*. Und dieses Geschenk erfüllt uns mit Ehrfurcht. Die Wirklichkeit ist für jedermann greifbar, für jedes Menschenwesen. Das ist das Eigentliche – die Welt schenkt sich uns. Sie tut das freiwillig, wenn wir es nur zulassen. Sie überschüttet uns mit Gaben.

Wissenschaftliche Disziplin / spirituelle Disziplin

DSR: Als Fritjof vorhin von der Methode in den Naturwissenschaften sprach, erwähnte er zunächst die systematische Beobachtung, die anschließend zum Modellbau führt. Was den Bau von Modellen angeht, so haben wir eine perfekte Parallele in der Theologie – innere Stimmigkeit und Annäherung. Was aber würde der systematischen Beobachtung entsprechen?

FC: Meines Erachtens wäre das ganz eindeutig das Gebet. Es ist systematisch, und wenn man es ernst nimmt, dann beginnt man mit ihm um vier Uhr morgens, wie Sie es in Ihrer Tradition tun.

DSR: Ja, Meditation und Gebet im weitesten Sinne, und im Grunde die gesamte Tradition der spirituellen Disziplin oder Askese.

FC: Was verstehen Sie unter Askese?

DSR: Das sind Praktiken, die uns helfen, uns auf religiöse Erfahrung vorzubereiten. Ihr Ziel ist es, uns lebendiger zu machen und dementsprechend auch die Sinne zu beleben.

FC: In gewisser Weise entspricht dies tatsächlich der systematischen Beobachtung in den Naturwissenschaften. Demnach ist Askese eine Praxis, die zu religiöser Erfahrung hinführt.

DSR: Wir sollten mit dem Ausdruck, zu religiöser Erfahrung «hinführen», vorsichtig umgehen. Askese als solche ist etwas höchst Empfehlenswertes für Theologen; sie ist jedoch kein Teil der theologischen Wissenschaft, abgesehen davon, daß es eine Theologie *der* Askese gibt, eine asketische Theologie.

FC: Dennoch ist Askese doch wohl ein Teil der religiösen Erfahrung.

DSR: Sie *verursacht* nicht die religiöse Erfahrung, öffnet jedoch den Menschen für sie. Sie macht ihn dafür bereit. Die Offenbarung Gottes, das Einbrechen der göttlichen Wirklichkeit in unsere Alltagswirklichkeit, ist etwas, was ständig passiert. Indem wir uns selbst empfänglicher für sie machen, empfangen wir sie. Die verschiedenen Praktiken, sich empfänglicher zu machen, sind Askese.

FC: Vergleiche ich damit meine Tätigkeit als Physiker, dann würde ich sagen: «In unserem Raum befinden sich ständig Photonen und Neutrinos. Die können wir jedoch mit unseren Augen nicht sehen. Bringe ich jedoch meine Geräte herein und meine zehn Jahre Erfahrung im Umgang mit ihnen und verstehe ich die Signale, dann kann ich sie beobachten.»

DSR: Das scheint mir eine brauchbare Parallele. Einige Asketen betonen so sehr den negativen Aspekt ihrer Methoden, daß Askese für viele Menschen die Bedeutung angenommen hat von «laß dieses» und «laß jenes», «verringere deinen Schlaf», «faste» und so weiter. Unsere besondere Benediktinertradition hebt mehr als viele andere die positiven Aspekte hervor: Schärfung der Sinne, Dankbarkeit, Einsicht, Achtsamkeit.

FC: In der buddhistischen Überlieferung entspricht das meines Wissens dem Achtfachen Weg. Das ist eine buddhistische Lehre, die auch moralische Aspekte hat.

DSR: Der Achtfache Weg hat starke moralische Obertöne. Askese scheint die Seite unseres moralischen Lebens zu sein, die der mystischen Erfahrung zugewandt ist, während eine andere Seite des moralischen Lebens sich der sozialen Interaktion widmet. Das ist die Seite, für die der Ausdruck Ethik oder

Moral am ehesten angebracht ist. Die andere Seite nennen wir Askese.

FC: Ich denke auch an Castaneda und seine Vorstellung vom Weg des Kriegers. Ich würde ihn mit der Askese vergleichen. Es ist eine gewisse ethische Einstellung, sich nicht an Dinge zu klammern, seine Arbeit so gut zu verrichten, wie man es kann, und sich dabei nicht um das Ergebnis zu kümmern. Es ist einfach Leben in der Gegenwart. Castaneda bedient sich der kraftvollen Metapher vom Tod, der ständig an unserer Seite geht, wenn er von der Achtsamkeit spricht.

DSR: Um genau das handelt es sich bei der Askese: im jeweils gegenwärtigen Augenblick achtsam und dankbar zu sein. Das ist für mich das Schlüsselwort. Einer der Gründe, warum wir uns einschränken müssen, ist der, daß wir so sehr mit Dingen überflutet werden, daß wir sie gar nicht mehr richtig beachten können. Nehmen wir das Fasten: Wir sind so sehr mit Nahrungsmitteln eingedeckt, daß wir ein Stück Brot gar nicht mehr mit Dankbarkeit essen können. Wir haben einfach zu viel davon. Um dessen bewußter zu werden, müssen wir fasten und dann dies eine Stück Brot essen und ihm unsere ganze Aufmerksamkeit schenken.

FC: Das ähnelt der experimentellen Methode in der Naturwissenschaft. Man beobachtet ja nicht die Natur insgesamt. Man nimmt sich eine Pflanze vor, und beobachtet nicht einmal die ganze Pflanze, sondern vielleicht nur ein Blatt. Die Gefahr in der Naturwissenschaft ist der Reduktionismus. Man schreitet zu immer kleineren Teilen voran und vergißt dann das Ganze.

DSR: Man vergißt, warum man es tut.

FC: Man vergißt, warum man es tut, und man vergißt auch die Funktion des Teiles im Ganzen. Dann versucht man, das Ganze aus den Teilen zusammenzusetzen, und das funktioniert nicht. Aus diesem Grunde müssen wir jetzt vom Studium der Teile auf das Studium des Ganzen umschalten.

DSR: Dafür gibt es auch eine Parallele in der Askese. Um völlig lebendig zu werden, beginnt man sich selbst Beschränkungen aufzuerlegen. Da dieses Einschränken jedoch gewisser Bemühungen bedarf, betont man das Einschränken, das Negative, das Beschneiden und Weglassen so sehr, daß dies schließlich zum Selbstzweck wird. In der Naturwissenschaft wie in der Askese besteht immer die Gefahr, daß man vor lauter Bäumen den Wald nicht mehr sieht.

TM: Bei spirituellen Übungen ganz allgemein und bei der Askese im besonderen ist das Ziel stets das Wiederentdecken der Ganzheit. Ich glaube, daß das Erreichen dieses Zieles heute große Zurückhaltung beim Einsatz physischer Mittel wie Fasten, Wachen und dergleichen erfordert. Was wir nach dreizehn Jahrhunderten platonischen Dualismus und dreihundert Jahren kartesianischen Dualismus wiederentdecken müssen, ist ein fundamentales ganzheitliches Verstehen unser selbst als in dieser Welt verkörperter Geist, als Teil dieser Welt von Körpern, offen für den ABSOLUTEN GEIST oder für Gott.

3. Paradigmen in Naturwissenschaft und Theologie

Paradigmen in Naturwissenschaft und Gesellschaft

FC: Nachdem wir von den Zielen und Methoden der Naturwissenschaft und Theologie gesprochen haben, möchte ich aus einer historischen Perspektive schildern, wie naturwissenschaftliche Theorien entstehen und wie man in der Naturwissenschaft Erkenntnisse sammelt. Bekanntlich glaubte man noch bis vor kurzem, es gebe ein stetiges Ansammeln von Wissen, wodurch alles zunehmend verständlicher werde und die Theorien immer genauer.

Thomas Kuhn führte die Idee vom Paradigma und vom Paradigmenwechsel ein. Danach gibt es Perioden stetigen Ansammelns von Wissen, was als normale Naturwissenschaft bezeichnet wird. Dann jedoch gebe es Perioden wissenschaftlicher Revolutionen, in denen die Paradigmen sich wandeln. Ein wissenschaftliches Paradigma ist für Kuhn eine Konstellation von Errungenschaften – Begriffen, Wertvorstellungen, Techniken usw. –, die gemeinsames Gut einer wissenschaftlichen Gemeinschaft sind und von ihr angewendet werden, um legitime Probleme und Lösungen zu definieren.

Die wissenschaftliche Theorie wird also innerhalb eines bestimmten Rahmens erarbeitet. Dabei ist die Feststellung wichtig, daß zu diesem Rahmen nicht nur Begriffe, sondern auch Wertvorstellungen und Techniken gehören. Wissenschaftliche Aktivitäten machen also einen Teil des Paradigmas aus. Das Streben nach Beherrschung und Kontrolle der Natur, zum Beispiel, ist für mich Teil eines naturwissenschaftlichen Paradigmas.

DSR: Meinen Sie damit, es sei ein Teil des Paradigmas oder einfach eine Kraft, die das Paradigma konditioniert?

FC: Es ist ein Teil des Paradigmas, weil es ein Teil der Wertvorstellungen ist, die den wissenschaftlichen Theorien zugrunde liegen. Die Wertvorstellungen sind ein Teil des Paradigmas. Für Kuhn und mich ist ein Paradigma daher mehr als eine Weltanschauung, mehr als ein begrifflicher Rahmen, weil es Wertvorstellungen und Aktivitäten umfaßt. Um das zu verdeutlichen, möchte ich schildern, wie ich diese Definition erweitert habe. Dabei folge ich Gedanken von Marilyn Ferguson, Willis Harman und anderen, die den Begriff «Paradigma» oft in umfassenderem Sinne gebraucht haben. Ich habe Kuhns Definition aufgegriffen und sie zu der des gesellschaftlichen Paradigmas erweitert.

Ein gesellschaftliches Paradigma ist für mich eine Konstellation von Begriffen, Wertvorstellungen, Wahrnehmungen und Praktiken, die von einer Gemeinschaft geteilt wird und eine besondere Sicht der Wirklichkeit bildet als Grundlage der Art und Weise, wie die Gemeinschaft sich selbst organisiert. Eine einzelne Person kann eine Weltanschauung haben, ein Paradigma jedoch wird von einer Gemeinschaft geteilt.

DSR: Und warum sprechen Sie nur von einer gemeinschaftlichen Organisation und nicht vom gesamten Leben einer Gemeinschaft? Warum fixieren Sie sich nur auf die Organisation und nicht auf Wertvorstellungen?

FC: Den Unterschied zwischen Paradigma und Kultur habe ich nicht erforscht. Man könnte sagen, Grundlage des gesamten Lebens sei die Kultur. Beide sind eng miteinander verbunden, doch habe ich mich in dieses Thema nicht vertieft.

Kuhn verwendet diesen Begriff natürlich in engerem Sinne, und innerhalb der Naturwissenschaft kennt er verschiedene Paradigmen. Ich hingegen verwende den Begriff in einem sehr weiten Sinne als eine Art überspannendes Paradigma, das der Organisation einer bestimmten Gesellschaft oder der Organisation der Wissenschaft in einer bestimmten wissenschaftlichen Gemeinschaft zugrunde liegt.

DSR: Ich fragte nach Wertvorstellungen, weil ich dachte, Sie sprächen immer noch von einem Paradigmenwechsel innerhalb einer spezifischen Wissenschaft. Dabei wären die Wertvorstellungen natürlich implizit und keineswegs explizit.

FC: Sie sehen also, wie interessant diese Frage jetzt ist – weil die gesamte Idee des Paradigmas in den Perioden normaler Wissenschaft nicht offenbar ist. Dann ist es sehr schwierig, das Paradigma genau zu beschreiben und seine Grenzen aufzuzeigen. Diese Grenzen erkennt man nur in Zeiten des Paradigmenwechseln; tatsächlich wandelt es sich *wegen* dieser Begrenzungen. Kuhn hat das im einzelnen beschrieben. Sobald Probleme auftauchen, die er Anomalien nennt, können diese nicht länger innerhalb des dominierenden Paradigmas gelöst werden; daher kommt es zu einem Wandel. Natürlich dauert es eine Weile, bis diese Probleme die Menschen zum Wandel zwingen.

In der Physik zum Beispiel setzte der jüngste Paradigmenwechsel in den 1920er Jahren ein, als in der Beschreibung der Struktur der Atome verschiedene Probleme auftauchten, die mit Begriffen der newtonschen Naturwissenschaft nicht gelöst werden konnten. In meinem Buch *Wendezeit* habe ich gezeigt, daß wir uns jetzt in einer Situation befinden, in der das gesellschaftliche Paradigma an seine Grenzen stößt. Diese Grenzen sind die Gefahr eines nuklearen Krieges, die Verwüstung unserer natürlichen Umwelt, die anhaltende Armut in der Welt – das alles sind ernsthafte Probleme, die im Rahmen des alten Paradigmas nicht mehr gelöst werden können.

Übrigens spricht Kuhn von einer vor-paradigmatischen Periode, in der mehrere Anschauungen miteinander konkurrieren, von denen eine später zum dominierenden Paradigma wird, das die wissenschaftliche Gemeinschaft übernimmt. In der Gesellschaft, oder sagen wir in der menschlichen Familie, ist dies anders, weil wir verschiedene koexistierende gesellschaftliche Paradigmen haben. Das islamische gesellschaftliche Paradigma ist ein anderes als das japanische oder amerikanische. Man muß also dieselbe Gruppe von Phänomenen – etwa das politische, ökonomische, gesellschaftliche Leben usw. – in Begriffen verschiedener koexistierender Paradigmen verstehen.

DSR: Das ist ein sehr wichtiger Gesichtspunkt. Haben Sie eine Erklärung dafür, warum verschiedene Paradigmen zwar in einem gesellschaftlichen Kontext koexistieren können, nicht jedoch in der Naturwissenschaft?

FC: Ja, das habe ich. Die Naturwissenschaften waren von jeher stark von der europäischen Tradition beeinflußt, und wo immer Menschen heute Naturwissenschaft betreiben, tun sie das im Rahmen des europäischen Paradigmas, sei es in Japan, China oder Afrika. Viele Wissenschaftler sagen, man habe sie zu diesem Zweck einer Gehirnwäsche unterzogen. Sie *könnten* Wissenschaft innerhalb eines anderen Paradigmas betreiben, doch tun sie es nicht. Es gibt eine Art Kolonisierung der Naturwissenschaftler durch die europäischen und amerikanischen Wissenschaften, im Augenblick durch die amerikanische, doch liegen die Wurzeln natürlich in Europa. Da es im gesellschaftlichen Bereich eine solche intensive Kommunikation kaum gibt, bestehen einfach parallele Kulturen.

Und hier sind wir schon wieder beim Ausdruck «Kultur». Verschiedene Kulturen existieren nebeneinander, und die Vorstellung vom gesellschaftlichen Paradigma ist eng mit Kultur verbunden. In der Naturwissenschaft jedoch gibt es eigentlich keine unterschiedlichen koexistierenden Kulturen, sondern nur eine einzige wissenschaftliche Kultur.

DSR: Sie haben da soeben etwas wirklich sehr Interessantes gesagt. Es wird ja oft gar nicht zur Kenntnis genommen, daß selbst in der Naturwissenschaft verschiedene Paradigmen nebeneinander existieren könnten. Und es ist fast ein Zufall, daß es als Folge der Kolonisierung durch die abendländische Wissenschaft nur *ein* naturwissenschaftliches Paradigma gibt. Das muß jedoch nicht so sein. Sie sagten eben, Wissenschaftler *könnten* Naturwissenschaft in einem unterschiedlichen Paradigma betreiben. Das ist wichtig. Andererseits heißt es oft, Vereinheitlichung sei gerade die Stärke der Wissenschaft. In ihr könne es keine Widersprüche geben, sie sei der felsenfeste Untergrund für alle Wahrheit, und so weiter.

FC: Sie sehen jedoch, daß Naturwissenschaft innerhalb des umfassenderen Paradigmas betrieben wird. Zwei Gruppen von Wissenschaftlern, die beispielsweise am SDI-Projekt arbeiten, kämen immer zu ähnlichen Ergebnissen. Sie würden Laserkanonen zur Verwendung im Weltall bauen, Raumstationen, Killersatelliten und so weiter. Obwohl die Ergebnisse sich geringfügig unterscheiden würden, wie immer, wenn Wissenschaft in verschiedenen Ländern betrieben wird, würde man letzten Endes zu denselben Schlußfolgerungen kommen. Doch ist durchaus vorstellbar, daß einige Länder ein solches Projekt gar nicht erst in Angriff nehmen, weil dort andere Wertvorstellungen herrschen.

DSR: Das ist ein sehr wichtiger Gesichtspunkt. Der Zusammenhang zwischen dem gesellschaftlichen und dem naturwissenschaftlichen Paradigma äußert sich darin, daß die Gesellschaft, in der wir leben, bestimmt, welche Art von Wissenschaft wir betreiben.

FC: Ja, das wissenschaftliche ist in das gesellschaftliche Paradigma eingebettet.

DSR: Viel mehr als es den Menschen bewußt ist. Lassen Sie mich jetzt etwas anderes fragen. Ich war lange Zeit vom Konzept des Äthers im Weltall fasziniert. Bis zum Ende des 19. Jahrhunderts hat es in der Geschichte der Wissenschaft eine bedeutende Rolle gespielt. Und heute ist das kein Thema mehr. Was ist da geschehen? Warum hat man früher die Vorstellung vom Äther gebraucht und heute nicht mehr? Vielleicht finden wir hier eine Parallele zu bestimmten theologischen Vorstellungen, die einst als dringend notwendig erschienen und es jetzt nicht mehr sind. Das scheint mir ein typisches Phänomen in Zeiten eines Paradigmenwechsels zu sein.

FC: So ist es. Das Phänomen von Begriffen, die während eines bestimmten Zeitraums benötigt werden und danach nicht mehr, taucht in der Naturwissenschaft immer wieder auf. Wir bauen Modelle und legen sie wieder beiseite, weil wir bessere haben.

Von den naturwissenschaftlichen Begriffen, die bei Annahme eines neuen Modells aufgegeben wurden, ist der Äther vielleicht das bekannteste, und das zu Recht, weil die Verschiebung der Wahrnehmungen, die den Abschied vom Begriff des Äthers erlaubte, den Beginn der Physik des 20. Jahrhunderts markiert.

Das ist ein faszinierendes Thema. Es beginnt mit der Frage nach der Natur des Lichts und illustriert besonders eindrucksvoll die Tatsache, daß etwas so Alltägliches wie das auf die Erde einfallende Sonnenlicht etwas ist, das unsere Einbildungskraft übersteigt. Wir haben in der Tat keine Vorstellung davon, wie das Sonnenlicht auf die Erde gelangt. Obwohl das den Menschen normalerweise nicht bewußt ist, sind die Naturwissenschaftler über diese Frage zur modernen Physik gekommen.

Im 19. Jahrhundert entwickelten Michael Faraday und Clerk Maxwell eine umfassende Theorie des Elektromagnetismus, die in der Entdeckung kulminierte, daß Licht aus schnell wechselnden elektrischen und magnetischen Feldern besteht, die sich als Wellen durch den Raum bewegen. Diese Felder sind nicht-mechanischer Natur, und die Maxwellschen Gleichungen, die ihr genaues Verhalten beschreiben, stellten die erste Theorie dar, die über die newtonsche Mechanik hinausging. Das war der großartige Triumph der Physik des 19. Jahrhunderts.

Als Maxwell seine Entdeckung machte, stand er jedoch sofort vor einem Problem. Wenn Licht aus elektromagnetischen Wellen besteht, wie können sich diese Wellen durch den leeren Raum bewegen? Aus Erfahrung wissen wir ebenso wie aus der Wellentheorie, daß jede Welle ein Medium braucht. Eine Wasserwelle benötigt Wasser, das in Unruhe versetzt wird und sich dann nach oben und unten bewegt, während die Welle hindurchgeht. Eine Schallwelle braucht die Teilchen der Luft, die schwingen, während die Welle sich durch die Luft fortpflanzt. Ohne Luft oder eine sonstige materielle Substanz entsteht kein Schall. Das Licht jedoch pflanzt sich im Vakuum fort, in dem es kein Medium gibt, das die Schwingungen weiterleitet. Was schwingt also in einer Lichtwelle?

Das veranlaßte die Wissenschaftler, den Äther zu erfinden. Sie sagten: «Da ist keine Luft, aber es gibt da ein unsichtbares Medium namens Äther, in dem die Lichtwellen sich fortpflanzen.» Dieser Äther mußte allerlei ungewöhnliche Eigenschaften besitzen; er mußte beispielsweise eine gewichtslose und vollkommen elastische Substanz sein. Sehen Sie: Wenn Wasserwellen sich fortpflanzen, dann werden sie wegen der Reibung kleiner. Bei den Lichtwellen ist das jedoch nicht der Fall. Also mußte der Äther vollkommen elastisch sein, ohne jede Reibung. Obwohl der Äther diese und andere sehr seltsame Eigenschaften haben mußte, konnten die Naturwissenschaftler zu Beginn des 20. Jahrhunderts sich nicht dazu durchringen, die Vorstellung vom Äther aufzugeben, weil dieses mechanistische Bild einer Welle, die ein Medium benötigt, so tief in ihrem Bewußtsein verwurzelt war.

Es bedurfte einer Persönlichkeit wie Einstein, der feststellte, Licht sei ein ureigenes Phänomen, das keines Mediums bedürfe. Es braucht kein Medium, sagte Einstein, weil es sich nicht nur als Welle manifestiert, sondern auch als Teilchen, das sich durch leeren Raum bewegen kann. Diese Teilchen nannte er Licht«quanten», die der Quantentheorie ihren Namen gaben, der Theorie der atomaren Phänomene.

Das Ringen um die Frage «In welchem genaueren Sinne ist ein Lichtquantum ein Teilchen und in welchem Sinne ist es eine Welle?» ist die Geschichte der Quantentheorie während der ersten drei Jahrzehnte unseres Jahrhunderts. Ich will hier nicht weiter in die Einzelheiten gehen. Das Ende dieser Geschichte ist jedenfalls: Licht besteht aus Teilchen und Wellen zugleich, und der Äther wird nicht länger als Medium benötigt.

DSR: Dann gab es also einst in der Physik einen Begriff, der absolut unentbehrlich schien, und dann wieder aufgegeben wurde. Ich glaube, zu diesem Phänomen gibt es Parallelen in der Theologie.

TM: Das klassische Beispiel einer unnötigen Doktrin innerhalb des gemeinsamen christlich-theologischen Denkens ist das geozentrische Universum. Um die Wahrheit der Bibel nicht zu erschüttern, hielten mittelalterliche Theologen es für notwendig, eine unbewegliche Erde als Zentrum eines in Bewegung befindlichen Kosmos zu postulieren. Während der Renaissance erarbeiteten Kopernikus und andere die Theorie, daß auch die Erde sich bewege. Galilei unterstützte die These des Kopernikus. Er war aber auch ein überzeugter Katholik, der in voller Übereinstimmung mit der christlichen Kirche bleiben wollte, auch nicht unerfahren in der Theologie. Er hatte die Bibel gelesen und empfand das Bedürfnis, den Zusammenhang zwischen Naturwissenschaft und Theologie oder, besser noch, zwischen wissenschaftlicher und biblischer Sprache zu erklären. Unter Berücksichtigung alles dessen kommt seine

63

recht einfache Erklärung dieses Zusammenhanges derjenigen ziemlich nahe, die jeder beliebige Theologe heute geben würde.

FC: Was war das theologische Problem?

TM: Das Problem entstand, weil einige Theologen folgendes glaubten: Da die Bibel sagt «Die Sonne stand still», sei die Annahme notwendig, die Sonne umkreiste die Erde – um keinen Zweifel an der Wahrheit der Bibel zu wecken.

DSR: Man hielt irrtümlicherweise poetische Sprache für einen wissenschaftlichen Bericht.

TM: Galilei sagte, der Satz in der Bibel «Und die Sonne stand still» sei eine religiöse Aussage. Sie sei in der Sprache des gemeinen Volkes gemacht und wende sich an die Massen, während die Naturwissenschaft sich an Menschen mit einer ausgeklügelteren Sprache wende, der Sprache der Mathematik. Es sei nicht Aufgabe der Naturwissenschaft, die religiösen Bedürfnisse der Menschen zu befriedigen. Sie will Kenntnisse über das Universum erwerben und ein riesiges Gebäude empirischer Erkenntnis errichten. Diese Aussage, vielleicht in etwas verfeinerter Form, würde heute jeder Bibelforscher machen.

FC: Und welcher Begriff wurde dann nicht mehr gebraucht?

TM: Das der unbeweglichen Erde. Die Theologen kamen letzten Endes zu der Schlußfolgerung, daß die Bibel kein wissenschaftliches Lehrbuch sei, keine Quelle für Antworten auf unsere Fragen über das Universum.

FC: Dann könnte man also sagen, die Bibel äußere sich in Form von Metaphern und Modellen, wie wir es in der Naturwissenschaft tun. Die Metaphern der Bibel weisen auf religiöse Wahrheiten hin, sind jedoch nicht die Wahrheiten selbst. Man darf also die Metapher nicht mit der Wahrheit verwechseln, auf die sie nur hinweist.

TM: Das ist eine Hypothese, mit der viele Theologen heute arbeiten. Ich nenne da den katholischen Theologen Avery Dulles, dessen Buch *Models of the Church* eine Modellmethode verwendet. Meines Erachtens reflektiert die Verwendung von Modellen in der Theologie einfach, daß man sich des analogischen Charakters der theologischen Sprache bewußt ist.

DSR: Noch ein anderes Konzept wurde in jüngster Zeit als veraltet aufgegeben, das der Vorhölle. Für viele Menschen war es ein brennenderes Thema als das des geozentrischen Universums. Es vertrat die Ansicht, Kinder, die ungetauft sterben, könnten nicht in den Himmel kommen, weil sie noch die Erbsünde in sich tragen. Da man sie aber auch nicht zur Hölle verdammen konnte, erfand man die Vorhölle als ein Zwischenstadium. Das verursachte vielen Eltern, deren Kinder vor der Taufe starben, großen Kummer.

TM: Das war eine theologische Schlußfolgerung aus einer These des hl. Augustin – wir nennen das ein Theologumenon. Sie folgt seinem Konzept von der Erbsünde als Erbschuld und von der Menschheit als einer *massa damnata*, einer Masse der Verdammten. Das ist zwar nur *eine* mögliche Hypothese, die jedoch allgemein akzeptiert wurde, da in der abendländischen Theologie das augustinische Denken dominiert. So haben also Theologen auf der Grundlage der augustinischen Lehre von der Erbschuld jedes Kindes seit Adam und Eva den Begriff der «Vorhölle» entworfen.

FC: Demnach war die Vorhölle ein Bereich, der weder zum Himmel noch zur Hölle gehörte?

TM: Weder Himmel noch Hölle noch Fegfeuer, aber ein Ort ewiger Distanz zu Gott. In der Vorhölle gab es keine Vision von Gott. Der hl. Augustin sagte, Kinder, die in Erbsünde sterben, würden nicht wirklich gepeinigt, müßten jedoch «sehr sanfte Strafen erleiden». Diese ziemlich absurde Vorstellung drang allmählich in die katholische Mentalität und die allgemeinen theologischen Texte ein und galt schließlich als Doktrin, was sie in Wirklichkeit jedoch nicht war.

FC: Und wie hat man das Problem gelöst?

TM: Es geschah aufgrund besserer Kenntnis des historischen Hintergrunds dieser Lehre. Die orthodoxe Überlieferung der christlichen Ostkirche postuliert seit je ein sehr unterschiedliches Verständnis von der Erbsünde, das nicht zwangsläufig die Vorstellung übertragener Schuld einschließt und daher nicht die gesamte Menschheit als verdammt betrachtet.

FC: Und wie deutet das neue Paradigma dieses Problem?

TM: Die neue Theologie macht sich gar nicht erst die Mühe, den Begriff der Vorhölle zu interpretieren; sie hat ihn einfach fallengelassen.

FC: Nun gut, aber wie interpretiert sie Erbsünde?

TM: Das ist ein sehr heikler und schwieriger Punkt, weil keine völlige Klarheit besteht, was die katholische Lehre damit genau ausdrücken will, abgesehen von der Versehrtheit unserer Natur und der absoluten Notwendigkeit der Gnade für unsere Erlösung.

FC: Dann ist das Problem also nicht gelöst?

TM: Nein, es ist nicht gelöst und gehört zu den Bereichen, die theologischen Diskussionen einen gewissen Freiraum lassen.

DSR: Wenn mich ein gebildeter Christ im Abendland fragt, «Was ist Erbsünde?», dann antworte ich, das sei der christliche Begriff für das menschliche Problem, das die Buddhisten *Dukkha* (Leidhaftigkeit) nennen. Hinter beiden Konzepten steht unser Gewahrsein, daß irgend etwas nicht in Ordnung ist. Ich habe den buddhistischen Begriff *Dukkha* gewählt, weil er heute vielen Menschen vertraut ist. Jede religiöse Überlieferung beginnt mit dem Eingeständnis, daß unsere Welt irgendwie nicht in Ordnung ist, daß wir verloren sind und den Weg zurückfinden müssen.

FC: Und bei Kindern ist dieser Zustand noch gar nicht entwickelt. Bei einem Kleinkind ist die Befindlichkeit des Menschen noch nicht voll entwickelt.

DSR: Kinder werden jedoch in diesen Zustand hineingeboren, weil unsere Gesellschaft aus den Fugen geraten ist. Heute betont man in der Theologie die sozialen Aspekte der Erbsünde, die gesellschaftlichen Verzerrungen, viel stärker als früher. Das kommt der ursprünglichen biblischen Vorstellung von dem, was wir «Erbsünde» nennen, sehr viel näher.

TM: Um das Thema zu wechseln, möchte ich nun das ethische Dilemma des Naturwissenschaftlers ansprechen. Dürfen wir etwas, das wir tun *können,* auch in jedem Fall wirklich tun? Im Namen des Fortschritts haben wir impulsiv stets gesagt: «Ja, macht nur weiter so.» Gibt es da nicht irgendeine, wenn auch nur theoretische Grenze? Wenn es die nicht gibt – welche Möglichkeiten haben wir dann, uns und den Planeten zu schützen? Wie können wir uns spirituell rüsten, mit den Früchten unseres eigenen Intellekts fertig zu werden?

FC: Ich halte es für eine weitverbreitete falsche Anschauung, es gebe in den Naturwissenschaften keine Grenzen für den Erwerb intellektuellen Wissens. Nach volkstümlicher Meinung sitzt der Wissenschaftler in seinem Labor, ist von irgendeinem Problem fasziniert und geht ihm ohne Rücksicht auf die Folgen nach. Man sagt, intellektuelle Neugier sei eine grundlegende menschliche Eigenschaft, und die Menschen sollten das Recht haben, diese grundlegende menschliche Neugier zu befriedigen.

Diese Vorstellung ist vollkommen falsch. So wird Naturwissenschaft heute nicht mehr betrieben. Es *gibt* eine Grenze für die menschliche Neugier, genaugenommen sogar zwei.

Die erste Grenze besteht darin, daß Forschung im Rahmen eines umfassenderen, mit bestimmten Wertvorstellungen durchsetzten Paradigmas betrieben wird. Was für einen Wissenschaftler interessant ist, wird zum Teil von diesen Wertvorstellungen bestimmt, und natürlich auch von dessen persönlichen Neigungen und schließlich auch von dem Paradigma. So reizt es mich beispielsweise intellektuell nicht, ein Tier in eine mechanische Apparatur zu stecken, es dort zu quälen und seine Schmerzschwellen zu messen. Giftige Substanzen in seine Augen zu träufeln und die Wirkung auf die Retina zu messen ist intellektuell nicht gerade aufregend. Es reizt mich nicht, weil ich nicht im Rahmen eines Paradigmas arbeite, das solche Art der Forschung ermutigt. Ich sage also nicht: «Das sollte ich nicht, würde es aber gern tun. Wäre es nicht toll, wenn wir es tun dürften?» Ganz und gar nicht. Im Gegenteil. Ich finde diese Art der Forschung so abstoßend, daß sie mir keinen intellektuellen Anreiz bietet. In einem anderen Paradigma – und natürlich kennt man Tausende von Wissenschaftlern, die solche Forschung betreiben –, in einem anderen Paradigma könnte man genug Argumente finden, diese Forschung als aufregend oder zumindest interessant zu bezeichnen. Das ist ein extremes Beispiel. Doch meine ich, daß sich die Frage der Attraktivität einer Forschungstätigkeit immer innerhalb eines Paradigmas stellt. Was nicht im Rahmen des Paradigmas liegt, ist auch nicht interessant. Das ist eine der Begrenzungen.

Die zweite ist nicht intellektueller, sondern ökonomischer oder finanzieller Art. Wissenschaftler, die sich in ihren Labors mit dem beschäftigen, was sie am meisten interessiert, sind heute sehr rar, wenn es sie überhaupt noch gibt. Der typische Fall ist eigentlich der, daß man an einem Projekt forscht, das von anderen finanziert wird. Ohne diese finanzielle Unterstützung kann man gar nicht forschen. Um sie zu erhalten, reicht man Vorschläge für Forschungsstipendien ein, formuliert in der Sprache des vorherrschenden Paradigmas. An dieser Stelle kommen die Wertvorstellungen der Gesellschaft ins Spiel. Was man erforschen kann, hängt von der Finanzierung ab.

TM: Würden Sie also sagen, die grundlegende Idee des Strebens nach Erkenntnis auf faustische, quasi mystische Weise sei auch ein Teil des alten Paradigmas? Mit anderen Worten – das Modell einer stetig wachsenden Masse von Erkenntnissen?

FC: Absolut. Das ist nicht nur Teil des alten Paradigmas; es erkennt nicht einmal die Existenz von Paradigmen an. Es läßt nicht gelten, daß Wissen sich nicht einfach ansammelt, noch daß Erkenntnis sich aus einer Konstellation von Begriffen, Einsichten, Wertvorstellungen und Praktiken ergibt, von denen sie nicht losgelöst werden kann.

DSR: Da wir gerade von Forschungsfinanzierung sprechen – ist es nicht im allgemeinen ziemlich schwierig, sie für interdisziplinäre Projekte zu bekommen?

FC: Absolut.

DSR: Und ist das nicht ebenfalls ein Hinweis darauf, daß das Denken in neuen Paradigmen, das interdisziplinäre Arbeit begünstigt, sich noch nicht durchgesetzt hat?

FC: Ja, unbedingt. Die Körperschaften, die für die Gewährung von Stipendien zuständig sind, haben das überhaupt noch nicht erkannt. Es kann wohl kaum überraschen, daß der größte Teil der heute finanzierten Forschung der Rüstung dient. Über 75 Prozent der Ausgaben für Forschung und Entwicklung in Amerika kommen derzeit aus dem Rüstungshaushalt. Das ist natürlich eine furchtbare Perversion der wissenschaftlichen Arbeit. Auf diese Weise wird der gesamte Geist der Wissenschaft entstellt, und die wissenschaftlichen und technischen Fähigkeiten einer riesigen Zahl von Wissenschaftlern werden von nützlichen Aktivitäten ferngehalten. Rüstungsforschung ist schon fast ein Synonym für Vergeudung.

DSR: Hätten Sie positive Anregungen, wie man das ändern könnte?

FC: Die Tatsache, daß wissenschaftliche Forschung zu einem erheblichen Teil vom Wertsystem bestimmt wird, läßt sich nicht ändern. Die Motivation, einen bestimmten Forschungszweig einem anderen vorzuziehen, wird von Wertvorstellungen bestimmt. Natürlich kann das Wertsystem sich ändern. Das gehört ja auch zum gesamten Paradigmenwechsel. Im übrigen wird Forschung durch das bestimmt, was finanziert wird. Deshalb sollte die Forschungsfinanzierung insgesamt demokratisiert werden. Heute handelt man auf diesem Gebiet nicht demokratisch. Der normale Bürger hat darauf wenig Einfluß. Bei demokratischer Finanzierung würde die Richtung der Forschung mehr den Willen der Gemeinschaft widerspiegeln.

DSR: Das klingt nach einem vielversprechenden Weg, den man einschlagen könnte.

Paradigmen in der Theologie

FC: Jetzt komme ich zu meiner Frage im Zusammenhang mit der Theologie: Gibt es so etwas wie ein Paradigma und einen Paradigmenwechsel in der Theologie? Wenn ja, welches sind die Grenzen des gegenwärtigen alten theologischen Paradigmas, und warum brauchen wir in der Theologie ein neues Denken?

TM: Wenn Sie fragen, ob in der Theologie verschiedene Paradigmen legitim sind, dann lautet die Antwort ja, sogar für die orthodoxeste christliche Überlieferung, und zwar wegen der eigentlichen Natur des Gegenstandes der Theologie, des Mysteriums. In gewisser Weise bewegen wir uns über unsere Fähigkeiten hinaus, um dieses Mysterium zu lösen und es in einfachen Konzepten zu artikulieren. So ist also die Idee eines Paradigmas gewiß berechtigt aus interner Sicht, und eine Tatsache von außen gesehen. Die Geschichte der christlichen Theologie umfaßt zumindest vier oder vielleicht mehr bedeutende Zeitalter theologischer Lehrgebäude, mit jeweils eigenen interner Stimmigkeit und eigenen Regeln, bei dennoch erheblichen Unterschieden.

DSR: Ich würde sagen, ein Paradigmenwechsel in der Theologie entsteht weniger deutlich, wenn die von Ihnen erwähnte innere Stimmigkeit in Frage gestellt wird, wenn Aussagen gemacht werden, die nicht mehr zueinander zu passen scheinen. Das führt dann zu einem kleineren Wandel, bei dem nur etwas angepaßt werden muß.

FC: Aber man könnte doch das Modell innerhalb desselben Paradigmas verändern. Normalerweise werden doch die größeren Anomalien zum Anlaß von Paradigmenwechseln.

TM: Das Problem könnte sich ergeben, wenn es darum geht, innerhalb der Theologie ein *exaktes* Äquivalent zu den Anomalien in der Naturwissenschaft zu finden. Ich frage mich, ob wir so ein Problem haben. Eine Parallele zu einer Anomalie könnte das sein, was wir Häresie nennen; die Herausforderung der Orthodoxie der Gemeinschaft. Eine andere könnte einfach in der Zuführung neuer kultureller Elemente bestehen. Ich denke da zum Beispiel an die Metaphysik des Aristoteles und die Kommentare muslimischer Denker über Aristoteles, die Theologen zu Lebzeiten des Thomas von Aquino im 13. Jahrhundert zu lesen begannen. Es gibt daher meines Erachtens kein exaktes Äquivalent. Sowohl die Herausforderungen durch die Häresie als auch der Kontakt mit anderen Kulturen beeinflussen die Theologie positiv. Ganz zweifellos haben die sogenannten Häretiker manchmal sehr viel dazu beigetragen, den tatsächlichen Glauben der Gemeinschaft herauszukristallisieren.

DSR: Da haben Sie recht. Und die Parallelen zu den Paradigmenwechseln in der Naturwissenschaft sind vielleicht näherliegend, als wir glauben. Die Häretiker oder Ketzer – das ist nicht gerade eine freundliche Bezeichnung für sie –, also Menschen, die als Häretiker gebrandmarkt wurden, stellten aufgrund ihrer eigenen religiösen Erfahrung das in der Theologie vorherrschende Dogma in Frage. Das ist nicht viel anders als ein neues kulturelles Element, mit dem das Paradigma bisher noch nicht konfrontiert wurde. Das alte naturwissenschaftliche Paradigma sieht sich gegenwärtig neuen Erkenntnissen gegenüber. Die Naturwissenschaft selbst kann solche Erkenntnisse liefern. Auch das neue theologische Paradigma kann wissenschaftliche Orthodoxien in Frage stellen. Das neue Denken fordert stets das «Establishment» heraus, in der Naturwissenschaft wie in der Theologie.

FC: Bezeichnen wir beispielsweise innerhalb des neuen gesellschaftlichen Paradigmas nationale Sicherheit als ein überholtes
Konzept, dann stellen wir uns damit in Gegensatz zu unserer
nationalen Politik, zum Establishment. Auf ähnliche Weise
stand Galileis Feststellung, die Planeten besäßen Monde und
die Erde drehe sich um die Sonne, im Gegensatz zur Überzeugung des Establishments seiner Epoche. Der Unterschied ist
natürlich, daß damals die Kirche das Establishment war und
das aristotelische, scholastische Paradigma dominierte. Das
heute vorherrschende Paradigma wird nicht mehr von der Kirche gestützt, sondern von Körperschaften, Politikern und so
weiter.

DSR: Dann sind wir also einer Meinung, daß es in der Theologie einen Paradigmenwechsel gibt, der mit dem in der Naturwissenschaft vergleichbar ist?

TM: Ich stimme ganz gewiß bei, daß wir heute auch in der
Theologie einen Paradigmenwechsel erleben. Ob und in welchem Ausmaß er jedoch tatsächlich mit dem in der Naturwissenschaft verglichen werden kann, das ist mir noch nicht klar.

Die Geschichte christlicher Paradigmen

FC: In der Naturwissenschaft muß man die systematischen
Beobachtungen, die Teil der wissenschaftlichen Methoden
sind, kontinuierlich fortsetzen, um die Entwicklung in Gang zu
halten. Das gilt für die schrittweise Entwicklung in Perioden
normaler wissenschaftlicher Arbeit ebenso wie für revolutionäre Entwicklungen in Perioden des Paradigmenwechsels. Mir
scheint, daß man sich auch in der Theologie auf die ständig
wiederholte religiöse Erfahrung stützen muß, will man die
Dogmen und das Glaubensverständnis, also das Nachdenken
über die religiöse Erfahrung, fortentwickeln. Soweit ich das be-

urteilen kann, ist das gegenwärtig nicht der Fall. Vielleicht könnte ich hier noch deutlicher werden und feststellen, daß dies noch nie eine Stärke des Christentums gewesen ist. Die Mystiker wurden immer zu Außenseitern gestempelt und oft verfolgt.

TM: Ich glaube, Sie müssen das nuancieren, und zwar hinsichtlich der verschiedenen Epochen dessen, was wir als Paradigmen der christlichen Theologie bezeichnen.

FC: Könnten Sie uns einen kurzen Überblick über diese Paradigmen geben?

TM: Die Krise der Mystik und der tiefen religiösen Erfahrung im Christentum fällt zeitlich mit dem Aufkommen des großen scholastischen Paradigmas zusammen. Das war die Periode des Thomas von Aquino und des Bonaventura im 13. Jahrhundert. Man könnte sagen, die Energie des scholastischen Paradigmas habe bis ins 16. Jahrhundert angehalten. Damals gab es immer noch Persönlichkeiten wie Thomas Cajetanus, der großartige Kommentare über Thomas von Aquino verfaßte und selbst ein origineller Denker war. Doch kam es während dieser ganzen Periode zu einer fortschreitenden Zersplitterung der theologischen Wissenschaft. Die Theologie hörte auf, eine ganzheitliche Methode zum Verständnis des Glaubens zu sein.

DSR: Wollen Sie damit sagen, daß vor dem 13. Jahrhundert die Mystiker die Theologen waren, und umgekehrt?

TM: Ganz bestimmt war es zumindest im Prinzip axiomatisch, daß beide untrennbar waren. Und die Haltung des Theologen war in erster Linie die eines Zuhörers.

FC: Sie meinen also, es habe ab dem 13. Jahrhundert diese Spannung zwischen Theologen auf der einen und den Mystikern auf der anderen Seite gegeben?

TM: Das Paradigma selbst hat diese Spaltung erzwungen und es den Theologen beinahe verboten, zu mystisch zu werden. Sie mußten auf der intellektuellen Ebene bleiben.

FC: Das machte es natürlich schwer, Parallelen zwischen Naturwissenschaft und Theologie zu ziehen. Wenn die religiöse Erfahrung in den vergangenen sieben Jahrhunderten nicht Grundlage der Theologie im theologischen Establishment war, wie können wir dann erwarten, daß ein neues Paradigmadenken entsteht, wenn es nicht zu einer Renaissance religiöser Erfahrung kommt?

DSR: Es muß mit einer Renaissance religiöser Erfahrung einhergehen, und das *tut* es auch, denn wir erleben heute ganz deutlich eine neue Wertschätzung religiöser Erfahrung. Wir sollten jedoch auch einsehen, daß während der vorangegangenen Epochen – sagen wir seit dem 13. Jahrhundert – zahllose Christen wirklich als Mystiker lebten, auch wenn sie nicht als solche bezeichnet wurden. Diejenigen, die wir so nennen, mögen herausragende Mystiker gewesen sein. Vor allem jedoch waren es Menschen, die mit dem Establishment Schwierigkeiten bekamen, entweder weil sie so herausragend waren oder weil sie sich so deutlich äußerten. Doch waren sie nicht echtere Mystiker als andere, Millionen andere, wie ich hoffe, die niemals in Schwierigkeiten gerieten. Trotz des Paradigmas, das ihnen gewissermaßen intellektuell übergestülpt wurde, war es das mystische Erleben, das die Christen in ihrem Alltag am Leben erhielt. Was ihr religiöses Verständnis, mit anderen Worten ihre Theologie, am Leben erhielt, war ihre Mystik.

FC: Bedenken Sie, daß in den Naturwissenschaften, ganz gleich in welchem Paradigma sie tätig sind, allgemeine Übereinstimmung besteht, daß Beobachtung, das heißt Erfahrung, die Grundlage wissenschaftlicher Erkenntnis ist.

DSR: Ich denke, in der christlichen Überlieferung ist folgendes geschehen: Bis vor kurzem hat sich die Theologie vom eigentlichen Leben der Kirche immer mehr abgespalten und verdorrte deshalb, zumindest in einigen ihrer bekannteren Repräsentanten.

TM: Um der Geschichte dieser Entwicklung gerecht zu werden, sollte man auch in diesem Fall einige hervorragende Beispiele namentlich nennen. So war Thomas von Aquino fraglos ein großer Mystiker, ein Mann tiefer spiritueller Erfahrung. Doch lebte er sein mystisches Leben auf einer Ebene, die von seiner Theologie Welten entfernt war. Als die Spannung zwischen seiner Erfahrung und seiner Theologie am Ende seines Lebens unerträglich wurde, sagte er von seinem theologischen Werk: «Das ist alles nur Stroh!»

DSR: Thomas, vorhin erwähnten Sie vier Paradigmen der christlichen Theologie. Könnten Sie diese schnell charakterisieren?

TM: Ich will mein Bestes tun, um mich kurz zu fassen. Einen guten Überblick verschafft eine Schrift über Theologie und ihre Methode von Cyprian Vagaggini, einem italienischen Theologen, der dem kamaldulensischen Benediktinerorden in Italien angehört.

DSR: Ja, Cyprian Vagaggini war für Hunderte, wenn nicht sogar Tausende von Studenten sein Leben lang ein bedeutender Lehrer. Er hat wirklich zu einem Paradigmenwechsel in der Theologie beigetragen. Im Kontext unseres Gesprächs ist er eine der Schlüsselpersonen.

TM: Vagaggini beginnt mit einer Betrachtung des abendländischen Denkens im allgemeinen. Er unterstreicht den anomalen Charakter des Aristoteles in bezug auf das klassische Denken.

Das war tatsächlich ein Schlüsselelement in der Entwicklung der christlichen Theologie – wieviel Aristoteles jeweils hineingenommen wurde. Aristoteles stellt nämlich in gewisser Weise eine Unterbrechung des allgemeinen Trends klassischen Denkens dar, das dazu neigte, einen totalen Humanismus und die totale Konzentration auf die menschliche Entwicklung – heute würden wir es das menschliche Potential nennen – zum Angelpunkt des klassischen Strebens nach Weisheit zu machen. Am Anfang des Christentums enthält das Neue Testament bereits eine Theologie, die jedoch nicht systematisch und im eigentlichen Sinne dogmatisch ist. Im Gefolge des Neuen Testaments entstehen vier bedeutende theologische Paradigmen: das frühe oder patristische (auf den Lehren der Kirchenväter beruhende); die mittelalterliche Scholastik, die positive Scholastik und schließlich das Paradigma des 20. Jahrhunderts, das wir «Theologie des neuen Paradigmas» nennen könnten. Die erste bedeutende theologische Synthese, das patristische Paradigma, entsteht allmählich im dritten, vierten und fünften Jahrhundert. Vagaggini nennt es «das Modell gnostischer Weisheit».

FC: Und wie steht es um die Interpretation des Paulus?

TM: Der heilige Paulus ist zweifellos der erste christliche Theologe, doch hat er keinerlei System entwickelt. Seine Theologie hat keinen überspannenden, systematischen Charakter.

DSR: Und was ist mit Origenes?

TM: Origenes gehört ebenfalls zu den bedeutenden Pionieren der Theologie. Er stellte den Webstuhl auf, auf dem die patristische Synthese gewebt wurde, weil er die grundlegende theologische Methode erfand. Man könnte sagen, sein bedeutender Beitrag war nicht so sehr der Inhalt seiner Gedanken, sondern seine Methode, eine bestimmte Art, Schriften zu lesen, eine Art, die Bibel auf vielen verschiedenen Ebenen zu lesen. Innerhalb des ersten großen theologischen Paradigmas, des Modells gnostischer Weisheit der patristischen Ära, ist Origenes eine zentrale Gestalt.

Das zweite Paradigma ist die große scholastische Systematisierung unter dem Einfluß der neuen lateinischen Übersetzungen des Aristoteles und der islamischen Kommentatoren des Aristoteles.

FC: Könnten Sie bitte die entsprechenden Jahrhunderte dazu nennen?

TM: Man könnte die patristische Ära vom dritten bis etwa zum elften Jahrhundert datieren. Auf sie folgte die scholastische Periode vom 12. bis zum 16. Jahrhundert. Während der Reformation und Gegenreformation entwickelte sich die sogenannte positive scholastische Theologie, die auf der Grundlage kritisch kommentierter Schriften operiert. Man nimmt Textstellen aus der Bibel und aus frühen Kirchenvätern sowie aus der *Summa* des hl. Thomas und bedient sich einer syllogistischen Methode, um nachzuweisen, daß dieser oder jener Satz einer dogmatischen Lehre wahr und unwiderleglich ist.

DSR: Vielleicht gibt es in dieser dritten Periode der Theologie eine Parallele zu einer Zeit in der Naturwissenschaft vor der Wiedereinführung der experimentellen Wissenschaft in der Renaissance. Damals bestand Naturwissenschaft eigentlich nur in der Wiederholung dessen, was griechische Wissenschaftler tausend Jahre zuvor gesagt hatten. Diese vor-modernen Naturwissenschaftler wiederholten einfach autoritative Feststellungen und experimentierten nicht. Obwohl sie im Alltag wahrscheinlich auf Phänomene stießen, die im Widerspruch zu ihren Theorien standen, haben sie diese nicht systematisch untersucht.

TM: Das Kennzeichen der positiven scholastischen Theologie ist ihr polemischer und apologetischer Charakter. Sie verteidigte sich zunächst gegen die Protestanten, danach gegen die Aufklärung und heute gegen den Säkularismus, den Marxismus und alle Formen des Modernismus.

FC: Würden Sie sagen, sie existiert auch heute noch?

TM: Ganz sicher tut sie das. Doch befinden wir uns gegenwärtig in einem dieser chaotischen Zwischenstadien. Während des ganzen frühen 20. Jahrhunderts haben katholische Theologen versucht, eine neue Synthese zu entwickeln, um eine Verbindung zu schaffen zwischen der intellektuellen Auffassung von Glauben und Religion und der religiösen Erfahrung. Gleichzeitig wollten sie ein starkes anthropologisches oder humanistisches Element einbringen.

Denker des neuen Paradigmas in der zeitgenössischen Theologie

FC: Das bringt mich zu meiner nächsten Frage. Wenn wir über theologisches Denken im Rahmen eines neuen Paradigmas sprechen – wer sind dann seine Repräsentanten und welche Gemeinschaft hat an diesem neuen Paradigma teil? Welche Theologen denken auf diese Weise? Und wie viele sind es? Ein Dutzend, oder sogar einige hundert?

DSR: So über den Daumen gepeilt würde ich sagen, auf jeden auf dem Boden eines neuen Paradigmas stehenden Naturwissenschaftler kommen bestimmt zehn Theologen des neuen Paradigmas.

FC: Daß es eine so große Gemeinschaft von Theologen geben soll, die ein neues Denken in der Theologie verfolgen, ist mir wirklich neu.

DSR: Um sicherzugehen, daß dies nicht nur mein persönlicher Eindruck ist, würde ich gerne hören, was Thomas dazu sagt. Jedes Nennen von Zahlen ist natürlich lächerlich. Doch würde heute in der theologischen Gemeinschaft weltweit jeder als rückständig gelten, der sich nicht zumindest in die Richtung dessen bewegt, was wir hier das neue Paradigma nennen.

TM: So ist es. Denn die Suche nach einem neuen theologischen Paradigma ist bereits hundert Jahre alt. In der zweiten Hälfte des 19. Jahrhunderts begannen einige katholische Denker sich der Notwendigkeit eines neuen Ansatzes in der Theologie bewußt zu werden. Ich nenne da nur John Henry Newman oder den deutschen Theologen Matthias Scheeben. Im Laufe unseres Jahrhunderts wurde diese dringende Notwendigkeit einer großen Zahl von Katholiken klar, selbst außerhalb der akademischen theologischen Gemeinschaft. Und schließlich kam es zum Zweiten Vatikanischen Konzil von 1962-1966. Das drückte der Suche nach einem neuen theologischen Paradigma ein amtliches Siegel auf und schuf eine gemeinsame Grundlage oder die Saat eines neuen Paradigmas, das von da an allgemein akzeptiert wurde.

DSR: Richtig. Anders ausgedrückt: Die Theologen drängten sehr auf einen Paradigmenwechsel und wurden ziemlich lange vom Establishment der Kirche zurückgehalten. Übrigens – gibt es in der Welt der Naturwissenschaft etwas, was mit dem Establishment der Kirche, das sich gegen einen Paradigmenwechsel sträubt, verglichen werden kann?

FC: Natürlich gibt es das. Es existiert ein wissenschaftliches Establishment, zu dem auch die Körperschaften gehören, die Forschungszuschüsse bewilligen. Gegenwärtig gibt es zum Beispiel in den Wissenschaften vom Leben zwei Hauptrichtungen. Zu der einen gehören die Molekularbiologie, die Gentechnologie und dergleichen. Der andere Bereich ist der der Ökologie.

Meiner Meinung nach ist die Ökologie vom kulturellen und gesellschaftlichen Standpunkt aus weitaus wichtiger. Für sie wird aber kaum Geld gegeben, statt dessen fast alles in die Molekularbiologie gesteckt. Das neue Denken ist definitiv in der Systembiologie zu spüren, die enge Bindungen zur Ökologie hat.

DSR: Wie interessant! Das ist ein Bereich, in dem wir Parallelen überhaupt nicht erwartet haben. Und doch besteht hier eine auffallende Parallele zwischen Naturwissenschaft und Theologie.

FC: In der Naturwissenschaft sind also Geld, Stipendien, die akademischen Institutionen bestimmend. Und in der Kirche, schätze ich, ist es eine andere Form der Macht als die finanzielle.

DSR: Ja, es ist die Macht, die Theologen das Wort verbietet, die Macht, sie von Positionen fernzuhalten, auf denen sie Gehör finden würden. Hans Küng betätigt sich weiterhin als Lehrer, darf sich aber nicht «katholischer Theologe» nennen.

FC: Dann besteht also zur Zeit die seltsame Situation, daß das Zweite Vatikanische Konzil viele Dinge erlaubt hat, die das Establishment jetzt jedoch nicht will. Habe ich recht?

TM: In der Kirche gibt es immer noch Personen, die das Zweite Vatikanische Konzil nicht voll akzeptieren. Einige würden sogar gern die Uhr zurückstellen, wenn es in ihrer Macht stünde, was natürlich unmöglich ist. Ein günstiges Klima für einen Wandel in der Kirche schuf zum Teil das Erlebnis des erfolglosen Versuchs, einige der besten Denker in der Kirche aus der Zeit der 1930er bis zu den 1960er Jahren mundtot zu machen. Dazu gehören zum Beispiel die beiden bedeutenden französischen Theologen Henri de Lubac und Yves Congar. Im Grenzbereich zwischen Theologie und Naturwissenschaften forderte Teilhard de Chardin, der jesuitische Paläontologe, das alte Paradigmadenken in beiden Lagern heraus. Zu seinen Lebzeiten durfte keines seiner theologischen oder philosophischen Werke veröffentlich werden. Zur Zeit des Zweiten Vatikanischen Konzils setzte sich dann die Erkenntnis durch, daß für einen dauernden Dialog der Kirche mit der zeitgenössischen Kultur, vielleicht sogar für das Überleben des Christentums, eine neue theologische Orientierung erforderlich war.

DSR: Den Wandel forderten nicht nur einzelne Theologen, sondern auch die allgemeine Grundstimmung, von der Sie, Thomas, vorhin gesprochen haben. Das alles führte schließlich zu den Veränderungen, die dann beim Konzil in Gang kamen. Die Initiative ging weitgehend von deutschen und französischen Benediktinerklöstern aus.

FC: Diese Grundstimmung könnte man vielleicht mit den Anomalien im naturwissenschaftlichen Paradigma vergleichen, weil auch sie besagte: «Das ist nicht mehr mit meiner religiösen Erfahrung oder mit meiner Lebenserfahrung vereinbar.»

DSR: Und natürlich kam diese Strömung aus den Klöstern, die seit jeher Labors für religiöse Erfahrung sind.

TM: Da wir gerade von Klöstern sprechen, möchte ich den Namen eines schlichten Mönches nennen, der zu Beginn unseres Jahrhunderts einen bedeutenden Beitrag zum Paradigmenwechsel in der katholischen Theologie geleistet hat. Sein Name ist Lambert Baudouin. Er war belgischer Benediktiner, und er schuf fast auf sich allein gestellt sowohl die liturgische Bewegung in der katholischen Kirche als auch die ökumenische Bewegung, vor allem den Dialog mit der östlichen Orthodoxen Kirche, aber auch mit Anglikanern und Protestanten. Die Rückkehr zu einer auf religiöser Erfahrung beruhenden und zelebrierenden Theologie als Vorbereitung für Darstellung des Mysteriums im Ritual bedeutet eine Rückbesinnung auf den Glauben, der selbst Außenseitern jeder Richtung offensteht. Und so ist die Theologie heute sakramental, mysterium-orientiert und ökumenisch geworden.

Pater Lambert wurde in einem Kloster eingesperrt und von der Kirche mundtot gemacht. Doch erlebte er noch, daß Papst Johannes XXIII ein neues Konzil einberief, das schließlich seinen Ideen gerecht wurde.

FC: Welche Ideen waren das?

TM: Baudouin erkannte, daß die große Masse der Europäer vom Christentum enttäuscht war. Viele hielten zwar noch daran fest und besuchten weiterhin die Kirche, jedoch nicht, weil diese ihrem persönlichen Leben und ihrer persönlichen spirituellen Erfahrung einen Sinn vermittelte, sondern weil es keine Alternative zu ihr gab. Die einzige Alternative war vollständiger Säkularismus, der ganz offensichtlich keine spirituelle Alternative darstellt. Deshalb hielten sie sich an die Formen, die ihnen jedoch keinen Inhalt vermittelten. Baudouin erkannte, daß die einzige gültige Antwort auf die spirituellen Bedürfnisse der entfremdeten Christen in einer Theologie und pastoralen Praxis zu suchen war, die zugleich ökumenisch und auf die Feier des Christusmysteriums in der Liturgie konzentriert war.

4. Das christliche Paradigma

FC: Wir haben bisher einen bestimmten Kontext umrissen – die religiöse Erfahrung, das intellektuelle Nachdenken darüber, das Zelebrieren dieser Erfahrung und das damit einhergehende Verhalten, das zur Ethik führt. Nun frage ich: Was ist innerhalb dieses Kontextes, der, wie ich annehme, für alle Religionen gilt, typisch christlich?

TM: Ich halte es für sehr schwierig, das spezifisch Christliche so zu artikulieren, daß es die in anderen Religionen auftretende religiöse Erfahrung ausschließt. Es fällt mir schwer zu sagen, ob irgendeine authentische religiöse Erfahrung nicht in meine Auffassung des Christentums paßt, des katholischen Christentums, meinetwegen mit einem kleinen «k».

FC: Aber meine Frage gilt nicht nur der religiösen Erfahrung, sondern auch allen anderen Aspekten – der intellektuellen Reflektion, der Interpretation, der Analyse, den Ritualen, der Ethik. Was an alledem ist typisch christlich?

Jesus Christus als historische Persönlichkeit

TM: Für das Christentum spezifisch ist die Person Jesu und sein Leben, Streben und seine Auferstehung. Dazu kommt die Ausstrahlung seiner historischen Person auf die Gemeinschaft derer, die an ihn glauben und so zu leben versuchen, wie er es getan hat, ein Leben in selbstaufopfernder Liebe.

84

Meiner ganz persönlichen Erfahrung nach kann die eigentliche Natur des Mysteriums Jesu von der Kirche nicht monopolisiert werden. Tatsächlich gibt es heute viele Hindus, Buddhisten und andere, die Jesus im Rahmen ihrer eigenen Überlieferung zu verstehen suchen. Einige sind dabei zu einem tiefen Verständnis des Herrn gelangt. Das betrachte ich aus theologischer Sicht als höchst bedeutsam. Das Mysterium Jesu ist für das Christentum spezifisch, kann jedoch von den christlichen Gläubigen nicht als ihr Monopol angesehen werden, da es universal ist.

DSR: Wenn man mich fragt, was spezifisch christlich sei, dann würde ich sagen, wir sollten nicht bei den Kirchen haltmachen. Wann kann man etwas christlich nennen? Sobald es eine entschiedene Beziehung zu Jesus Christus hat, zu seiner historischen Persönlichkeit. Es gibt sehr viele Grade enger Beziehungen, aber solange es sich um eine entschiedene Beziehung handelt, würde ich sie christlich nennen. Mit anderen Worten: Ich würde mit Thomas übereinstimmen, daß es heute im Buddhismus und im gegenwärtigen Hinduismus christliche Elemente gibt.

FC: Und was macht das Christentum selbst christlich?

DSR: Entscheidend dafür ist wohl die religiöse Erfahrung von Jesus selbst. Alles geht zurück auf jenen besonderen Menschen, den man meiner Meinung nach nur als Mystiker verstehen kann. Für mich ist Mystik – in einer ziemlich allgemein akzeptierten und sehr breit angelegten Definition – die Erfahrung der Kommunion mit der höchsten Wirklichkeit. Jesus entwickelte eine noch nie dagewesene vorbehaltlose innige Beziehung zu Gott. Durch sein Leben und durch seine Lehre übermittelte Jesus vielen anderen Menschen seine mystische Nähe zu Gott.

Das Reich Gottes

DSR: Jesus formulierte die sozialen Implikationen mystischen Gewahrseins in dem Begriff des Reichs Gottes. Das ist in der Botschaft Jesu das Schlüsselwort. Seine Jünger taten den nächsten Schritt – sie lehrten *über* Jesus. Doch müssen wir stets auf Jesus' *eigene* Lehren zurückverweisen. Er besaß eine tiefe mystische Erfahrung von Gott und sprach über sie, lebte sie durch den Begriff des Reichs Gottes. «Reich Gottes» bedeutete für Jesus «die erlösende Macht Gottes, die sich in der menschlichen Geschichte manifestiert». Für die Juden zu Lebzeiten Jesu war die Erlösung eine Angelegenheit der Gemeinschaft, der sie angehörten. Wir können diesen Gemeinschaftsaspekt der Erlösung kaum nachvollziehen, es sei denn, man begreift diese Gemeinschaft weltweit. Da wir so individualistisch sind, müssen wir übersetzen, was die Manifestierung von Gottes erlösender Macht für uns heute bedeutet.

Für uns manifestiert sich Gottes erlösende Kraft in der religiösen Erfahrung, im Erlebnis grenzenloser Zugehörigkeit. In unseren Gipfelerlebnissen erfahren wir eine uns rettende Kraft der «Erlösung». Sie löst uns aus dem heraus, was dieser Bedeutung des Zugehörens am meisten entgegensteht, nämlich der Vereinzelung. Die Erfahrung des Zugehörens ist die Grundlage für Jesu Predigt vom Reich Gottes, in heutiger Sprache ausgedrückt. Damals wurde primär auf die Gemeinschaft des Auserwählten Volkes Bezug genommen. Für uns jedoch ist es allgemeiner das Erleben des Zugehörens und seine gesellschaftlichen Konsequenzen.

Die Lehre Jesu steht und fällt damit. Er predigte durch seine Lebensweise ebenso wie durch seine Worte. Und was lebte er uns vor? Es war jenes mystische Gefühl grenzenlosen Zugehörens und seine Umsetzung in eine radikale neue Form der Gesellschaft.

men zu werden, sondern das genaue Gegenteil: Umkehr entspricht der bereits in der religiösen Erfahrung implizierten Überzeugung, *daß Gott uns angenommen hat.* Und nun lebe auch entsprechend! Das ist es, was Jesus predigt und was die zweifache Feststellung des Paulus besagt: «Durch die Gnade Gottes bist du erlöst» und «Lebe dieser Berufung entsprechend.» Königreich Gottes und Umkehr sind die zwei Seiten einer Medaille.

TM: Lassen Sie mich die Worte «Durch die Gnade Gottes bist du erlöst» besonders betonen. Die moralische Dimension des Christentums ist stets die Folge einer inneren Umkehr, die von uns als *Geschenk* erfahren wird. Es ist nicht nur eine Angelegenheit der Willenskraft, wenn ich mich entscheide, schlechte Angewohnheiten aufzugeben und andere anzunehmen. Vielmehr bedeutet es Vergöttlichung von innen her, eine geschenkte Erfahrung, die Christen als eine Handlung Gottes im Menschen begreifen.

Jesus und Buddha

FC: Ich wollte gerade etwas sehr Ähnliches im Zusammenhang mit dem Buddhismus sagen. Mir scheint, Sie sagten soeben, daß der Mensch durch Gnade der Offenbarung Gott zugehört und daß man als Konsequenz dieses Zugehörens ein entsprechendes Leben führt. Den Buddhismus verstehe ich so, daß der Weg zur spirituellen Erfahrung oder Erleuchtung in einer moralischen Lebensführung besteht. Man muß das rechte Leben führen. Buddha sagt: «Lebe entsprechend dem Achtfachen Pfad», das bedeutet Rechtes Handeln, Rechte Erkenntnis, Rechte Rede . . . und so weiter. Bei rechter Lebensführung wird der Mensch fähig sein, sich von den flüchtigen Augenblicken zu befreien, von der Tatsache, daß alles stirbt und sich im Übergang befindet. Und dann erlangt man spirituelle Erkenntnis.

DSR: Sehen Sie darin einen Widerspruch zur Botschaft Jesu?

FC: Ja, es ist die umgekehrte Reihenfolge.

DSR: Das meine ich nicht. Und dies behaupte ich nicht aufgrund meiner *christlichen* Anschauung, sondern aufgrund meines Verständnisses des Buddhismus. Natürlich kann ich mich irren, doch sehe ich die Sache so: Ich würde der von Ihnen dargestellten Reihenfolge zustimmen, jedoch behaupten, das Ende sei auch der Anfang: Eben *weil* die kosmische Harmonie vorgegeben ist, *findet* man sein wirkliches Selbst, wenn man sich auf diese Harmonie einstimmt.

FC: Ja, das stimmt. Es heißt, man meditiere nicht, um Buddhaschaft zu erlangen; man meditiert, *weil* man Buddha ist.

DSR: Erkennen Sie nun, wie eng die Parallele zur Lehre Jesu ist? Auf der tiefsten Ebene gibt es keinen Unterschied. Dagegen ist der historische Unterschied außerordentlich groß. Das gesamte Umfeld, in dem der Buddha formal seine Erkenntnisse verkündete, und das, in dem Jesus lehrte, ist sehr verschieden. Aber selbst da findet man noch einige historische Parallelen. Die Situation des Judaismus, aus der Jesus ausbricht, ist nicht unähnlich der Situation im Hinduismus, aus der Buddha ausbricht.

TM: Die Situation, mit der Jesus konfrontiert war, ähnelt in mancher Hinsicht der historischen Situation, aus der Buddha sich lösen mußte. Es war das Problem des religiösen Formalismus und der Manipulation religiöser Bedürfnisse des einfachen Volkes durch eine herrschende Priesterkaste. Wie Buddha kam Jesus «nicht um zu zerstören, sondern zu erfüllen», und um zu verkünden, der Weg zur Erleuchtung und Befreiung stehe einem jeden Menschen offen. Buddha verstand Erleuch-

tung als «Verwirklichung» dessen, was in aller Ewigkeit *ist.*
Auf gleiche Weise lautet nach den Worten von Paulus das
christliche Paradoxon: «Werde, was du bist! Mit Christus zusammen bist du auferstanden, mit Christus bist du zum Himmel gefahren, mit ihm gemeinsam wurdest du inthronisiert.»
Um auszudrücken, was wir im Sinne Gottes *sind,* gebraucht der
heilige Paulus eine ganze Reihe von Verben mit der griechischen Vorsilbe *«syn»,* was «mit, zusammen mit» bedeutet – im
Lateinischen *«con».* Alles das hat sich ereignet; deshalb muß
man sein Leben entsprechend einrichten und, mit anderen
Worten, das werden, was man ist. Dieses Werden ist eine Folge
des Seins. Gnade ist auch die Gegebenheit der Natur. Selbst die
Spaltung . . . es gibt keine Spaltung.

DSR: Ich meine doch, daß es einen bedeutsamen Unterschied
zwischen der Lebensgeschichte von Jesus und der von Buddha
gibt. Das Wort Jesu vom Königreich führt zu dramatischen gesellschaftlichen Entwicklungen. Durch unsere intimen Beziehungen zu Gott, als Kinder des Vaters, sind wir auch untereinander Brüder und Schwestern. Daher wandelt Jesus auf Erden
als derjenige, der jeden einzelnen Menschen aufbaut und eine
Gemeinschaft errichtet. Die autoritären Behörden spielen sich
gegenüber jedermann als die Herren auf.
   «So soll es nicht sein unter euch», sagt Jesus. «Sondern, so
jemand will unter euch gewaltig sein, das sei euer Diener» (Mt.
20,26). Das ist wirklich der Kern seiner Botschaft und auch der
Grund, warum Jesus zum Tode verurteilt wird. Für das religiöse Establishment ist er ein Umstürzler, da er die innere Autorität der Menschen stärkt, während die Autoritäten sie unterdrücken. Aus demselben Grund ist er auch für das politische
Establishment gefährlich. Dieses neue Verständnis von Autorität ist das Herzstück der christlichen Botschaft. Es geht auf Jesus zurück, den eigentlichen Ausgangspunkt des Christentums.
   Später, nach Jesu Tod und Auferstehung, entsteht das Christentum *über* Jesus statt das Christentum *des* Jesus. Meines Er-

achtens gibt es zwischen beiden keinen Widerspruch, aber sicherlich haben sie einen unterschiedlichen Standpunkt. Während Jesus das Königreich Gottes predigte, hat die Kirche von Anfang an Jesus gepredigt. Das ist ganz in Ordnung, solange wir nicht zulassen, daß eine ganz persönliche Verehrung Jesu die radikale gesellschaftliche Herausforderung des Königreichs Gottes verdrängt.

Die Dreifaltigkeit

FC: Ich hatte nicht erwartet, daß wir uns so intensiv mit der Person Jesu Christi beschäftigen würden. Da es nun aber dazu gekommen ist, möchte ich doch noch nach seiner Gottesnatur und Auferstehung fragen. Ich trage in Hinsicht auf dieses Thema eine Menge Fragen als Ballast aus der Vergangenheit mit mir herum. Sie sagen, Jesus sei ein Mystiker gewesen, der sehr intime Beziehungen zu jener letzten Wirklichkeit hatte, die wir in der mystischen oder religiösen Erfahrung erleben. Deshalb nannte er sich selbst Gottes Sohn.

DSR: Er selbst hat sich nie so genannt. Es steht historisch absolut fest, daß die Lehre vom «Sohn Gottes» eine Lehre *über* Christus ist. Er selbst *verhielt* sich nur wie jemand, der eine intime Beziehung zu Gott hat, und so ermutigte er andere, auf gleiche Art zu leben.

FC: Aber er hat doch die Worte gebraucht: «Mein Vater und Ich.» Oder war das nicht so?

TM: Was wir über die Beziehung zwischen Jesus und Gott wirklich wissen, ist, daß er im Gebet Gott mit einem Namen bezeichnete, den kein anderer seiner Zeitgenossen je gebrauchte. Er nannte Gott *«Abba»*, was wohl die am wenigsten patriarchalische maskuline Vorstellung ist, die man von Gott haben kann. Am wenigsten patriarchalisch, weil das Wort in der Übersetzung soviel wie «Pappa» bedeutet.

DSR: Wir wissen auch aus der Geschichte, daß er Frauen eine ganz andere Stellung einräumte, als sie in der damaligen Gesellschaft einnahmen.

FC: Nun möchte ich noch nach der Gottesnatur von Jesus fragen. Wenn er sagt «Ich bin Gott» im Sinne des Mystikers, des «Das bist Du» der Upanischaden, dann befindet er sich in voller Übereinstimmung mit allen Mystikern. Aber das ist ja wohl nicht die Lehre der Kirche. Im Sinne der Dreifaltigkeit nimmt er eine besondere Stellung ein. Gott erscheint in drei Formen...

DSR: Lassen Sie mich das aus meinem persönlichen Verständnis erklären. Sie sagen, Jesus habe diese mystische Intimität mit dem Göttlichen und befinde sich deshalb in voller Übereinstimmung mit den Mystikern. Als gläubiger Christ, der die Dogmen der Kirche anerkennt, kann ich dennoch sagen: «Ja, so ist es.» Das steht nicht im Widerspruch zur Dreifaltigkeitstheologie, weil man es keiner Aussage der Theologie über Jesus erlauben darf, Jesus von uns zu trennen. Nicht das christliche Dogma trennt uns von Jesus, sondern ein weitverbreitetes Mißverständnis des christlichen Dogmas. Dieses Mißverständnis hat seinen Ursprung in unserem Individualismus – einem «ismus», der im Sinne der Bibel mit der Lehre Jesu unvereinbar ist, auch unvereinbar mit dem rechten Verständnis des christlichen Dogmas. Anders ausgedrückt: Ja, wir können alle diese Dreifaltigkeitslehren über Jesus bestätigen, selbst daß er die zweite Person der Dreifaltigkeit ist.

FC: Aber wie bestätigen Sie das?

DSR: Es wird bestätigt, daß die Dreifaltigkeit Sie und mich einbezieht! Weil es nicht gestattet ist, von Jesus zu sprechen als von jemandem, der von uns getrennt ist.

FC: Aber was ist dann die Dreifaltigkeit? Das begreife ich einfach nicht. Was ist der dreifaltige Gott?

TM: Warum wurde die Lehre von der Dreifaltigkeit formuliert? Ich bin fest davon überzeugt, daß es einzig und allein darum ging, die Vergöttlichung eines jeden Menschen sicherzustellen. Das nennen wir das «soteriologische Argument», das höchste Argument des hl. Athanasius, des großen Verteidigers des Konzils von Nicäa, des ersten allgemeinen Konzils der Kirche im 4. Jahrhundert. Man kann das kurz auf folgende Formel bringen: Wäre Jesus nicht die zweite Person der Dreifaltigkeit, hätten Sie und ich nicht teil an der göttlichen Natur. «Gott wurde Mensch, damit jeder Mensch Gott werden könne.» Das ist das von Athanasius und vielen frühchristlichen Lehrern wiederholt geäußerte Axiom. Das Thema der göttlichen Natur des Menschen ist bei allen präsent, die dieses Dogma formuliert haben.

FC: In anderen religiösen Überlieferungen, etwa bei den Hindus, gibt es nur zwei – das Brahman und den Ātman. Insofern besteht zu dem, was sie bisher sagten, eine gewisse Parallele. Aber nun doch zu der Frage: Warum *Drei*faltigkeit? Warum der Heilige Geist?

DSR: Den gibt es auch im Hinduismus ... Aus christlicher Sicht ist der Heilige Geist anwesend, wenn der Hindu sagt «Ātman ist Brahman». Niemand kann sagen – ich paraphrasiere hier eine Aussage des Paulus – Ātman ist Brahman, ausgenommen im Heiligen Geist. Der Heilige Geist bedeutet, daß wir die göttliche Wirklichkeit durch Gottes eigenes Selbsterkennen erfahren, an dem wir teilhaben. Gottes Selbsterkennen ist ein

Aspekt dessen, was wir den Heiligen Geist nennen. Der hl. Paulus hat eine wunderbare Stelle in seinem ersten Brief an die Korinther formuliert: «Denn welcher Mensch weiß, was im Menschen ist, als der Geist des Menschen, der in ihm ist? Also weiß auch niemand, was in Gott ist, als der Geist Gottes.» Nun könnte man denken, aus diesen Sätzen sei der Schluß zu ziehen, daß kein Menschenwesen jemals Gott kennen könne. Wenn wir nicht einmal einen anderen Menschen in seinem Innersten kennen, wie könnten wir dann Gott kennen? Doch macht Paulus hier einen unglaublichen Sprung und sagt: «Wir haben aber nicht den Geist der Welt empfangen, sondern den Geist, der aus Gott stammt, damit wir erkennen, was uns von Gott geschenkt worden ist.» Das heißt, wir kennen Gott aus innerer Sicht, gewissermaßen durch Gottes Selbsterkennen. So gesehen ist die Dreifaltigkeit eine Art, über unsere menschliche Verbundenheit mit der göttlichen Wirklichkeit zu sprechen. Es ist eine Lehre, die ihre Wurzel in unserer mystischen Erfahrung hat.

Die Auferstehung

FC: Nun gut, damit haben Sie meine Voreingenommenheit oder meine Befürchtungen in dieser Hinsicht zerstreut. Aber wie steht es um die Auferstehung? Vorhin sagten Sie so ganz beiläufig «nach seinem Tod und seiner Auferstehung». Im Katholizismus, wie ich ihn in der Schule gelernt habe, galt die Auferstehung als Beweis dafür, daß Jesus Gott ist. Er stand von den Toten auf.

TM: Das ist keine Theologie, sondern Apologetik. Und kein verantwortungsbewußter Theologe wird das heute noch einmal ausgraben. Das gehört zum alten Paradigma. Das neue würde es ungefähr so ausdrücken: Die Erfahrung Jesu mit der Auferstehung vom Tode ist ein unkommunizierbares, ganz persönliches Erlebnis. Was die Apostel erfuhren, war folgendes: Jesus war ihnen auf eine Weise gegenwärtig, die sie erkennen ließ, daß sie ebenfalls auferstanden waren und mit ihm und in ihm von den Toten auferstehen würden. Anders ausgedrückt: Seine Auferstehung ist allgemein gültig und die Ursache unserer eigenen Auferstehung. Das großartige Argument des hl. Paulus lautet daher: «Denn wenn Tote nicht auferweckt werden, ist auch Christus nicht auferweckt worden.»

FC: Das ist doch praktisch dasselbe wie Gott sein.

TM: Es ist eine Parallele dazu. Wichtig ist hierbei, daß die frühesten Ausdrucksformen christlichen Glaubens sich auf das Geschehen konzentrierten, das auf den Tod Jesu am Kreuz folgte. Das ist der Schlüssel zum Verständnis seines Todes als Manifestation der erlösenden Kraft Gottes. Die Tatsache, daß ein großartiger Lehrmeister, ein wunderbarer, liebenswerter Mensch aufgrund zweifelhafter Anschuldigungen zum Tode verurteilt wird, kann einem intelligenten Menschen wohl kaum als Manifestation der erlösenden Kraft Gottes gelten. Es ist eine Manifestation menschlicher Gewalttätigkeit, von Brutalität, von Unwissenheit. Und dennoch wird sie zur Manifestation der erlösenden Kraft durch eine nicht vermittelbare, grundlegend undefinierbare und auf jeden Fall mystische Erfahrung: die Apostel erleben Jesus als den Auferstandenen.

DSR: Wie wäre es, wenn ich es folgendermaßen formuliere: Es macht von vornherein keinen Sinn, über Tod und Auferstehung Jesu zu sprechen – wie es leider oft getan wird –, ohne über sein Leben zu sprechen.

TM: Die Kreuzigung beendet ein wunderbares Leben, aber sie teilt uns dieses nicht mit. Das Erlebnis, den auferstandenen Jesus sehen und berühren zu können, überzeugte die Apostel, daß dieses außergewöhnliche Leben nicht nur in ihrer Erinnerung weiterbestehen konnte, sondern auch zu einem Teil ihrer selbst wurde, daß sie es selbst leben konnten. Mit anderen Worten – das Königreich wird durch die Auferstehung zu Jesus.

DSR: Daher ist *das Leben* Jesu so wichtig. Sein irdisches Wirken, das aus seinem mystischen Einssein mit Gott erwächst, ist der Grund für die besondere Stellung, die Jesus in der Welt einnimmt. Ein Blick auf Jesus zeigt uns, wie man lebt, wenn man auf diese Weise mystisch eins ist mit Gott, wenn man ja sagt zum grenzenlosen Zugehören. Er hat es uns vorgelebt. Lebt man derart in dieser von uns geschaffenen Welt, dann wird man vernichtet oder auf die eine oder andere Weise gekreuzigt. Genauso wie es ihm widerfahren ist. Und dann stellt sich die Frage: Ist das das Ende? Die Lehre von der Auferstehung gibt uns die Bestätigung, daß dies nicht das Ende ist. Diese Art der Lebendigkeit kann nicht ausgelöscht werden. Er starb, starb wirklich. Und siehe da – er lebt.

Wo lebt er? Verfallen wir nicht in den Fehler zu sagen, er ist hier oder dort. Nein. Eine selten zitierte urchristliche Antwort lautet: «Sein Leben ist in Gott verborgen.» Paulus sagt es nicht mit diesen Worten, sondern spricht: «Denn ihr seid gestorben, und euer Leben ist verborgen *mit Christus* in Gott» (Kol. 3,3). Das impliziert jedoch, daß Christi Leben in Gott verborgen ist. Gottes Gegenwart in dieser Welt ist verborgen. Dennoch ist sie jedem, der das Leben eines Mystikers führt, absolut greifbar – Gott ist allgegenwärtig. Er starb und ist dennoch am Leben, doch ist sein Leben verborgen in Gott. Er ist in uns allen lebendig. Es hat keinen Sinn, mit dem Finger zu deuten und zu sagen «Dort ist er», oder «Wutsch! Er ist aus dem Grab gestiegen». Auferstehung heißt nicht Wiederbelebung. Es ist kein Überleben, nichts, zu dem man sagen kann: «Da ist er!» Es ist eine verborgene Wirklichkeit, aber es ist eine Wirklichkeit, und wir können in ihr leben. Und das ist alles, was wir über die Auferstehung wissen müssen.

ZWEITER TEIL:
Der gegenwärtige Paradigmenwechsel
(Allgemeine Anmerkungen)

FC: Ich möchte noch einige allgemeine Anmerkungen und Fragen über den Paradigmawandel in Naturwissenschaft und Theologie anbringen. Das alte Paradigma hat meiner Ansicht nach zwei Wurzeln. Die eine ist die mechanistische Naturwissenschaft des 17. Jahrhunderts, wie sie von Galilei, Descartes, Newton, Bacon und deren Zeitgenossen entwickelt wurde. Die andere ist das patriarchalische Wertesystem, das sich natürlich aus noch älteren patriarchalischen Verhaltensweisen, Verhaltensmustern und Anschauungen ableitet. Beide sind eng miteinander verbunden.

Das neue Paradigma kann man als ganzheitlich bezeichnen, weil man das Ganze stärker als die Teile betont. Man kann es aber auch ökologisch nennen; und diesen Ausdruck ziehe ich vor.

Ganzheitliches Denken und Ökologie

FC: Ich habe in letzter Zeit sehr betont, wie wichtig es ist, den Unterschied zwischen ganzheitlich und ökologisch zu kennen. Eine ökologische Weltanschauung ist ganzheitlich, und dennoch mehr als das. Man kann von allem eine ganzheitliche Anschauung haben, beispielsweise von einem Fahrrad. Man kann aber auch eine ökologische Anschauung von einem Fahrrad haben, und das ist etwas ganz anderes. Die ökologische Sicht befaßt sich mit lebenden Systemen – Ökosystemen und anderen lebenden Systemen – und berücksichtigt, wie diese Systeme wiederum in größere Systeme eingebettet sind. Die ganzheitliche Sicht des Fahrrads bestünde also darin, es als ein Ganzes zu sehen, etwa in seinen Funktionen. Die ökologische Sicht dagegen würde unter anderem die Frage stellen: «Woher kommt der Kautschuk für die Reifen? Woher stammt das Metall? Welche Auswirkungen hat der Gebrauch eines Fahrrads auf die Umwelt?» Und dergleichen mehr. Dabei wird also das Ganze immer wieder in ein noch größeres Ganzes eingebettet.

Das ist ein sehr wichtiger Unterschied. Und weil es für das neue Paradigma so wichtig ist, ziehe ich vor, es ökologisch zu nennen.

Ökologie und Religion

FC: Für unseren Dialog ist noch ein anderer Aspekt des Ausdrucks «ökologisch» von besonderem Belang. Ökologisches Gewahrsein und ökologisches Bewußtsein reichen weit über die Naturwissenschaft hinaus und verschmelzen auf der tiefsten Ebene mit religiösem Gewahrsein und religiöser Erfahrung. Und zwar, weil ökologisches Gewahrsein auf der tiefsten Ebene ein Gewahrsein des fundamentalen Zusammenhangs und der wechselseitigen Abhängigkeit aller Phänomene und ihrer Einbettung in den Kosmos ist. Selbstverständlich liegen das Gewahrsein der Einbettung in den Kosmos und des Zugehörens zum Kosmos eng beieinander.

An diesem Punkt begegnen Ökologie und Religion einander. Aus diesem Grund gibt es bei diesem neuen Denken in der Naturwissenschaft überraschende Parallelen zum Denken in spirituellen Überlieferungen. Die Weltanschauung, die sich gegenwärtig aus der modernen Naturwissenschaft entwickelt, ist eine ökologische Anschauung, und ökologisches Gewahrsein ist aus der tiefsten Ebene spirituelles oder religiöses Gewahrsein. Aus diesem Grunde handelt es sich beim neuen Paradigma um eine neue Denkweise und zugleich um eine neue Art von Spiritualität.

Ökologisches und ökumenisches Denken

DSR: In diesem Punkt stimmen wir völlig überein. Ich möchte noch auf eine interessante Parallele hinweisen. Wo sie «ökologisch» sagen, sprechen wir von «ökumenisch». Das ist kein bloßes Spiel mit Worten, sondern die tiefere Wahrheit, daß wir in beiden Fällen die Intuition eines die ganze Erde umfassenden Haushalts haben – weil die Wurzel beider Ausdrücke das griechische Wort *oikos*, «das Haus» ist.

FC: Was hat das für Implikationen?

TM: Nun, *oikos* bezieht sich auf die bewohnte Welt, auf das Haus der Menschheit.

DSR: Auf den Erd-Haushalt, wie Gary Snyder es nennt.

FC: Nur auf den menschlichen Bereich?

DSR: O nein! Wir wollen ein umfassenderes Zugehören betonen, das nicht nur auf den Menschen beschränkt ist.

FC: Was ist dann der Unterschied zwischen ökologisch und ökumenisch? Ist der Unterschied nur eine Frage der Konvention, wobei der eine Begriff von Theologen, der andere von Naturwissenschaftlern gebraucht wird?

TM: Einen Unterschied gibt es, und der ist mehr als nur konventionell. So wie ich «ökologisch» verstehe, bedeutet es das Zugehören zum größeren Ganzen des physikalischen Universums, der Erde, als einem ganzen lebenden System. Im Gegensatz dazu bezieht «ökumenisch» sich auf unser Zugehören zu einer globalen Kultur. Möglicherweise gibt es da auf der theologischen Seite einen gewissen «Anthroprozentrismus», jedoch nicht im Sinne der Herrschaft des Menschen über die Natur. Dem Theologen geht es darum, auf verschiedenen Ebenen das höchste gemeinsame Band der Menschheit zu erreichen: auf der vitalen Ebene des einfachen Lebens und Zugehörens zum Universum, aber auch auf der Ebene der Kultur, wo es universale Wertvorstellungen gibt, die sich zwar in einer enormen Vielfalt von Wegen ausdrücken, die aber von der gesamten Menschheit geteilt werden.

FC: Das ist ein wichtiger Punkt. Ökologen neigen oft dazu, biologistisch zu sein, in dem Sinne, daß sie dazu tendieren, die Kultur zu vernachlässigen, weil Ökosysteme keine Kultur haben. Kultur ist ein menschliches Phänomen. Ökologen vernachlässigen gern die kulturelle Dimension des gemeinsamen Haushalts Erde. Deshalb ist es gut, wenn es heißt, das «Ökumenische» konzentriere sich auf diese. Vielleicht neigt es dazu, die andere Seite, die biologische, zu vernachlässigen. Auf jeden Fall brauchen wir beides.

DSR: So oft wie möglich verwende ich den englischen Begriff «Earth Household». «Ökumenisch» und «ökologisch» sind irgendwie abstrakt, nicht richtig greifbare Begriffe. In dem Augenblick jedoch, in dem man «Haushalt der Erde» sagt, hat man etwas Handfestes. Kennen Sie das kurze Gedicht von D. H. Lawrence mit dem Titel «Pax»? Es ist von großer Bedeutung, daß er ihm diese Überschrift gegeben hat, weil die Pax Benedictina des Mittelalters die Welt als einen Erdhaushalt zusammenhielt – zumindest so wie es damals verstanden wurde. Das Gedicht lautet so:

> Alles, worauf es ankommt, ist eins zu sein mit dem
> lebendigen Gott,

ein Geschöpf zu sein im Haus des Gottes des Lebens.
Wie eine Katze, die auf einem Stuhl eingeschlafen ist,
friedlich, in Frieden
Und eins mit dem Herrn des Hauses, mit der Herrin,
daheim, daheim im Haus des Lebendigen,
schlafend am Herd und gähnend am Feuer.

Schlafend am Herd der lebendigen Welt,
gähnend daheim vor dem Feuer des Lebens
und die Gegenwart des lebendigen Gottes fühlend
wie eine unerschütterliche Gewißheit,
eine tiefe Ruhe im Herzen,
Gegenwart
des Herrn, der am Tisch sitzt
in seinem eigenen größeren Sein
im Hause des Lebens.

FC: Ein wunderschönes Gedicht.

DSR: Das ist alles Intuition, und doch steht alles darin, worauf es ankommt.

TM: Auch Theologie steckt darin. Poesie ist für theologische Abhandlungen ein durchaus geeignetes Medium.

Die Systemtheorie

TM: Ich weiß nicht recht, wo ich den Begriff «Systemtheorie» unterbringen soll. Dieser Begriff ist so elementar, hat aber manchmal etwas Verschwommenes für mich. Was genau bedeutet Systemtheorie?

FC: Ich freue mich, daß Sie danach fragen, weil ich ihn ausgelassen hatte. Ich sagte, ich möchte das neue Paradigma als ökologisches Paradigma bezeichnen. Und für mich ist Systemtheorie die naturwissenschaftliche Formulierung der ökologischen Weltanschauung.

Hier ein ganz kurzer historischer Aufriß. Eine wichtige Wurzel der Systemtheorie ist die Kybernetik, die in den 1940er Jahren entstand. Die andere Wurzel liegt eher in der Systemphilosophie, bei deren Entwicklung von Bertalanffy eine überragende Rolle spielte. Aus der Kybernetik entstanden zwei Denkschulen, beides Systemtheorien. Die eine ist mit John von Neumann assoziiert, einem genialen Mathematiker, Erfinder des Computers, Autor bedeutender Bücher über Quantenmechanik und viele andere Themen. Diese Denkschule ist eine noch mechanistische Systemtheorie mit einem sehr komplexen Mechanismus. Sie hat mit Input-Output-Systemen zu tun und schuf das Modell lebender Organismen als informationsverarbeitende Maschinen.

Die andere Denkschule ist mit Norbert Wiener verbunden und geht vom Konzept der Selbstorganisation aus. Lebende Systeme organisieren sich selbst. In den 1940er und 1950er Jahren und den darauf folgenden Jahrzehnten dominierte die Schule John von Neumanns angesichts des großen Erfolges der Kybernetik, der Entwicklung von Computern, der Input-Output-Systeme usw. Die Denkschule der Selbstorganisation legte eine Ruhepause ein, bis sie Anfang der 1960er Jahre wiedererweckt wurde. Und wo es um lebende Systeme geht, ist dies heute die interessanteste Denkschule. Ihr entstammen Varela und Maturana, ferner der Soziologe Niklas Luhmann, der ihre Denkweise auf gesellschaftliche Systeme anwendet. Schließlich gehören dazu die Mailänder Schule der Familientherapie und andere Richtungen. Diese Systemtheorie hat mehrere Zweige.

Auch die mechanistische Kybernetik ist wichtig und wird von vielen Wissenschaftlern betrieben. An vorderster Front steht meiner Meinung nach jedoch die Kognitionswissenschaft mit Maturana und Varela an der Spitze. Nach Varela ist diese das moderne Äquivalent der Kybernetik. Was in den 40er Jahren Kybernetik genannt wurde, heißt heute Kognitionswissenschaft.

DSR: Wir wissen, daß lebende Systeme in andere, umfassendere lebende Systeme eingebettet sind. Wie würden Sie das *umfassendste* System nennen? Wie würden Sie davon sprechen?

FC: Für die heutige Naturwissenschaft und ihre Definition des Lebens wäre die Erde das umfassendste lebende System. Das ist die Gaia-Hypothese, nach der die gesamte Erde ein zusammenhängendes lebendes System ist. Die meisten Menschen betrachten das Sonnensystem nicht als lebendes System. Und wenn man über das Sonnensystem hinaus über die Galaxie und das Universum als Ganzes nachdenkt, dann verläßt man die Naturwissenschaft vom Leben, abgesehen von einigen sehr kontroversen Spekulationen. Ich würde also sagen, die Naturwissenschaftler sind sich darin einig, daß unser Planet das größte lebende System ist.

Neues Denken und neue Werte

FC: Ich möchte Sie auch auf ein besonders auffallendes und etwas überraschendes Muster des Paradigmawandels hinweisen, einen Zusammenhang zwischen Denken und Werten. Es zeigt sich, daß das alte Denken und die alten Werte in Zusammenhang stehen, daß sie eng miteinander verknüpft sind. Dementsprechend sind es auch das neue Denken und die neuen Werte. In beiden Fällen, beim Denken wie bei den Wertvorstellungen, verlagert sich der Schwerpunkt von der Selbstbehauptung zur Integration. Damit lassen sich meines Erachtens die verschiedenen Denkweisen und Wertvorstellungen am besten charakterisieren.

Im Denken vollzieht sich eine Verschiebung vom Rationalen

zum Intuitiven. Und selbstverständlich bewirkt rationales Denken, daß man die Dinge in Schubladen packt, voneinander trennt und kategorisiert. Das hängt weitgehend mit der gesamten Vorstellung vom Selbst zusammen, ist also eindeutig selbstbehauptend. Dementsprechend bedient man sich analytischer Methoden. Augenblicklich erleben wir eine Verschiebung von der Analyse zur Synthese, vom reduktiven zum ganzheitlichen und vom linearen zum nicht-linearen Denken.

Vom systemischen Standpunkt aus betrachtet, aus der Sicht lebender Systeme, zeigt sich, daß diese Systeme von dualer Natur sind, da alle lebenden Systeme in umfassendere eingebettet sind; Arthur Koestler nennt das ihre «Janus»-Natur. Einerseits ist ein lebendes System ein integriertes Ganzes mit einer eigenen Individualität, der Neigung zur Selbstbehauptung und Bewahrung dieser Identität. Andererseits muß es sich als Teil des umfassenderen Ganzen in das größere Ganze integrieren. Man sollte sich unbedingt klarmachen, daß dies entgegengesetzte und widersprüchliche Tendenzen sind. Wir brauchen ein dynamisches Gleichgewicht zwischen beiden – das ist das Hauptcharakteristikum des Lebens. Wer ein gesundes Leben führen will, muß sich selbst behaupten und sich zugleich in andere Systeme integrieren.

Ich denke, man kann sagen, daß gesellschaftlich und kulturell das Pendel zwischen diesen beiden Tendenzen hin und her geschwungen ist. So war beispielsweise das Mittelalter durch sehr viel Integration, aber auch Mangel an Selbstbehauptung charakterisiert.

DSR: Die Integration wurde zu stark betont.

FC: Also Überbetonung der Integration; in der Renaissance erwachte dann die Individualität. Sie entwickelte sich weiter bis ins 19. Jahrhundert. Später erleben wir dann vor allem hier in Amerika eine Überbetonung der Individualität – Cowboymoral, schroffen Individualismus und so weiter.

Das Aufkommen der Individualität war Anlaß zum Aufstieg des Individualismus in der ganzen westlichen Welt. Als Gegentendenz entstand der Sozialismus, der in den sozialistischen Ländern übertrieben wurde, weshalb diese jetzt nach einem Gleichgewicht streben. Humanismus ist natürlich das Schlüsselwort für das Aufkommen der Individualität. Heute spricht Gorbatschow von einem neuen Humanismus, und Dubcek verkündete 1968 in Prag den «Sozialismus mit menschlichem Antlitz». Schumacher sprach von Technologie mit menschlichem Antlitz, weil die Technologie inzwischen so erdrückend geworden war.

Ich habe dieses Wechselspiel zwischen den Tendenzen Selbstbehauptung und Integration zu meinem Diskussionsrahmen über Wertvorstellungen in der zeitgenössischen Gesellschaft gemacht, in der wir überall eine Überbetonung der Selbstbehauptung und Vernachlässigung der Integration erleben.

Die andere wichtige Beziehung besteht zum patriarchalischen Wertesystem, weil die selbstbehauptenden Werte und Denkweisen typisch maskulin sind. Ob das biologische oder kulturelle Gründe hat, ist eine schwierige Frage, auf die ich nicht weiter eingehen will. In den meisten Kulturen, ganz bestimmt jedoch in der unseren, werden die selbstbehauptenden Denkweisen und Wertvorstellungen mit Männern, mit Männlichkeit assoziiert und dementsprechend mit politischer Macht ausgestattet.

TM: Würden Sie sagen, daß Theorien, die mit Selbstbehauptung zusammenhängen, als Wege des Erkennen zu anderen Ergebnissen führen als mit Integration assoziierte? Anders ausgedrückt: Je nach der verwendeten Denkart gelangt man zu einem anderen Wissensinhalt. Bedient man sich der rational-analytisch-reduktionistisch-linearen Methode, lernt man nur bestimmte Dinge über die Natur, aber nicht die anderen, die man mit Hilfe der intuitiv-synthetisch-ganzheitlich-nichtlinearen Methode erfährt.

FC: Richtig, doch muß man sich auch darüber im klaren sein, daß man nicht nur eine der beiden Methoden anwenden kann. In der Naturwissenschaft braucht man stets beide.

DSR: Gibt es nicht einen anderen Ausdruck als «rational», um das polare Gegenteil von intuitiv zu bezeichnen?

TM: Meines Erachtens kämen die Ausdrücke begriffliche und nichtbegriffliche Erkenntnisformen dem am nächsten. Es gibt auch eine intuitive Verbegrifflichung, doch sind Begriffe am häufigsten Inhalt verstandesmäßiger Prozesse, gewöhnlich bei deduktivem Argumentieren.

DSR: Bei dieser Definition sehe ich die Gefahr, daß man intuitiv mit irrational gleichsetzt, was ausgesprochen falsch wäre.

FC: Lassen Sie mich deutlich machen, was ich meine, ohne einen dieser Ausdrücke zu benutzen, und dann werden wir zu einem Ergebnis kommen. Die selbstbehauptende Art ist eine Form des Denkens, die kategorisiert, aufspaltet, in Stücke zerlegt, genau beschreibt. Die andere ist eine Form des Denkens und vielleicht auch des Wahrnehmens in nicht-linearen Mustern, eine Synthese eines nicht-linearen Musters. Intuition ist für mich die unmittelbare Wahrnehmung des Ganzen, einer «Gestalt».

DSR: Schon allein das Wort «Intuition» bedeutet, daß man «in etwas hineinblickt», tief genug, um einen inneren Zusammenhang zu erkennen. Doch ist das eine vollkommen rationale Art, mit einer Situation fertig zu werden.

FC: Nein, ich würde das nicht rational nennen, weil ich nicht darüber sprechen kann. Rational ist für mich etwas, worüber ich reden kann.

TM: Dann sollte man es vielleicht nicht «rational», sondern «diskursiv» nennen.

DSR: ... *diskursiv* und intuitiv, das ist ein gutes Paar entgegengesetzter Begriffe! Damit bin ich zufrieden.

Stellen wir uns nun selbst die Frage: Gibt es eine allgemeine Verschiebung im Denken und in den Wertvorstellungen von der Selbstbehauptung zur Integration auch in der Theologie? Darauf antworte ich intuitiv mit ja! Lassen Sie uns doch einmal untersuchen, ob sich diese Intuition durch eine Analyse bestätigen läßt.

TM: Ich meine, die zeitgenössische theologische Diskussion bestätigt sie aus verschiedenen Perspektiven. Die apologetische und polemische Stoßrichtung des größeren Teils der positiv-scholastischen Theologie neigt dazu, die selbstbehauptende Art zu betonen, während andererseits die ökumenische Orientierung der zeitgenössischen Theologie das Integrative bevorzugt. Mit anderen Worten – wahre Treue zur eigenen Überlieferung setzt volles und offenes Verständnis anderer Überlieferungen voraus.

DSR: Spezifischer gesagt – es gibt ein Umschalten von theologischen Lehrsätzen zum Geschichtenerzählen. Ursprünglich hatten alle theologischen Erkenntnisse die Form von Geschichten, bevor sie zu Lehrsätzen wurden. Warum machen wir nicht wieder Geschichten daraus? Diese Frage wird heute von vielen gestellt. Das bedeutet eine Wende vom Diskursiven zum Intuitiven – eine Erzählung ist intuitiv –, vom Analytischen zum Synthetischen – eine Geschichte ist auch synthetisch, vom Reduktiven zum Ganzheitlichen – weil die Erzählung ein Ganzes ist und somit mehr als die Gesamtsumme ihrer Teile.

TM: Natürlich soll das nicht auf das literarische Genre der Erzählung beschränkt bleiben. Man könnte auch sagen, es gebe eine Wende vom Lehrsatzartigen zum Poetischen oder Metaphorischen.

DSR: Ja, oder vom Abstrakten zum Erfahrenen. All das paßt zusammen.

FC: Übrigens, das Erzählen von Geschichten war die bevorzugte Methode von Gregory Bateson, einer der Schlüsselfiguren bei der Entwicklung des Systemdenkens. In seiner Präsentation war Bateson vor allem Geschichtenerzähler. Er zeigte die Zusammenhänge verschiedener Muster auf, indem er eine Geschichte erzählte.

Die Rolle der Mission

DSR: Im Bereich der Wertvorstellungen scheint mir das Missionieren ein gutes Beispiel für den Paradigmenwechsel zu sein. Früher war das Missionieren der Prototyp des Wettbewerbs, der Expansion, der maskulinen Betonung der Quantität – wie viele Menschen können wir in möglichst kurzer Zeit taufen?

FC: Und was ist Mission heute?

DSR: In den letzten Jahrzehnten hat die Mission eine große Krise durchgemacht. Heute möchten nur wenige Missionare die Uhr zurückstellen. Jetzt lautet das Schlüsselwort «Zeugnis ablegen», nicht bekehren.

TM: Zeugnis ablegen und einen Dialog führen. Mit anderen Worten: Unsere Präsenz unter diesen Menschen und Religionen, vor allem in Asien, ist eine Präsenz des Dialogs.

FC: Dann zielt Missionieren also nicht mehr darauf ab, Menschen zum Katholizismus zu bekehren?

TM: Nein. Ziel des Missionars ist es, Zeugnis abzulegen für die Botschaft des Heils. «Bekehrung» ist nicht etwas, was der Missionar tut. Sie ist einzig und allein ein Handeln Gottes im Herzen eines Menschen, der erkennt: «Das ist eine gute Botschaft *für mich*!»

DSR: Heute begeben sich zahlreiche Missionare in Gegenden, von denen sie wissen, daß sie dort niemanden bekehren werden.

TM: Es gibt sogar einen religiösen Orden, dessen Aufgabe das Predigen, Bekehren und Taufen ausdrücklich ausschließt. Das sind die Missionare der Nächstenliebe der Mutter Teresa. Ihr Zeugnis ist ausschließlich das Werk der Liebe. Mit anderen Worten: Sie will, daß ihre Schwestern ihren Glauben ausschließlich durch Gebet und Werke der Liebe bezeugen.

FC: Was heißt das, «ihren Glauben bezeugen»?

TM: Ihren Glauben praktisch leben. Sehen Sie – der Unterschied zwischen Zeugnis ablegen und predigen – mit dem leicht negativen Unterton, der predigen anhaften kann – besteht darin, daß Zeugnis ablegen nicht durch mein Ego vermittelt wird. Anders ausgedrückt: Ich bin einfach präsent, um eine großartige Wahrheit durch mein Wirken auszudrücken. Am Ende verschwinde ich, und die Wahrheit wird in den Menschen erkennbar, denen ich präsent bin.

DSR: Seien Sie versichert, daß dies kein Schleichweg ist, um andere zum Christentum zu bekehren. Es ist nur ein Zeugnis für unsere gemeinsame Humanität, eines, das stets benötigt wird. Heute sind wir uns der großen Fehler bewußt, die Missionare in der Vergangenheit gemacht haben, sowie der Mängel des abendländischen Kolonialismus, der mit dem Missionieren Hand in Hand ging. Wir neigen jedoch dazu, unsere Augen zu verschließen vor den erheblichen Mißständen vieler Gesellschaften, in denen einst Mission betrieben wurde. Ich bewundere die kulturelle Integrität dieser Gesellschaften, doch lebten die Menschen dort oft in großen Ängsten, als Gefangene von Systemen, die ihr menschliches Potential unterdrückten. Heute spricht man nicht mehr oft von diesen Dingen, doch sollten sie in aller Fairneß erwähnt werden. In diesem Kontext bedeutet Missionieren, daß man für die Menschenwürde Zeugnis ablegt, so wie Jesus es getan hat. Jesus hat nicht bekehrt, er hat befreit. Er legte Zeugnis ab für die Würde eines jeden Menschenwesen unter den besonderen Gegebenheiten seiner Zeit und seines Lebensraumes. Das zu tun, bleibt die Aufgabe christlicher Mission.

FC: Wenn nun Menschen wie Mutter Teresa oder diese Missionare weder predigen noch taufen – was ist dann der Zweck des Zeugnisablegens in Afrika oder Asien? Warum tun sie es nicht hier bei uns?

DSR: Sie tun es auch unmittelbar hier. Sie tun es überall.

FC: Und sie nennen sich auch hier «Missionare»?

DSR: Missionare bedeutet einfach «Menschen, die ausgesandt sind». Nach dem Evangelium sendet Jesus seine Jünger aus, weil sie voller Begeisterung für das neue Leben sind, das er ihnen eröffnet. Wenn wir von einem guten Film begeistert sind, den wir gesehen haben, dann werden wir unter Freunden und Kollegen zu einer Art von Missionar für Fellini oder Bergman.

FC: Warum schickt man also katholische Missionare nach Thailand?

DSR: Man könnte sie überallhin schicken, wo es Unterdrük-kung, Ausbeutung, menschliches Elend gibt. Es gibt beispiels-weise eine Gruppe mit dem Namen ‹Die kleinen Brüder Jesu› und ‹Die kleinen Schwestern Jesu›. Sie leben hier in Amerika und in vielen anderen Teilen der Welt in den Slums bei den Unterdrückten und Armen. Sie verbreiten Freude, haben je-doch keine Erlaubnis zum Predigen.

FC: Dann geht man also nicht nach Thailand, weil die Leute dort nichts vom Christentum wissen, sondern weil es eine be-sondere Situation von Unterdrückung gibt. Und man bringt sich dort in diese Situation ein.

TM: Der Missionar bringt sich ein als Träger der guten Bot-schaft vom Königreich Gottes. Wie dies am besten zu gesche-hen hat und wie wir Mission und Dialog miteinander verknüp-fen, das bleibt in diesem Stadium des Paradigmenwechsels in der Kirche eine offene Frage.

Was ist neu am «neuen» Paradigma?

DSR: Wenn wir vom alten Paradigma in der Naturwissen-schaft oder in der Theologie sprechen, dann sprechen wir in beiden Fällen nicht vom ältesten Paradigma. Das sogenannte neue Paradigma ist in Wahrheit ein Wiederentdecken unserer ältesten Intuition.

FC: Ja, doch ist es mehr als das. Der Wandel des gesellschaftli-chen Paradigmas, der soziale und kulturelle Wandel ist mehr als nur ein Wiederentdecken. Vergleicht man die sich entwik-kelnde ganzheitliche Weltanschauung von heute mit der ganz-heitlichen Weltanschauung des Mittelalters, dann findet man viele faszinierende Parallelen. Im Zeitalter der Renaissance entstand das kartesianische Paradigma, das wir heute als das alte Paradigma bezeichnen. Es wurde von Descartes und Newton formalisiert und stand im Widerspruch zu einem großen Teil des mittelalterlichen Paradigmas. Und heute entdekken wir einige Aspekte des mittelalterlichen Paradigmas und noch älterer Paradigmen wieder, doch gibt es auch etwas Neues.

DSR: Und wie würden Sie dieses neue Element charakterisieren?

FC: Was die kulturelle Situation angeht, so erkenne ich zwei Hauptelemente. Das eine ist die Gefahr der Vernichtung, die erheblich größer ist als je zuvor. Es besteht die reale Möglichkeit, daß wir uns selbst vernichten, wenn wir nicht zum neuen Paradigma wechseln. Dieser Paradigmenwechsel ist heute tatsächlich eine Frage des Überlebens der Menschheit. Der andere Aspekt ist positiver Art. Er ist die feministische Perspektive. Die hat es vorher einfach nicht gegeben.

DSR: Bei näherem Hinschauen würden wir vermutlich noch viele andere neue Aspekte finden. Ich meine beispielsweise die Tatsache, daß wir durch Mobilität und Kommunikationen eine weltweite Gemeinschaft geworden sind.

FC: Richtig. Es gibt das globale Gewahrwerden, das Gewahrsein globaler Vernetzung. Auch das ist neu und erst jüngeren Datums.

DSR: Dann sind wir uns also in dieser Frage einig.

TM: Was die Theologie anbetrifft, so ist die Dialektik zwischen dem Neuen und dem Alten etwas anders als in der Naturwissenschaft. Sie, Bruder David, sagten vorhin, was wir als neues theologisches Paradigma bezeichnen, sei in Wahrheit die Wiederentdeckung unserer ältesten Intuitionen. Das stimmt, und hierin unterscheiden sich Naturwissenschaft und Theologie methodologisch. Die Entwicklung neuer theologischer Paradigmen führt nicht zur Falsifikation der «älteren», ebensowenig wie Erwachsensein eine Falsifikation des Kindseins bedeutet. Wie sagte doch schon der hl. Paulus: «Als ich ein Mann geworden, tat ich ab, was kindlich war» (1. Korr. 13,11). Der Versuch, zu alten Theologien zurückzukehren – und heute gibt es viele hochrangige Kirchenleute, die das versuchen – verfälscht die alten. Einen Katholizismus des 16. Jahrhunderts am Ende des 20. Jahrhunderts zu lehren, heißt eine Wahrheit verraten, die in dieser Ausdrucksform vor vierhundert Jahren echt war.

DRITTER TEIL:
Kriterien für das neue Denken in Naturwissenschaft und Theologie

FC: Jetzt würde ich gern erörtern, was wir ganz spezifisch meinen, wenn wir von einem neuen Denken in Naturwissenschaft und Theologie sprechen. Vorhin habe ich versucht, fünf Kriterien für das neue Denken, für ein Systemdenken in der Naturwissenschaft zu entwickeln. Sie gelten meines Erachtens für alle Wissenschaftszweige – für die Naturwissenschaften, die Geistes- und die Sozialwissenschaften. Ich habe jedes Kriterium als Wandel vom alten zum neuen Paradigma formuliert. Sie haben dann fünf entsprechende Kriterien für das neue Denken in der Theologie identifiziert. Nun würde ich gerne jedes dieser fünf Kriterien ausführlicher diskutieren.

1. Die Hinwendung von den Teilen zum Ganzen

FC: Das erste Kriterium der Naturwissenschaft ist die Hinwendung von den Teilen zum Ganzen. Im alten Paradigma glaubte man, in jedem komplexen System ließe sich die Dynamik des Ganzen aus den Eigenschaften der Teile verstehen. Im neuen Paradigma wird die Beziehung zwischen den Teilen und dem Ganzen umgekehrt. Die Eigenschaften der Teile lassen sich nur aus der Dynamik des Ganzen begreifen. Am Ende gibt es überhaupt keine Teile. Was wir als Teil bezeichnen, ist nur ein Muster innerhalb eines untrennbaren Gewebes von Zusammenhängen.

TM: Auch im Lager der Theologen gibt es eine entsprechende Verschiebung von den Teilen zum Ganzen. Im alten Paradigma glaubte man, die Gesamtsumme aller Dogmen, die alle gleichwertig waren, addiere sich zur offenbarten Wahrheit. Im neuen Paradigma wird das Verhältnis zwischen den Teilen und dem Ganzen umgekehrt. Die Bedeutung einzelner Dogmen kann nur aus der Dynamik der gesamten Offenbarung verstanden werden. Schließlich zeigt sich, daß die Offenbarung aus einem Guß ist. Einzelne Dogmen drücken nur besondere Einsichten in Gottes Selbstmanifestation in Natur, Geschichte und der menschlichen Erfahrung aus.

DSR: Dem kann ich nur zustimmen.

FC: Das ist eines der Themen, die ich erörtern möchte. In den 1920er Jahren trat in der Physik ein dramatischer Wandel ein, nämlich von der Anschauung der physischen Welt als einer Ansammlung getrennter Einheiten zur Anschauung eines Netzwerks von Zusammenhängen. Was wir als Teil bezeichnen, ist ein Muster in jenem Netzwerk. Wir nehmen es wahr, weil es eine bestimmte Stabilität besitzt. Deshalb konzentrieren wir unsere Aufmerksamkeit darauf, können es annähernd beschreiben und sagen: Das hier nenne ich eine Zelle oder ein Atom. Entscheidend ist jedoch folgendes – wann immer man diesen Teil abgrenzt und vom übrigen trennt, begeht man einen Irrtum. Man schneidet nämlich einige der Verbindungen zum Ganzen ab, physisch und begrifflich, und sagt: Das hier, das nenne ich einen Teil. Zwar weiß ich, daß er auf die eine oder andere Weise mit dem Ganzen zusammenhängt, doch kann ich nicht alle Zusammenhänge berücksichtigen, weil die Sache dann zu kompliziert wird. Also trenne ich einige von ihnen ab, indem ich den Teil umgrenze.

DSR: Man muß das einfach zu didaktischen Zwecken tun.

FC: Ja. Und wegen der Stabilität des Musters kommt man zu einer sehr guten Annäherung.

Nun hat man auch im alten Paradigma den Zusammenhang der Dinge anerkannt. Das begriffliche Denken jedoch nahm sich zunächst die einzelnen Dinge mit ihren Eigenschaften vor; danach kamen dann die Mechanismen und Kräfte, die den Zusammenhang herstellten, an die Reihe. Im neuen Paradigma jedoch sagen wir, die Dinge als solche besitzen keine ihnen innewohnenden Eigenschaften; diese ergeben sich nur aus den Zusammenhängen. Das meine ich, wenn ich sage, man müsse die Eigenschaften der Teile aus der Dynamik des Ganzen begreifen, weil diese Zusammenhänge dynamische Zusammenhänge sind. Die einzige Möglichkeit, einen Teil zu verstehen, besteht also im Verstehen seines Zusammenhangs mit dem Ganzen. Diese Erkenntnis brachte uns die Physik der 20er Jahre. Sie ist eine Schlüsselerkenntnis der Ökologie. Ökologen denken auf genau dieselbe Weise. Sie sagen, ein Organismus läßt sich aus seinen Beziehungen zu allem anderen definieren.

TM: Was nun die Teile angeht – so sagten Sie vorhin, es gebe überhaupt keine Teile?

FC: Keine *isolierten* Teile.

DSR: Das ist genau das Wort, das ich vorschlagen wollte. Ferner sollten wir eine kleine Fußnote hinzufügen über die Beziehungen zwischen dem Ganzen und den Teilen in der Theologie. In diesem Falle ist es die Beziehung zwischen dem Prozeß der Offenbarung und den Dogmen. Der technische Ausdruck «*analogia fidei*» wirft Licht auf diese Beziehung.

TM: *Analogia fidei* besagt als Prinzip, daß man nicht über irgendeinen Glaubenssatz sprechen kann, ohne alle anderen einzubeziehen. Man kann niemals einen Teil, eine Doktrin oder Lehre, getrennt vom Ganzen verstehen. Der Sinn liegt im Ganzen. Er liegt nicht in einem Syllogismus oder einer erklärenden Aussage oder sonst was.

DSR: Ist das nicht recht bemerkenswert? Das läßt beinahe an ein holographisches Theologiemodell denken.

FC: Ja, das ist fast eine Bootstrap-Aussage, wie wir Physiker es nennen würden.

TM: An diesem Prinzip ist nichts besonders Neues. Es ist ein Eckpfeiler der mittelalterlichen Theologie, hat heute jedoch besonderes Gewicht.

Die Stellung des Menschen in der Natur

FC: In diesem Zusammenhang möchte ich auf das Verhältnis zwischen Mensch und Natur zu sprechen kommen. Auch hier hat sich in den vergangenen zwanzig Jahren eine sehr nützliche Unterscheidung entwickelt, nämlich die Unterscheidung zwischen tiefer und oberflächlicher Ökologie. Die oberflächliche Ökologie stellt den Menschen über die Natur oder außerhalb der Natur, was natürlich der Herrschaft über die Natur entspricht. Die Werte liegen im Menschen. Die Natur hat nur Nutzungswert, instrumentellen Wert. Für die tiefen Ökologen ist der Mensch ein Bestandteil der Natur, nur ein spezieller Faden im Gewebe des Lebens.

DSR: Ihre Unterscheidung zwischen tiefer und oberflächlicher Ökologie ist sehr hilfreich und man sollte sich ihrer stets erinnern. Doch ergibt sich die Frage nach der besonderen Stellung des Menschen in der Natur. Ich meine doch, wir haben da einen besonderen Platz und eine besondere Funktion. Das gilt für jede Kreatur und somit auch für uns. Ich möchte Sie fragen, ob Ihnen das Wort «Verantwortung» paßt, um unsere besondere Funktion in der Natur zu beschreiben. Das Wort Verantwortung drängt sich von selbst auf, weil wir diejenigen sind, die für das verantwortlich sind, was geschieht. Die Wanderfalken sind nicht dafür verantwortlich, daß sie eine gefährdete Art sind, sondern die Menschen. Und wir tragen auch die Verantwortung dafür, daß etwas getan wird, um gefährdete Arten zu retten.

FC: Zunächst einmal möchte ich sagen, daß die ganze Frage des Anthropozentrismus und der Rolle des Menschen in der Natur sehr schwierig und herausfordernd ist.

So wie ich tiefe Ökologen und Systemtheoretiker wie beispielsweise Francisco Varela verstehe, würden diese sagen, daß jede Spezies ganz spezielle Eigenschaften besitzt und man überhaupt nicht von «höheren» und «niederen» Lebewesen sprechen kann. Varela sagt, er könne nicht einmal von höherer Komplexität sprechen, weil Komplexität zu viele Aspekte umfaßt. Der menschliche Organismus ist in einer Hinsicht sehr komplex, Insekten sind es in einer anderen. So hat also jede Spezies ihre eigenen, sehr speziellen Eigenschaften. Metaphorisch ausgedrückt: Die Bienen würden sich als Krone der Schöpfung bezeichnen, die Hunde würden dasselbe von ihrer Spezies sagen, und wir behaupten es von unserer Spezies.

Das scheint mir riesige Probleme oder Herausforderungen für die Theologen zu schaffen. Denn in der konventionellen Theologie galt der Mensch immer als ein über und außerhalb der Natur stehendes Wesen, bestimmt zur Herrschaft über die Natur.

DSR: Für mein Verständnis ist dies nur ein kulturelles Element der christlichen Überlieferung, das in ihrer Botschaft keinen zentralen Platz einnimmt.

FC: Sie wissen jedoch, was ich meine.

DSR: Ja, das weiß ich genau. Ich könnte Ihnen furchtbare Beispiele nennen, vor allem von der volkstümlichen Version dieser Anschauung.

Als Abbild Gottes?

FC: Was bedeutet es also, daß der Mensch als Abbild Gottes geschaffen wurde? Anscheinend wurden die Tiere nicht als Abbild Gottes geschaffen. Oder doch? Adam gab ihnen Namen, und er erhielt die Herrschaft über sie. Sie kennen ja diese Geschichte. Wie kann man das in der vom neuen Paradigma bestimmten Theologie umformulieren? Vielleicht könnten wir damit beginnen, daß wir uns auf die Vorstellung einer unsterblichen Seele konzentrieren, die meines Wissens in der christlichen Theologie eine ausschließlich menschliche Eigenschaft ist. Menschen sollen angeblich eine unsterbliche Seele haben, Tiere und Pflanzen aber nicht.

TM: Wer behauptet denn das?

FC: Mein Religionslehrer in der Schule.

DSR: Im neuen Paradigma muß man diese Geschichte so verstehen, daß alles durch den Atem Gottes geschaffen wurde. «Sendest Du Deinen Geist aus, so werden sie alle erschaffen...»

TM: «... Und Du erneuerst das Antlitz der Erde. Nimmst Du ihnen den Atem, so schwinden sie hin» (Psalm 104).

DSR: Der «Geist des Herrn», sein Atem, «erfüllt die Erde und hält alles zusammen». Das ist eine biblische Aussage. Dementsprechend sind alle Pflanzen und Tiere, ist alles vom Lebensatem Gottes erfüllt. Der Mensch wird in diesem Zusammenhang besonders erwähnt, weil das uns am meisten betrifft und weil wir es aus unserem Inneren heraus wissen. Wir Menschen leben durch Gottes eigenes Leben, und wir können Gott erkennen, werden Gott von Angesicht zu Angesicht schauen.

FC: Dann ist also der Geist Gottes, oder die Seele, nicht etwas, was den Menschen von anderen Wesen unterscheidet.

DRS: Nicht nach den biblischen Begriffen. Das ist eine philosophische Vorstellung, die erst viel später aufkommt. Die Vorstellung einer unsterblichen Seele im landläufigen Sinn ist strenggenommen nicht biblisch.

FC: Wie steht es dann um die Unsterblichkeit und ein Leben nach dem Tode?

TM: Das findet man nur *in einem* Buch der Bibel, im Alten Testament und zwar in «Das Buch der Weisheit» (Die Weisheit Salomos), das übrigens weder von jüdischen Gelehrten noch von Protestanten anerkannt wird. Vom römisch-katholischen Standpunkt gehört es zu den kanonischen Büchern der Heiligen Schrift. Genauer gesagt, bezeichnet man es als «deuterokanonisch», ein der hebräischen Bibel nach ihrer Übersetzung ins Griechische hinzugefügtes Buch.

DSR: Das ist ein dünnes Rinnsal, und selbst die Auferstehung Jesu hat äußerst wenig, wenn überhaupt etwas, mit der Unsterblichkeit der Seele zu tun. Das ist eine griechische Vorstellung, die aus der griechischen Philosophie in die christliche Überlieferung übernommen wurde.

FC: Die Auferstehung ist aber doch etwas Menschliches, nicht wahr? Pflanzen erfahren keine Auferstehung.

TM: Im Gegenteil. Es gehört zum alten Paradigma, zu sagen, daß unsere Lieblingstiere nicht in den Himmel kommen werden. Das ist eine der schlimmsten Geschichten, die man jemals Kindern erzählt hat. Das ist keine Theologie, sondern kultureller Ballast, ein Sammelsurium von Plunder, aber keine Theologie.

FC: Wie deuten Sie dann das Glaubensbekenntnis, das von der Auferstehung des Fleisches und vom ewigen Leben spricht? Allgemein wird das doch als eine ausschließlich dem Menschen vorbehaltene Zukunft, als die Erlösung verstanden.

DSR: Aber nur in der landläufigen Meinung. Richtig verstanden bedeutet es kosmische Erneuerung.

127

FC: Können Sie etwas mehr darüber sagen?

DSR: Zunächst einmal sollten wir den Tod ernster nehmen, als das in der Vergangenheit geschehen ist. Vieles von dem, was über die Unsterblichkeit der Seele gesagt wurde, steht nicht in der Bibel. Es wurde später aus anderen philosophischen Überlieferungen übernommen und hat uns vom Wege abgebracht. Ich selbst möchte den Tod so ernst nehmen wie die Bibel es tut, vor allem das Alte Testament, die Hebräische Bibel. Wenn man tot ist, dann ist man tot. Deine Zeit ist abgelaufen, daher gibt es nichts «nach» dem Tode. Von der Definition her ist Tod dasjenige, nach dem es nichts mehr gibt. Die Zeit ist vorbei; die Uhr ist abgelaufen. Die Zeit eines anderen mag weiterlaufen, deine eigene jedoch ist vorbei. Für dich gibt es kein «danach».

Und doch erleben wir selbst jetzt, vor dem Tode, wichtige Augenblicke, die nicht in der Zeit liegen. Sie sind, wie T. S. Eliot es formuliert, «innerhalb und außerhalb der Zeit». Wir erfahren hier und jetzt Wirklichkeiten, die *jenseits* der Zeit liegen. In solchen Augenblicken wird Zeit eine Begrenzung erfahren. Wenn meine Zeit jedoch abgelaufen ist, dann bleibt alles das bestehen, was jenseits der Zeit ist. Das ist keinem Wandel unterworfen. Es dauert. Wenn mein Leben schließlich vollendet ist, ist es so, als wenn eine Frucht vom Baum fällt. Ich fahre nicht fort, für alle Zeiten irgend etwas zu tun. So wie in den lebendigsten Augenblicken in *diesem* Leben, besitze ich mein gesamtes Leben auf einmal. Außerhalb der Zeit besitze ich mein Leben. Und da alles mit allem in diesem «Jetzt, das nicht vergeht» zusammenhängt, besitzen wir alles. Wenn Zeit uns nicht mehr trennt, besitzen wir alle diejenigen, die wir lieben, einschließlich aller Tiere und Pflanzen.

FC: Weil wir nicht in unserer Fülle wären, wenn das nicht wäre?

DSR: Richtig. Das bleibt jedoch bestenfalls eine linkische Weise, von dieser Fülle, vom Himmel und der *visio beatifica* zu sprechen, an die ich als Christ glaube.

FC: Klingt das, was Sie eben sagten, nicht so ähnlich wie die Idee des Bodhisattva vom Buddhismus? Der Bodhisattva erfährt Erleuchtung, sobald alle anderen fühlenden Wesen erleuchtet sind.

DSR: Ja, das klingt ähnlich. Es gibt übrigens ein lesenswertes Buch mit dem Titel *The Christ und the Bodhisattva*.

TM: Ich habe dieses Buch noch nicht gelesen. Auf der Grundlage meiner eigenen Kenntnisse über Christentum und Buddhismus würde ich jedoch sagen, hier hätten wir ein gutes Beispiel, wie der Dialog zwischen beiden Religionen das Beste in beiden an den Tag bringen kann. In seinen Ursprüngen und seiner Entwicklung hat das Christentum die sozialen Konsequenzen seiner spirituellen Lehre in großem Detail herausgearbeitet. Buddhisten haben mir in diesem Zusammenhang folgendes gesagt: Obwohl sie in buddhistischen Quellen nicht fehlt, habe diese Dimension des Christentums ihnen geholfen, ihr Verantwortungsgefühl gegenüber der menschlichen Gesellschaft und dem Planeten Erde ebenso zu entwickeln wie ihr Gewahrsein der Möglichkeiten des Buddhismus als Katalysator für gesellschaftlichen Wandel. Was uns Christen angeht, so kann ich das kosmische Empfinden des Buddhismus und des Hinduismus als Anregung für uns betrachten, in unserer eigenen Heiligen Schrift und Überlieferungen das Gewahrsein des nicht-menschlichen Kosmos als Teil von Gottes Heilsplan zu entdecken. «Herr, Du hilfst Menschen und Tieren» heißt es in Psalm 36, einem der großen mystischen Texte des biblischen Psalter. «Denn bei Dir ist die Quelle des Lebens, in Deinem Licht schauen wir das Licht.» In der christlichen Überlieferung würde meines Erachtens jedermann den heiligen Franziskus von Assisi für einen «ökologischen» Heiligen halten. Mit seinem Leben und seiner Poesie zeigte er, wie der Mensch nicht nur verantwortlich für den nicht-menschlichen Kosmos sein, sondern auch mit ihm Zwiesprache halten und auf ihn reagieren kann.

FC: Wenn nun die unsterbliche Seele nicht das herausragende Unterscheidungsmerkmal der Menschheit ist – was sagt dann das neue Paradigma über die Schöpfung und die Rolle des Menschen in der Natur?

TM: Zu dieser Frage gibt es in der Bibel viele unterschiedliche Formulierungen. Nehmen wir zum Beispiel das achte Kapitel des Briefes an die Römer des heiligen Paulus. Darin heißt es: «Denn wir wissen, daß die ganze Schöpfung (miteinander) seufzt und bis jetzt in Geburtswehen liegt. Aber nicht nur sie, sondern auch wir selbst, die wir die Erstlingsgabe des Geistes haben, auch wir seufzen in unserem Innern, da wir auf die Einsetzung zu Söhnen warten, die Erlösung unseres Leibes.» Wir alle sind in diesem als schmerzlich empfundenen Zustand gefangen. Anders ausgedrückt: Es handelt sich nicht um einen Krieg des Menschen gegen die Natur, sondern eher um ein gemeinsames Wissen um etwas, das viel größer ist als wir alle zusammen, das geboren werden und am Ende der Zeit, am Ende der Geschichte, manifest werden muß. Das Modell, das dem Text des Briefes an die Römer zugrunde liegt, ist nicht das des 1. Kapitels der Schöpfungsgeschichte. Es gibt auch das Thema des Gartens Eden im Buch der Lieder, ferner den Symbolismus der neuen Schöpfung im zweiten Teil von Jesaja, und anderes. In der Bibel finden sich viele unterschiedliche Aussagen über die Schöpfung, nicht nur eine.

FC: Wie sieht also das neue Denken in der Theologie die Rolle des Menschen in der Natur?

DSR: Zunächst einmal stellt sich die Frage, wie erhält man überhaupt Kenntnis von all diesen Dingen, was auch für die Verfasser der Bibel gilt? Natürlich aus der Erfahrung. Wie haben Sie und ich erfahren, daß wir nach dem Bilde Gottes geschaffen sind? Durch unsere schönsten und lebendigsten Gipfelerlebnisse, weil unsere ganze Gottesvorstellung in diesen Augenblicken entstanden ist. Da entdecken wir, was wir mit Gott meinen, wenn wir dieses Wort verwenden wollen. Wir erfahren, daß wir Gott gehören. Unser wahres Selbst ist das göttliche Selbst. Diese Erkenntnis ist in der Mystik verankert. Die Bibel vermittelt uns diese Wahrheit in Form einer Geschichte, in wunderschönen mythischen Begriffen: Wir sind Erde, aus Erde gemacht und atmen den göttlichen Lebensatem.

Dann kommt der Augenblick, in dem man uns in den Garten Eden versetzt, mit dem Auftrag, «ihn zu bebauen und zu hüten». Und an dieser Stelle kommt das Gefühl der Verantwortung ins Spiel. Der entscheidende Sinn dieser Bibelstelle ist Verantwortung statt ausbeutender Beherrschung der Natur. Leider hat man die Schöpfungsgeschichte falsch gedeutet und mißbraucht, um viel Zerstörendes zu rechtfertigen. Richtig verstanden besagt die Schöpfungsgeschichte, daß Adam in den Garten Eden versetzt wird, damit er ihn bebaue und hüte. Und das überträgt uns Verantwortung.

Die Metapher vom Gärtner

FC: Beschäftigen wir uns etwas mehr mit dieser Metapher vom Gärtner. In gewissem Sinne steht der Gärtner gewiß über dem Garten oder außerhalb davon. Er ist kein Teil des Gartens. Ich erinnere mich einer sehr witzigen Definition des Begriffs Unkraut, formuliert von einem französischen Gärtner. Er sagte: «Unkraut ist alles, was ich nicht gepflanzt habe.» Der Gärtner steht also eindeutig außerhalb des Gartens.

DRS: Ja, auch ich würde sagen, daß man den Gärtner als vom Garten getrennt sieht. Doch ist diese Anschauung das Ergebnis des Sündenfalls. Unser Sündenfall, so wie er in der Erzählung der Bibel geschildert wird, kann gedeutet werden als Trennung des Gärtners vom Garten. Davor wußte er nicht, daß er nackt war. Der Gedanke der Nacktheit hat wenig mit Sexualität zu tun. Es ist die Erfahrung der Entfremdung: Hier bin ich, und alle Welt schaut auf mich.

Das ist der Zustand, in dem wir uns selbst befinden, dem Kosmos entfremdet. Im Paradies jedoch werden wir als integraler Bestandteil des Ganzen dargestellt.

FC: Vorhin sagten Sie, der Mensch, oder Adam, sei in den Garten Eden versetzt worden, um ihn zu bebauen und zu hüten. Das war vor dem Sündenfall.

DSR: Ja, doch darf man die Stellung des Gärtners nicht so sehen, daß er vom Garten getrennt ist.

FC: Moment mal. Wenn Sie sagen, «ihn bebauen und hüten», dann bedeutet das Trennung von Garten und Gärtner.

DRS: Es ist eher eine Unterscheidung als eine Trennung. Schließlich unterscheidet sich der Orangenbaum vom Apfelbaum. Das Kaninchen ist etwas anderes als ein Kohlkopf; hier frißt eines das andere. Jedes tut das, was ihm eigen ist. Und das, was wir Menschen tun, ist, die Natur bebauen und hüten. Damit kehre ich zu dem Begriff «Verantwortung» zurück.

FC: Mit dieser Formulierung bin ich noch nicht zufrieden. Man könnte nämlich auch sagen, der Kot der Karnickel dünge den Garten, ist Dünger für den Boden. Wenn man sich Ökosysteme anschaut, dann stellt man fest, daß es überall symbiotische Beziehungen gibt. Es findet ein unaufhörlicher Austausch von Materie statt, es gibt zyklische Bahnen und so weiter. Man kann also beobachten, daß das Ökosystem sich selbst bebaut und hütet. Aus naturwissenschaftlicher Sicht ist dies das Kennzeichen des Lebens – die Selbstorganisation. Der Garten braucht also niemanden, der ihn pflegt und hütet, wenn man von der Gegenwart absieht, weil wir ihn so schrecklich verunstaltet haben. Das heißt, daß wir gegenwärtig die Verantwortung haben, ihn zu bebauen und zu hüten.

DSR: Also – versuchen Sie, sich einmal Ihren eigenen Schöpfungsmythos vorzustellen, parallel zu dem eben erwähnten. Stellen Sie sich vor, Sie würden in diesen Garten versetzt. Was würden Sie dort tun?

FC: Ich wäre zwangsläufig in ihn integriert, weil ich andere Lebewesen essen und letzten Endes von ihnen gefressen würde. Ich wäre ein Teil der Nahrungskette. Und ich würde mich entfalten, die verschiedenen Materialien benutzen, um mir mein Haus zu bauen, mich zu kleiden, meine Kinder zu versorgen, wie alle anderen es tun. Ich würde mich also von ihnen nicht unterscheiden. Ausgenommen – und nun kommen wir zum wirklichen Unterschied – daß ich mein *Selbst*bewußtsein entwickeln würde. Ich wäre in der Lage, über mich selbst nachzudenken und würde die Sprache als gesellschaftliches Phänomen entwickeln. Mit Hilfe der Sprache würde ich dann zusammen mit meinen Mitmenschen die Vorstellung von Gegenständen, Begriffen, Symbolen und Kultur schaffen.

DSR: Das ist der Teil des Schöpfungsberichtes, wo Adam den Tieren Namen gibt. Den haben Sie soeben beschrieben. Und nun wollen wir einmal sehen, ob nicht in Ihrer eigenen Erfahrung im Garten, so wie Sie ihn sich vorstellen, auch etwas vorhanden ist, das dem Bebauen und Hüten entspricht.

Vielleicht sind diese Worte ein zu starkes psychologisches Hindernis. Deshalb will ich meine Frage umformulieren. Sie befinden sich in dem Garten. Können Sie sich vorstellen, wie

Sie um bestimmte Bäume Dünger streuen, weil Sie wissen, daß diese dann bessere Früchte tragen werden? Ich meine, das wäre typisch menschlich und würde dann also das Bebauen und Hüten des Gartens bedeuten. Nichts mehr und nichts weniger, scheint es mir. Lassen Sie alles nur richtig wachsen, wobei Sie immer noch vollkommen innerhalb des Ökosystems bleiben.

FC: Das ist übrigens genau das, was Bateson «zielstrebiges Bewußtsein» nennt. Es ist ein zweischneidiges Schwert. Als Menschen mit Verstand, Selbstbewußtsein und symbolischer Sprache und was sonst noch dazu gehört, können wir in die Zukunft planen. Wir können nicht nur links ein wenig mehr Dünger streuen als rechts, was Tiere vermutlich ebenfalls tun können, sondern wir können tatsächlich zwanzig Jahre voraus planen und sagen: «Hier will ich etwas pflanzen, das in zwanzig Jahren Früchte tragen wird.» Dies ist also der Teil unseres Bewußtseins, der uns auf andere Art handeln läßt. Und wenn das dann mit uns durchgeht und die ökologische Weisheit zerstört, die wir mit allen anderen Geschöpfen gemeinsam haben, dann geraten wir in Schwierigkeiten. Auf diese Weise sind wir tatsächlich in eine unangenehme Lage gekommen. Und dann stellt sich die Frage der Verantwortung.

DRS: In diesem Sinne stellt sich die Frage nach der Verantwortung vielleicht erst später. Darüber muß ich noch einmal nachdenken.

FC: Vielleicht bedeutet Verantwortung gerade die Zügelung des rationalen Intellekts, des linearen Denkens, durch intuitive ökologische Weisheit.

TM: Wenn ich mir Ihre Ausführungen über die Garten/Gärtner-Metapher anhöre, dann frage ich mich, ob wir wirklich bei dem Gärtnermodell als wesentlichem Element der christlichen oder jüdisch-christlichen Anschauung vom Platz des Menschen im Universum bleiben müssen. Der Prophet Jesaja sieht uns nicht als mit zielstrebigen Aktivitäten beschäftigten Gärtner, sondern als spielende Kinder. Kind sein bedeutet nicht, nichts tun oder ohne Verantwortung sein. Es bedeutet jedoch reagieren auf die Stimmen der Schöpfung, diese Stimmen nachahmen und ihrem Ruf folgen.

DSR: Richtig. Verantwortung heißt antworten, ist eine Fähigkeit zu entsprechender Reaktion.

FC: Was die Angemessenheit der Reaktion angeht, so steht diese in Hinsicht auf die meisten anderen Spezies gar nicht in Frage, da diese bereits über die angemessene Reaktion *verfügen*. Vögel und Pflanzen tun nichts Unangemessenes. Dagegen kann eine menschliche Reaktion unangemessen sein, weil wir ein zielstrebiges Bewußtsein besitzen und mit ihm die Fähigkeit, die Natur und damit uns selbst zu zerstören.

DSR: Ich meine, jetzt haben Sie wirklich den Finger auf die Wunde gelegt. Wir *müssen* die Natur nicht zerstören, *können* es jedoch. Alle anderen können das nicht tun, weil sie nicht über die dazu erforderlichen Mittel verfügen.

Freiheit

FC: Richtig. Und hier kommt nun unsere Freiheit zur Geltung.

DSR: Ja, Freiheit ist die positive Seite der Medaille.

FC: Dann gehören Freiheit und Verantwortung also zusammen.

DSR: So ist es. Das ist der entscheidende Punkt, ist Teil unserer Erfahrung. Wir dürfen das Band zwischen Freiheit und Verantwortung nicht zerschneiden.

FC: Dann bestünde also unsere Verantwortung als Gärtner darin, uns wieder in den Garten zu integrieren, weil wir uns von der Natur getrennt und uns über sie gestellt haben.

DSR: Und genau das war ein Aspekt des Sündenfalls.

FC: Und nicht nur das. Wir haben auch – wie soll ich es ausdrücken – wir haben den Garten säkularisiert und ihn zu einer Maschine degradiert.

DSR: Wir haben ihn ent-spiritualisiert.

FC: Gemordet, in gewissem Sinne.

DSR: Ja, weil der Geist es ist, der Leben schenkt.

TM: Der Geist schenkt Leben, und der menschliche Geist – sei es mit «zielgerichtetem Bewußtsein» oder mit «spielerischem Bewußtsein» – *kann* Leben schenken. Die Zerstörung der Umwelt begann nicht so sehr mit der Trennung des Gärtners vom Garten als damit, daß der Gärtner anfing, den Garten als Maschine zu betrachten, als eine Maschine die dem operativen Willen des Menschen auf dem Fahrersitz unterworfen ist.

Könnten wir nochmals kurz auf das Thema menschlicher Freiheit zurückkommen? Vielleicht könnten Sie noch etwas mehr darüber sagen, Bruder David.

rie. Die inneren Eigenschaften jedes beliebigen Musters in der Natur sind in Wahrheit keine innewohnenden Charakteristika, vielmehr werden sie durch die Beziehungen zur übrigen Umwelt definiert. Insofern unterscheidet das uns Menschen nicht von anderen lebenden Systemen. Was uns dagegen zu etwas Besonderem macht, ist die Tatsache, daß wir die Gabe des Nachdenkens über uns selbst besitzen, was Sprache, Begriffe und abstraktes Denken mit sich bringt. Das abstrakte Denken hat uns nicht nur zu großen intellektuellen Leistungen befähigt, sondern auch die Neigung mit sich gebracht, über große Zeiträume hinaus linear zu planen und unsere Sicht durch zielgerichtetes Handeln einzuengen. Das führt dann zur Zerstörung unserer Umwelt und somit zu unserer eigenen Vernichtung.

DSR: Es hat uns aber doch auch in die Lage versetzt, zu erkennen, worin Zweck und Sinn sich unterscheiden. Wir sind also nicht nur zur Wissenschaft befähigt, sondern auch zur Weisheit.

FC: Ja. Sinn heißt Kontext.

DSR: Und die entscheidenden Begriffe sind nach wie vor Freiheit und Verantwortung. Wir können unser abstraktes Denken nutzen oder mißbrauchen, während die anderen Geschöpfe um uns, soweit ich das erkennen kann, diese Freiheit nicht besitzen, zu ihrem Glück oder Unglück.

FC: Aus der Sicht der Systemtheorie organisieren lebende Systeme sich selbst, was bedeutet, daß sie autonom sind. Diese Autonomie ist relativ und nimmt mit wachsender Komplexität zu. Wir Menschen verfügen über eine besondere Art von Freiheit, nämlich die Freiheit unserer inneren Welt der Begriffe. Und diese Art von Freiheit ist es, die uns in Schwierigkeiten stürzt.

DSR: Dieser Gedanke einer schrittweisen Entwicklung der Freiheit ergibt einen Sinn. Doch wir Menschen haben eine Art

Siedepunkt der Freiheit erreicht, eine Freiheit, die das ganze System zerstören kann. Damit wächst unser Verantwortungsgefühl.

Gott und die Natur

FC: Nachdem wir nunmehr unsere Anschauungen von der menschlichen Natur geklärt haben, möchte ich gerne das Gespräch auf die Natur Gottes bringen, vor allem auf den Gegensatz zwischen der Idee eines immanenten Gottes und der eines transzendenten Gottes. Für unseren Vergleich von Theologie und Naturwissenschaft scheint mir das sehr wichtig.

Ich habe bereits die zentrale Diskussion im heutigen ökologischen Denken erwähnt, die sich um den Unterschied zwischen tiefer und oberflächliche Ökologie dreht. Ein ganz entscheidender Punkt dabei ist die Rolle des Menschen gegenüber der Natur. Im oberflächlichen ökologischen Denken steht der Mensch über oder außerhalb der Natur. Im Gegensatz dazu betrachtet die tiefe Ökologie den Menschen als einen von vielen Fäden im Gewebe des Lebens. Eng damit verbunden scheint mir die Frage nach Gott in der Natur, Gott in der Schöpfung, vor allem weil gesagt wird, die menschliche Natur sei nach dem Bilde Gottes geschaffen. Deshalb scheint mir zwischen dem Verhältnis des Menschen zur Natur und zwischen Gott und seiner Schöpfung eine Parallele zu bestehen.

Vom Christentum habe ich immer gehört – was auch Bateson sehr oft betont hat –, daß es zwar monotheistisch, aber in seiner grundlegenden Sicht auch dualistisch sei, weil es Gott von der Schöpfung trennt. Es hat einen transzendenten Gott, der seiner Schöpfung gegenübersteht oder über die Schöpfung herrscht. Am Anfang schafft er die Welt *ex nihilo*, aus dem Nichts, und bleibt dann stets getrennt von ihr und transzendiert immer die Schöpfung.

Doch habe ich auch gehört, daß Mystiker von ihrer Erfahrung eines immanenten Gottes sprechen. Das klingt wie Spinozas Formulierung *Deus sive natura* (Gott = Natur). Mir scheint das eher die Haltung der tiefen Ökologen oder einer tief ökologischen Theologie zu sein, wenn man das so nennen darf.

DSR: Wir können das Wort «Gott» für eine Vielfalt von Dingen verwenden. Nehmen wir das Wort in einem Sinne, auf den, wie wir es erstrebten, Repräsentanten aller theistischen Überlieferungen sich einigen können, dann lassen sich Gott und die Natur nicht gleichsetzen. Wenn wir von Gott sprechen, sprechen wir von einem Horizont-Phänomen. Der Horizont gehört untrennbar zur Landschaft. Es gibt keine Landschaft ohne Horizont und keinen Horizont ohne Landschaft. Doch ist der Horizont nicht die Landschaft. Der Horizont weicht mit jedem unserer Schritte zurück und bleibt stets der Horizont.

TM: Lassen Sie mich etwas zu der Äußerung von Gregory Bateson sagen, das Christentum postuliere einen dualistischen Rahmen. Für mich ist das nicht der echte theologische Begriff göttlicher Transzendenz. Es ist doch nicht so, daß etwa Gott sich da oben und das Universum hier unten befindet. Das Vorstellungsbild vom Horizont ist außerordentlich treffend, weil es auf einen Kontext hinweist, dessen Grenzen ständig zurückweichen. Ich möchte auch behaupten, daß Gottes Transzendenz eine Transzendenz nach innen ist. Beim heiligen Augustin gibt es eine Äußerung, in der er Gott anruft und ihn *Deus intimior intimo meo* nennt, «O Gott, der du mir näherstehst als ich mir selbst, intimer als der tiefinnerste Punkt meines Selbst». In der Schöpfung ist also ein kontinuierlich zurückweichendes Zentrum der Schöpfung verborgen. Die Transzendenz ist auch verknüpft mit dem Thema des *Deus absconditus*, des verborgenen Gottes.

DSR: Auch das läßt sich wieder aus eigener Erfahrung bestätigen, einer Erfahrung, aus der heraus auch Augustinus spricht.

Wir erfahren unsere tiefinnerste Wirklichkeit, die uns näher-
steht als wir uns selbst, als etwas, das nicht nur wir selbst sind,
sondern das über unser Selbst hinausreicht.

FC: Ich glaube, aus diesem Grunde nennen Psychologen
diese Erfahrung transpersonal, weil sie über das Persönliche
hinausgeht.

DSR: Ich möchte versuchsweise sagen: Was wir heute als
transpersonal bezeichnen, steht dem näher, was die Überlieferung wirklich mit transzendent meinte, als dem, was die popu-
larisierte Version von Transzendenz behauptet.

FC: Das paßt absolut zu dem, was wir vorhin feststellten, als
Sie Gott als den endgültigen Bezugspunkt der religiösen Erfahrung bezeichneten. Wenn ich jedoch sage: «Das Universum ist
Gott», dann ist das ebenfalls transzendent, weil es mich transzendiert. Damit wird die Frage also nicht wirklich beantwor-
tet. Nimmt man die Schöpfung als Ganzes – ist Gott dann der
innerste Kern, das Fundament der Schöpfung, der Geist der
Schöpfung, das Bewußtsein der Schöpfung oder etwas in dieser Richtung? Oder ist Gott etwas, das über diese ganze Schöpfung hinausreicht? Das scheint mir die Frage zu sein. Anders
gesagt: Definiere ich den Kosmos oder das Universum einfach
als alles, was existiert, dann stellt sich die Frage, ob das Gott
einbezieht oder ob Gott etwas *hinter* dem ist, was existiert?

DSR: Wir sollten betonen, daß Kosmos, Gott und die Menschen in der Theologie des neuen Paradigmas eng verbunden
sind. Raimundo Panikkar, der so etwas wie der Theologe der
Theologen ist, nennt dies das «kosmotheandrische Prinzip». In
diesem Begriff finden wir die Ausdrücke Kosmos, Theos, An-
thropos wieder. Mit anderen Worten, man kann von Gott nicht
sprechen, es sei denn im Kontext von Kosmos und Menschenwesen. Und von Menschenwesen kann man nicht sprechen,

ausgenommen im Kontext von Gott und dem Kosmos. Man kann nicht einmal von Kosmos sprechen, außer im Kontext von Gott als dem Horizont und den Menschen als Beobachter. Alle drei hängen eng zusammen. Das ist die Grundlage für das, was wir das neue Paradigma in der Theologie nennen.

TM: Das ist die Grundlage, übrigens zusammen mit einem theologischen Modell, das, ohne anti-rational zu sein, dem einen Ehrenplatz zuweist, was die ursprüngliche christliche Überlieferung apophantisches oder «negatives» Sprechen über Gott nennt. Das neue theologische Paradigma ist sowohl holistisch als auch apophantisch. Es betrachtet Gott als Horizont des Universums, aber auch als das unaussprechliche Andere.

FC: Ich möchte noch gerne etwas zu dieser Metapher vom Horizont sagen. Bei jeder Bewegung verändert sich der Horizont, also ist er in Wahrheit nicht etwas Absolutes, sondern ein Konzept, das sich wandelt.

DSR: Diese Metapher impliziert auch, was Dyonysius Areopagita, ein höchst einflußreicher mystischer Autor aus dem frühen 6. Jahrhundert, gesagt hat: «Am Ende all unseren Erkennens werden wir Gott als das Unbekannte erkennen.» Er sagt nicht: «Ihr braucht euch erst gar keine Mühe zu geben, ihr werdet Gott doch niemals erkennen.» Wir werden Gott tatsächlich erkennen, aber eben als das Unbekannte. Die Analogie ist offensichtlich der Idee der Freundschaft entliehen. Je besser man einen Freund kennt, desto mehr kennt man ihn als unerkennbar, als ein Mysterium. Diese Vorstellung von Mysterium muß hier einbezogen werden.

FC: Wir würden Sie innerhalb des von Ihnen soeben umrissenen Rahmens die Frage beantworten: Ist Gott immanent oder transzendent? Können Sie in Ihrer Antwort diese beiden Ausdrücke verwenden?

DSR: Ja. Ich kann es auf halbwegs spielerische Weise tun: Gottes Transzendenz ist so transzendent, daß sie sogar unsere Vorstellung von Transzendenz transzendiert und daher vollkommen mit Immanenz vereinbar ist. Da haben wir wieder ein Paradoxon.

FC: Aber die Transzendenz bezieht sich doch auf Erfahrung. Habe ich Sie richtig verstanden? Gottes Transzendenz transzendiert unsere gesamte Erfahrung?

DSR: Ja. Besser noch, unsere Erfahrung transzendiert alle unsere Vorstellungen, selbst die Vorstellung der Transzendenz.

TM: Es gibt eine Gotteserfahrung, die über das Wissen/Erkennen hinausgeht, und die apophantische oder negative Sprache über Gott ist ihr angemessener Ausdruck. Alle höchsten theologischen Aussagen sind negativ, selbst wenn sie grammatikalisch positiv sind. «Gott steht über allem Wissen, und über allem Sein», sagte der heilige Johannes von Damaskus. Wir können Gott nicht in unsere Vorstellungen oder Wörter hineinzwängen. Die können wir zwar gebrauchen, vorausgesetzt sie versuchen nicht, Gott zu repräsentieren.

FC: Nun ist es ein Hauptcharakteristikum der neuen Systemtheorie vom Leben, daß sie nicht «repräsentational» ist. Sie behauptet nicht, daß es da draußen eine objektive Welt gibt, eine Wirklichkeit, die dann in unseren wissenschaftlichen Theorien repräsentiert wird. Sie sagt nur: Mit der Naturwissenschaft bringen wir Ordnung und Zusammenhang in unsere Erfahrung. Maturana und Varela behaupten sogar, der Erkenntnisprozeß sei ein Prozeß, durch den wir eine Welt im Akt des Erkennens «hervorbringen».

DSR: Das paßt wunderbar zur Theologie, wenn auch nicht in ihrer konventionellen Formulierung. Ich würde ohne zu zögern

äußert, dies sei es, was wir mit «Gott» meinen, der kosmische Prozeß der Selbstorganisation.

Stelle ich nun die Frage Transzendenz versus Immanenz in diesen Kontext, dann würde ich dazu folgendes sagen. Der Irrtum bestand in folgendem Gedankengang: Nehmen wir das Universum als Ganzes, zählen wir einfach alles zusammen, was wir kennen – alle Bäume, alle Steine und alle Menschen. Die Gesamtsumme ist dann das Universum. Ist Gott nun mehr als das oder nicht?

Aber das ist ein Irrtum, weil wir dann eindeutig nicht über das Universum als Ganzes sprechen. Das Universum ist ein selbstorganisierendes lebendiges Wesen; deshalb ist es alle Bäume, alle Steine, alle Menschen. Aber diese sind alle nur Muster. Viel wichtiger sind die Organisationsprinzipien dieses Ganzen. Die jedoch sind nichts Materielles. Wenn ich also sage, Gott ist die Gesamtsumme dieser Organisationsprinzipien auf kosmischer Ebene, des kosmischen Prozesses der Selbstorganisation, dann wird die Antwort auf die Frage nach Transzendenz oder Immanenz davon abhängen, was ich Universum nenne. Bezeichne ich mit dem Namen Universum alles, was existiert, einschließlich aller Prozesse, Ideen und so weiter, dann ist Gott im Universum *immanent.* Sage ich jedoch, Universum sind alle mir bekannten *Dinge,* alle Bäume und alle Steine und aller Stoff im Universum, die Strukturen, dann transzendiert Gott eindeutig alles. Denn es sind die Organisationsprinzipien, die alles zusammenhalten, ja, die das Universum erschaffen, wie man sehr gut sagen könnte. Das ist dann Selbst-Erschaffung, Selbstorganisation.

DSR: Das ist ein guter Denkansatz, der viele Möglichkeiten zu enthalten scheint.

TM: In welcher Beziehung steht Ihre Vorstellung von den Prinzipien der Organisation oder Selbstorganisation im Kosmos zum Gedanken einer Weltseele, dieser sehr klassischen, platonischen Idee?

FC: Ich würde sagen, der Unterschied besteht darin, daß diese Theorie der Selbstorganisation viel ausgereifter ist als alles, was wir bisher in der Naturwissenschaft erlebt haben. So besagt sie zum Beispiel, daß Kreativität ein fester Bestandteil des Lebens ist. Der Prozeß der Selbstorganisation ist von Natur aus ein kreativer Prozeß. Das Erschaffen von Neuem gehört zu den Merkmalen des Lebens. Jedes lebende System schafft in jedem Augenblick irgend etwas Neues. Es tut das auf eine Weise, die man Ontogenese nennt, das ist der Weg individueller Entwicklung. Und außerdem beschreitet die Spezies die Phylogenese, den evolutionären Weg, der wiederum ständig Neues schafft. Kreativität ist also ein essentieller Teil von Selbstorganisation. Daher kann man sie nach meinem Erachten sehr wohl mit der Idee von der Schöpfung in der Theologie in Verbindung bringen. Betrachtet man das kosmisch, dann kommt das dem sehr nahe, was Sie vorhin gesagt haben.

DSR: Ja, diesem Gedankengang stimme ich zu. Sie sollten ihn beispielsweise mit Panikkar diskutieren und weiterentwickeln. Weiterentwickelt, könnte er ein Beispiel für etwas liefern, was in der Vergangenheit schon öfter geschehen ist: Jemand beginnt mit dem Versuch, die Welt aus naturwissenschaftlicher Sicht zu erklären, und kommt am Ende zu theologischen Aussagen. Das ist ein durchaus gültiger Weg. Sie arbeiten auf ein theologisches Verständnis hin, das fruchtbringend werden könnte. Was Sie hier beschreiben, ist die Schöpfung. Und die Theologie hat stets die Ansicht vertreten, selbst im alten Paradigma, daß die Schöpfung ein dauernder Prozeß ist, hier und jetzt. Wäre dem nicht so, dann würde alles zusammenfallen.

Ist Gott das Leben der Welt, dann haben Sie das Leben der Welt hier direkt vor sich, aus einer sehr unterschiedlichen Perspektive.

FC: Da bestehen viele Bezugspunkte. Eines dürfte aber wohl den Theologen Unbehagen bereiten, nämlich daß die Schlüsselidee *Selbst*-Organisation heißt. Das Universum organisiert sich selbst und ist daher auch *selbst*-schöpferisch.

DSR: Ein Theologe wie Panikkar zögert nicht, auf höchst ausgeklügelte Weise vom Kosmos als dem Körper Gottes zu sprechen. Diese Vorstellung, so behauptet er, ist von der Theologie mißverstanden, jedoch nicht wirklich verworfen worden.

FC: Das wäre übrigens eine sehr zutreffende Parallele zu einer anderen Aussage der Theorie selbstorganisierender Systeme, daß nämlich das Verhältnis zwischen Materie und Geist eines von Struktur und Prozeß ist. Die Struktur ist natürlich das, was wir gemeinhin meinen, wenn wir mit Universum alle Dinge zusammen bezeichnen, die wir sehen. Der Prozeß wäre dann sein Bewußtsein.

DSR: Mir scheint, wir haben hier einige interessante Fortschritte gemacht, doch befinden wir uns da noch auf dünnem Eis.

TM: Dann laßt uns doch vorsichtig in Richtung Ufer schlittern und uns einem anderen Thema zuwenden.

Der persönliche Gott

FC: Einverstanden. Es gibt da eine andere Frage, die mich beschäftigt. Was verstehen Sie unter einem «persönlichen Gott»? Sie erinnern sich – wir sprachen davon, daß die Offenbarung an einen persönlichen Gott gebunden sei. Ich möchte diese Frage in den Kontext der Persönlichkeit stellen, die durch unsere Beziehungen zu anderen definiert wird. Wie paßt das mit der Vorstellung von Gott zusammen? Was soll das heißen, daß Gott «persönlich» ist?

DSR: Halten wir zunächst einmal fest, daß es nicht bedeutet, Gott sei eine Person. Die christliche Überlieferung glaubt daran, daß Gott einer in drei Personen ist. Aus dieser Perspektive hat natürlich «Person» eine andere Bedeutung als die, die wir normalerweise mit diesem Begriff verbinden.

TM: Wenn wir sagen, Gott sei persönlich, dann meinen wir, Gott sei so beschaffen, daß wir zu dem, was wir Gott nennen, eine echte Beziehung haben können und auch wirklich haben. In dieser echten Beziehung verwirklichen wir auch unsere eigene Personenschaft, und nur in diesem Sinn können wir über die «Personenschaft» Gottes sprechen. Spricht die christliche Theologie von den drei Personen der Dreifaltigkeit, dann bedeutet dies etwas ganz anderes: Daß nämlich das eigentliche Wesen Gottes etwas ist, was Beziehungen ausdrückt, also aus «ständig existierenden Beziehungen» besteht.

DSR: In diesem Zusammenhang möchte ich Ihnen Shubert Ogden sehr empfehlen, einen führenden protestantischen Theologen, dessen Werk mich schon seit langem beeindruckt. Er spricht von Gott als von demjenigen, der für alles von Bedeutung ist und für den alles von Bedeutung ist. Der Gott der Philosophie lebt in vollkommener Isolierung. Aber der Gott der Bibel kümmert sich – er kümmert sich um jedes seiner Geschöpfe mit herzlicher Liebe zu Menschen, Blumen, Spatzen. Das heißt, Gott ist allem zugetan, durch Barmherzigkeit persönlich mit jeder Kreatur verbunden.

TM: Im Buddhismus ist die Behauptung, die endgültige Wirklichkeit sei Leere, zugleich die Behauptung, die endgültige Wirklichkeit sei unendliche Barmherzigkeit. Die große Intuition – zumindest des Mahāyāna-Buddhismus – ist die Identität von Leere und Barmherzigkeit. Meines Erachtens ist dies die buddhistische Aussage, die der Aussage theistischer Religion am nächsten kommt, «Gott ist persönlich».

DSR: Absolut. Lange bevor wir überhaupt Theisten oder Nicht-Theisten sind, erleben wir alle in unseren schönsten und lebendigsten Augenblicken unser Zugehören. Die Vorstellung unseres letztlichen Zugehörens impliziert das, dem wir letzten Endes zugehören. An diesem Punkt zeigt es jedoch nicht mehr als eine Richtung an, und diejenigen, die den Ausdruck «Gott» richtig gebrauchen, verwenden ihn für diese Richtung. Das ist gewissermaßen unsere gemeinsame Basis.

Und nun beginnt, was Christopher Fry die «Erforschung Gottes» nennt. Es ist dies das große menschliche Unterfangen, das im Gange ist, seit wir Menschen sind, und das uns immer noch beschäftigt, ob wir uns dessen bewußt sind oder nicht. Es ist unser innerlichstes Sehnen. Wir suchen nach dem Sinn, nach Zugehörigkeit, und das bedeutet, wir alle erkunden das Reich Gottes. Dieses ist jedoch von so gewaltigen Ausmaßen, daß man endlos weiterforschen kann, und man kann unablässig einen Teil davon erforschen, ohne jemals auf Gruppen zu stoßen, die andere Teile erkunden. Es gibt gewisse Wegekreuze, an denen man sich für eine bestimmte Richtung entscheidet. Danach wird man wahrscheinlich niemals das Territorium erreichen, das jene erkunden, die eine andere Richtung eingeschlagen haben.

Eine dieser Kreuzungen ist die Entdeckung, daß Zugehören auf Gegenseitigkeit beruht. Wenn wir zu Gott gehören, dann gehört Gott zu uns. Wir unterhalten Beziehungen zueinander. Das ist natürlich Mystik, die jedoch jeder von uns täglich erfahren kann. Gott steht zu uns in persönlicher Beziehung. Das ist die Erfahrungsgrundlage für die Vorstellung, daß Gott all die Vollkommenheit besitzen muß, die aus mir eine Person macht, aber keine der Einschränkungen.

FC: In welchem Zusammenhang steht das mit einer aus Beziehungen entstehenden Persönlichkeit? Je reicher meine Beziehungen, desto reicher bin ich als Person.

DSR: Ich verwirkliche mein Zugehören, das aus mir eine Person macht, nur auf begrenzte Weise mit einigen wenigen Menschen, Dingen, Pflanzen und Tieren, und das nicht sehr tief. Wenn wir jedoch vom Horizont sprechen, dem, der jenseits von allem ist, dann schließen wir daraus, daß Gott zu allem persönliche Beziehungen hat, und zwar bis in die allerinnersten Tiefen.

FC: Jetzt ist mir aber folgendes nicht klar: Ich akzeptiere, daß eine Person durch ihre Beziehungen definiert wird. Je mehr solcher Beziehungen wir haben, desto reicher ist unsere Persönlichkeit. Nun sagen Sie: «Gott steht zu allem in Beziehung.» So besitzt Gott also die reichste Persönlichkeit, die man sich vorstellen kann. Tatsächlich ist sie so reich, daß sie alles transzendiert, was wir uns vorstellen können. So weit, so gut. Aber diese Beziehungen, die Gott hat, bestehen stets zu einem Teil von ihm selbst, nicht zu etwas anderem. *Unsere* Beziehungen dagegen, also das, was *unsere* Person ausmacht, sind Beziehungen zu etwas von uns selbst Verschiedenem. Entsteht also eine Person als Ergebnis von Beziehungen zu etwas außerhalb dieser Person, dann kann man das nicht sehr gut als Analogie zu Gott als Person auffassen. Darauf möchte ich hinaus.

DSR: Ah, das ist großartig! An diesem Punkt bringt Ihr eigenes Denken Sie der Beantwortung der Frage nahe, die Sie vorhin gestellt haben: Warum spricht man von Gott als Dreifaltigkeit? Jetzt legen Sie den Finger auf die entscheidende Stelle, wenn Sie sagen, Gott steht nicht zu irgend etwas anderem in Beziehung. In unserem tiefsten Verhältnis zu Gott steht Gott letztendlich zu Gottes eigenem Selbst in Beziehung. Dessen werden wir in unseren mystischen Augenblicken gewahr. Unser wahres Selbst, das Beziehung zu Gott hat, ist einfach Gott-in-uns. Diese Erfahrung impliziert, daß man von Gott als Dreifaltigkeit sprechen kann: Gott-in-uns, der unser tiefinnerstes Selbst darstellt; Gott als Horizont, zu dem wir letztendlich in

Beziehung stehen; und Gott als lebendige Beziehung zwischen diesen beiden Polen unseres eigenen Lebens. Das sind natürlich nicht drei, sondern ein Gott.

Alles Nachdenken über die Dreifaltigkeit beruht letzten Endes auf mystischer Erfahrung. Weniger begabte Theologen mögen allein mit Worten spielen; die großen Theologen haben jedoch stets gewußt, daß wir an Gottes eigenem Leben teilhaben. Was wir nicht sagen können, ist, daß wir ein Teil Gottes sind. Denn was wir Gott nennen, ist zu einfach, um Teile zu haben. Deshalb sprechen wir von den vielen Dingen, Pflanzen, Tieren, Menschen nicht als Teilen von Gott, sondern sie sind ebenso viele Worte Gottes. Das meint die Bibel, wenn sie vom ganzen Universum sagt: «Gott sprach, und es entstand.»

Tatsächlich ist Gott auch zu einfach, um viele Worte zu sprechen. Es ist vielmehr so, als habe die Liebe, die Gott darstellt, sich von jeher in einem einzigen Wort so vollkommen ausgedrückt, daß man es auf zahllose Weise immer wieder neu aussprechen muß. In diesem Sinne ist jeder von uns eine neue Art des Aussprechens von Gottes einem Wort. Hier jedoch machen wir die erregende Entdeckung, daß wir nicht nur *aus*gesprochen, sondern von Gott auch *an*gesprochen werden.

So wird also Shūnyatā, Gott, «kein Ding», das Große Schweigen durch ein Wort ausgedrückt, das so vollkommen ist, daß es alles aussagt und in jeder neuen Bedeutung von Gottes eigenem Selbstverständnis verstanden werden kann – in *unserem* Innern, wie wir vorhin sagten. Auf diese Weise sind wir selbst tief in diese Beziehung eingebunden – durch uns Menschen nimmt diese Welt bewußt am dreifaltigen Leben Gottes teil.

Schweigen, Wort und Verstehen sind «Personen» des einen Gottes, jedoch eindeutig nicht in dem Sinne, in dem wir normalerweise von Personen sprechen. Habe ich das nun vielleicht auf eine Weise komprimiert, daß es doch zu sehr kondensiert ist?

FC: Nun, ich muß sagen, das ist reichlich kopflastig.

DSR: Um die Sache wieder vom Verstand auf die Erfahrung zurückzuführen, müssen wir zum Ausgangspunkt zurückkehren – zur Erfahrung eines ganz besonderen Menschen namens Jesus. Aufgrund seiner jüdischen Tradition stand er zu Gott in so intimer Beziehung wie ein Sohn zu seinem Vater. Und er ließ es geschehen, daß sein ganzes Leben durch diese Beziehung durch den Heiligen Geist Gottes geprägt wurde. Das heißt, Gott war für ihn weit mehr als nur ein unpersönlicher Horizont. Gemeinsam mit Jesus haben seine Jünger teil an dieser persönlichen Beziehung zu Gott und sprechen von dem Vater, dem Sohn und dem Heiligen Geist als von «Personen» der Dreifaltigkeit. Natürlich ist nur «der Sohn» eine *menschliche* Person – und das ist es, was Person heute für uns bedeutet. Das ist zum Teil ein rein sprachliches Problem.

FC: Ich muß gestehen, daß ich diese Diskussion über den persönlichen Gott immer noch nicht wirklich begreife.

DSR: Könnten Sie mir sagen, wo Ihre Schwierigkeiten liegen?

FC: Versuchen wir es einmal so. Wenn Sie sagen, Personenschaft ergebe sich aus den Beziehungen zu anderen, dann wird eine Person um so reicher, je vielfältiger diese Beziehungen sind. Sie sprechen also über Beziehungen zu anderen Menschen, und als tiefer Ökologe würden Sie die gesamte lebende Natur, den Kosmos als Ganzen mit einbeziehen. Das ist ein unermeßlicher Reichtum. Je mehr man das erweitert, desto reicher wird die Persönlichkeit. Dafür brauche ich aber keinen persönlichen Gott mehr, zumindest nicht in einem Sinne, den ich noch verstehe. Da genügt mir vollständig die buddhistische Haltung.

DSR: Richtig. Glücklicherweise beschäftigen sich gegenwärtig immer mehr Theologinnen damit.

TM: Das Thema der Frau in der Kirche zeigt sich jetzt in neuem Licht. Man wird sich in Verbindung mit dem gesamten Paradigmenwechsel damit befassen müssen, in den Geisteswissenschaften und in der Theologie.

DSR: Dafür wird es ja auch höchste Zeit!

FC: Wie gehen Sie ganz persönlich in Rede und Schrift damit um? Ich finde es unmöglich, den Ausdruck «Gott» zu verwenden, wegen des patriarchalischen Ballastes. Andererseits finde ich «Gott» als «sie» unnatürlich und künstlich.

DSR: Ich sage manchmal «sie», wenn ich von Gott spreche. Normalerweise jedoch, wenn ich das Wort «er» oder «sie» oder «es» gebrauchen müßte, versuche ich, das Wort Gott zu wiederholen. «Gott schafft uns nach Gottes eigenem Abbild» – um ein Beispiel zu nennen. Ich sage nicht nach Seinem oder Ihrem Abbild, sondern Gott erschafft nach Gottes Abbild. Ich wiederhole also den Ausdruck. Das ist einer von vielen kleinen Tricks, die man benutzen muß. Man muß gesellschaftlich Stellung nehmen gegen die Ungerechtigkeit in der Kirche und in der christlichen Überlieferung, die Frauen immer noch die Gleichberechtigung verweigert. Wir kämpfen dagegen im Kloster und auch individuell. Viele mönchische und andere religiöse Gemeinschaften sind jetzt dabei, die Texte neu zu übersetzen. Man kann jeweils für «er» andere Ausdrücke verwenden.

So wurden beispielsweise die Psalmen, die beim täglichen Gottesdienst zitiert werden, in nicht-sexistische Sprache neu übersetzt und werden jetzt in dieser Form gebraucht. Vor kurzem erst haben wir neue Bücher erhalten. Doch bleibt das ein dorniges Thema, an dem noch viel gearbeitet werden muß.

TM: Es ist ein soziologisches, theologisches und spirituelles Problem. Langsam wird mir klar, daß einige der Eigenschaften Jesu, die wir als göttlich erkennen, ja, sogar viele, wenn nicht gar die meisten, im Grunde typisch weibliche Eigenschaften sind – etwa Barmherzigkeit, Güte, Vergebung, Bezogenheit, Achtung des Individuums, und so weiter. Da könnte man die ganze Liste hinuntergehen.

DSR: Wir sollten auch nicht unsere heutige Vorstellung von einem Vater in den Begriff «Vater» projizieren, wie Jesus ihn auf Gott anwandte. Spricht Jesus von einem Vater, besonders typisch im Falle des verlorenen Sohnes, dann handelt dieser Vater in jeder Hinsicht wie eine liebevolle jüdische Mama. Er sieht seinen Sohn schon von weitem kommen, läuft ihm entgegen und ruft aus: «O mein Sohn, wie siehst du nur aus! Deine Kleider sind schmutzig und zerlumpt. Komm! Ich will dir zu essen geben, dir neue Kleider schenken und einen Ring an deinen Finger stecken.» Und dann geht er hin und bereitet ein großes Festmahl vor. Und all das ist der Vater! All das meint Jesus, wenn er «Vater» sagt.

FC: Die jüdische Gesellschaft jener Tage war aber doch eine durch und durch patriarchalische Gesellschaft.

DSR: Das war sie. Und es ist historisch gut belegt, daß Jesus sich Feinde machte, weil er Frauen als gleichberechtigt behandelte, was die Gesellschaft nicht akzeptierte.

FC: Andererseits muß man auch erkennen, daß das traditionelle Vaterbild sich langsam wandelt. Meine jetzt zweijährige Tochter erlebt keinen distanzierten Vater. In ihrem Alltagsleben ist sie emotional beiden Elternteilen verbunden. Wacht sie in der Nacht auf, dann ruft sie genausooft nach «Daddy» wie nach «Mammy». Für sie sind wir beide vollständig gleich.

DSR: Wenn sie älter wird und hört, daß man von Gott als dem
«Vater» spricht, wird sie das nicht festlegen. Wir jedoch haben
diese stereotype Vorstellung vom Wesen eines Vaters, wie Sie
sie gut beschrieben haben. Deshalb denken wir, wenn wir von
Gott als dem Vater sprechen, sofort daran, daß wir Gottes
Liebe verdienen müssen. Nach unseren stereotypen Vorstellun-
gen liebt ein Vater uns nur unter der Bedingung, daß wir uns
nach seinem Wunsch und Willen entwickeln, während eine
Mutter uns bedingungslos liebt. Da wir niemals von Gott als
Mutter sprechen, vergessen wir das Herzstück der christlichen
Botschaft, daß nämlich Gott uns bedingungslos liebt. Man
muß sich Gottes Liebe nicht verdienen.

Vom «Abbild» zur «Ähnlichkeit»

FC: Wir haben von der Rolle des Menschen in der Natur und
von *unserer* Vorstellung von Gott gesprochen. In welchem
Sinne werden nun aber *wir* nach dem Abbild Gottes geschaffen?

DSR: Wir haben eine gewisse Ahnung, wie Gott sein mag. In
welcher Weise ähneln wir tatsächlich Gott? Ich würde sagen,
wir wissen nicht, wie Gott sein mag, ausgenommen in unseren
erhabensten Augenblicken, die wir in diesem Kontext stets als
Ausgangspunkt nehmen müssen. In diesen mystischen Augenblicken wissen wir, daß wir das Göttliche als unser innerstes
Selbst berührt haben. Das heißt es, wenn gesagt wird, wir seien
nach Gottes Abbild geschaffen.

TM: Genauso ist es. Das ist das richtige theologische Verständnis. Die Aussage dieses Glaubenssatzes, wir seien nach
dem Bilde Gottes geschaffen, besagt nicht, daß wir auf irgendeine Weise Gott vergleichbar seien, sondern daß wir eine Beziehung zu Gott haben, die unvergleichbar ist, jedoch unserer Exi-

stenz zugehört. Es ist ein Mysterium und dennoch eine Wirklichkeit, die wir entdecken können, wenn wir zum tiefsten Punkt und Zentrum unseres Seins gelangen.

Das ist jedoch nicht einfach eine statische Wirklichkeit. Die Überlieferung der Ostkirche postuliert eine Spannung zwischen den statischen und dynamischen Dimensionen dieser Beziehung, und zwar durch unterschiedlichen Gebrauch der Ausdrücke «Abbild» und «Ähnlichkeit». Wir wurden nach dem Abbild Gottes geschaffen. Mit anderen Worten – wir wurden geschaffen mit der Möglichkeit intimer, mystischer Beziehungen zu Gott, und wir wachsen dann in einen Zustand der Ähnlichkeit hinein. Wir erleben im Laufe des menschlichen Lebens also eine fortschreitende Entfaltung des Abbilds.

FC: Dann wäre der Ausdruck «Abbild» irreführend. Zeichnet man beispielsweise das Abbild einer Blume, dann ist das gewöhnlich ein Umriß der Blume, der einige ihrer Charakteristika aufweist, wenn auch nicht unbedingt sehr viele.

TM: Man darf das nicht mit einem gezeichneten Abbild vergleichen. In der Bibel besagt dieser Ausdruck, daß unsere Beziehung zu Gott der eines Kindes zu seinen Eltern ähnelt. Das Kind ist keine Zeichnung, keine Fotokopie eines Elternteils, sondern ist Abbild der Eltern und weist Ähnlichkeit mit ihnen auf.

FC: Oh, ich verstehe. So ist das also gemeint!

TM: Es ist ein neues Leben, dessen Ursprung das Leben des Vaters ist.

DSR: Im Hebräischen wird ein Wort verwendet, das an anderen Stellen mit «Idol» oder Abbild übersetzt wird. Wobei gesagt werden muß, daß sich die gesamte hebräische Bibel und das Neue Testament fortlaufend gegen die Verehrung von Abbildern aussprechen. In positivem Sinne wird das Wort Abbild nur in einem einzigen Zusammenhang verwendet, nämlich wenn es heißt, wir seien als Gottes Abbild geschaffen. Mit anderen Worten, wir Menschen sind die einzige Repräsentation Gottes.

FC: Aber ein Abbild ist doch wie das Abbild der Blume. Es ist eine Statue, ein Kunstwerk, das das Göttliche repräsentiert.

TM: Für mich ist der Gebrauch dieses Ausdrucks paradox. Die Tatsache, daß dies die einzige positive Verwendung ist, läßt darauf schließen, daß es sich hier um ein subtiles Element typisch hebräischer Ironie handelt. Wie dem auch sei – will man Gott verehren, muß man sich dem Menschen, anders ausgedrückt, dem eigenen Herzen zuwenden.

DSR: Das weist doch aber auch auf einen erheblichen Unterschied hin zwischen dem philosophischen Gott, von dem wir eine klare Vorstellung haben, und dem biblischen Gott, von dem man nur sagen kann, alles, was wir über ihn wissen, ist, daß Gott uns in irgendeiner Weise ähnlich ist. In unserem Leben entdecken wir jene Gotteswirklichkeit, nicht auf statische, sondern auf lebendige Weise, indem wir wir selbst werden. Unsere Lebendigkeit ist ein Abbild von Gottes Lebendigkeit. Vielleicht können wir so mit zeitgenössischen Begriffen die Aussage umschreiben, daß wir nach Gottes Abbild und ihm ähnlich erschaffen wurden. Lebendigkeit ist der vergleichbare Aspekt hinter der Vorstellung vom «Abbild».

FC: Vielleicht könnten wir das in gewissem Sinne mit der Vorstellung vergleichen, daß jemand sich verliebt. Denn wenn wir ein Gipfelerlebnis haben – und sich verlieben ist ganz gewiß eine Art Gipfelerlebnis –, dann entdeckt man, daß die betreffende Person etwas in uns selbst anspricht, etwas in Bewegung bringt. Da entsteht eine Resonanz, eine Saite wird angeschlagen. In einem sehr tiefen Sinne ist er oder sie dir gleich, und du gleichst ihm oder ihr. Das wäre dann vielleicht eine Ähnlichkeit im Sinne einer Resonanz. Resonanz ist ganz gewiß ein dynamisches Phänomen und das Erleben dieser Resonanz ein Gipfelerlebnis.

DSR: Doch in solchen Augenblicken, in denen man sich verliebt, erfährt man nicht nur, daß die geliebte Person uns ähnelt. Vielmehr ergibt sich die Hälfte der Gefühlserregung aus der Erfahrung, daß die andere Person so *völlig anders* ist als man selbst und man paradoxerweise doch zusammenpaßt. Jemand, der wirklich ganz und gar anders ist, ähnelt uns so ganz und gar. Diese Erfahrung spiegelt sich auch in unserer Beziehung zum Göttlichen wider. Einerseits kennen wir Gott als unser innerstes Selbst, andererseits als das absolut Andere, das ganz und gar Andere.

TM: Das Wesen der Mystik besteht meines Erachtens darin, daß diese beiden Erfahrungen zusammenfallen.
Ich möchte noch einen anderen theologischen Faden weiterspinnen, der mit der Vorstellung vom Menschen als Abbild Gottes zusammenhängt und vielleicht in der Theologie vergessen wurde: Der Mensch als Abbild des Universums, als Abbild der Totalität der erschaffenen Wirklichkeit. Dieser Gedanke wird sehr einfach von Gregor I. (dem Großen) ausgedrückt. Er sagt, der Mensch habe etwas von den Engeln, etwas von den Vögeln, etwas von den Blumen, etwas von den Steinen.

DSR: Ist es das, was wir den Mikrokosmos nennen?

TM: Ja. Es ist natürlich die klassische Idee vom Menschen als Mikrokosmos, der den Makrokosmos oder die totale Wirklichkeit widerspiegelt. Meines Erachtens besagt sie auch, daß die Selbstverwirklichung des Menschen nur möglich ist, insoweit er sich der fundamentalen Bezogenheit zu jedem einzelnen Element des Kosmos, zu jedem einzigen Element der Schöpfung bewußt ist.

FC: Die Idee vom Menschen als Mikrokosmos, der den Makrokosmos widerspiegelt, ist ja sehr alt, und ist bekannt als die hermetische Überlieferung*. Es handelt sich um die Idee einer Ähnlichkeit von Mustern, die auch in der modernen Naturwissenschaft existiert. Gregory Bateson prägte das Wort vom «Muster, das verknüpft». Gemeint ist das Muster, das wir mit dem Kosmos gemeinsam haben. In diesem Zusammenhang denke ich stets an das wunderschöne Goethewort: «Wär nicht das Auge sonnenhaft, die Sonne könnt es nie erblicken.» Da besteht ein Zusammenhang. In heutiger wissenschaftlicher Ausdrucksweise könnten wir es so formulieren, daß wir aufs engste mit allem verbunden sind, was wir beobachten. Wir bringen etwas in unsere Beobachtung hinein. Was wir beobachten, hängt davon ab, wie wir es betrachten. Dieser gesamte Zusammenhang ist ein Zusammenhang von Mustern.

---

* Abgeleitet von Hermes Trismegistos; die auf ihn bezogene spätere Literatur ist von einem populären Platonismus mit aristotelischen und mythischen Einflüssen bestimmt. (Anm. d. Übers.)

2. Verschiebung von der Struktur zum Prozeß

FC: Das zweite Kriterium des neuen Denkens in der Naturwissenschaft ist eine Verschiebung von der Struktur zum Prozeß. Im alten Paradigma glaubte man, es gebe fundamentale
Strukturen sowie Kräfte und Mechanismen für deren Interaktion, was schließlich Prozesse in Gang bringe. Im *neuen Paradigma* gilt jede Struktur als Manifestation eines ihr zugrunde
liegenden Prozesses. Das ganze Beziehungsgewebe ist zutiefst
dynamisch.

TM: Auf theologischer Seite entspräche das einer Verschiebung von der Offenbarung als zeitloser Wahrheit zur Offenbarung als historischer Manifestation. Im alten Paradigma
meinte man, es gebe einen feststehenden Bestand von überna-
türlichen Wahrheiten, die Gott uns zu offenbaren beabsich-
tigte. Doch galt der Prozeß, durch den Gott sie offenbarte, als
zufallsbedingt und war daher von geringer Bedeutung. Im
neuen Paradigma ist der dynamische Prozeß der Heilsgeschichte selbst die großartige Wahrheit von Gottes Selbstmanifestation. Die Offenbarung an sich ist ihrem ganzen Wesen
nach dynamisch.

DSR: Ist diese Betonung der Dynamik jetzt klar? Früher
glaubten wir, es komme nur auf klar artikulierte Glaubenssätze
an. Heute erkennen wir, daß in Wahrheit unsere Interaktion
mit der göttlichen Wirklichkeit entscheidend ist. Hin und wieder erwischen wir einen flüchtigen Blick darauf, der immerhin
klar genug ist, daß wir ihn zum Ausdruck bringen können.

Doch reicht der Ausdruck niemals an die Wirklichkeit heran, die wir erfahren. Es ist also der Erfahrungsprozeß unserer Interaktion mit dem Göttlichen, was wirklich zählt – das Wandern auf dem Wege, nicht die Kilometersteine.

Geist und Materie

FC: Ja, das ist mir klar. Wenden wir uns nunmehr einer besonderen Art von Prozessen zu, den Prozessen des Lebens. In der neuen Theorie der lebenden Systeme werden die Prozesse des Lebens als essentiell geistige Prozesse angesehen. Tatsächlich wird Geist als ein Prozeß definiert. In dieser Theorie ist die Beziehung zwischen Geist und Materie eine Beziehung zwischen Prozeß und Struktur. Es gibt keinen Geist ohne Materie, beide sind komplementär. Dementsprechend wäre jedes Phänomen frei schwebender Geister ohne eine materielle Entsprechung unmöglich. Was bedeutet das für die Vorstellung eines göttlichen Gottes ohne jede Materie?

DSR: Geist bedeutet Leben. Es ist das Leben von irgend etwas. Und laut Panikkar ist diese Vorstellung von Geist ohne jede Beziehung zu irgendeiner Form von Materie nichts als eine philosophische Verirrung, die der Wirklichkeit nicht gerecht werden kann. Rahner, *der* katholische Theologe unseres Jahrhunderts, ist gewiß ein vorsichtiger Denker. Und doch zögert auch er, irgendeine Vorstellung von nicht mit Materie verbundenem Geist zu akzeptieren. Für mich sind Geist und Materie zwei Seiten derselben Medaille, zwei miteinander verwobene Aspekte der Wirklichkeit.

TM: Der Gegensatz zwischen Geist und Materie, der zentrale Punkt des Denkens von Descartes, erledigt sich also mit dem Verfall des alten Paradigmas ganz allgemein.

DSR: Gilt das auch für die Theologie des alten Paradigmas?

TM: Ja. Bedenken Sie, daß die katholische Theologie trotz ihres Festhaltens an der Wirklichkeit spiritueller Wesen, etwa von «Engeln», deren Natur nicht definiert. Theologen haben verschiedene Hypothesen vorgeschlagen, von denen jedoch keine ein Glaubensdogma ist.

Für mich ist ein *erschaffener*, von der Materie getrennter Geist undenkbar. Materie ist dasjenige, was dem geistigen Prozeß die Richtung weist. Es kann keinen geistigen Prozeß geben, der einfach im Leeren schwebt. Was die Vorstellung von *Gott* als GEIST* anbetrifft – so ist das für mich nur ein anderer Weg, die gesamte Frage der Transzendenz anzusprechen. Hat man ein richtiges Konzept von Transzendenz, dann spricht man von Gott als GEIST. Das bedeutet jedoch nicht, daß in Gott ein «geistiger Prozeß» stattfindet oder er einen solchen darstellt. Gott transzendiert *beides*, Geist und Materie, oder, wie Johannes von Damaskus sagte: «Gott ist jenseits aller Namen und jenseits allen Seins.»

Selbstorganisation

FC: Das Seltsame am Konzept der Selbstorganisation ist, daß man sie als von «dreifaltiger» Natur beschreiben kann, nämlich mit folgenden Aspekten: das Muster der Organisation, die Struktur und der Prozeß.

Das Muster der Selbstorganisation ist die Gesamtheit aller Zusammenhänge zwischen den Systemkomponenten. Wichtig dabei ist, daß dieses Muster auf abstrakte Weise beschrieben werden kann, ohne Bezugnahme auf Raum, Zeit, Energie, Materie und alle sonstigen Begriffe der Physik und Chemie. Es ist also ein abstraktes Muster von Zusammenhängen.

---

* Im Engl. *spirit* im Gegensatz zu dem zuvor gebrauchten *mind*. (Anm. d. Übers.)

Die Verwirklichung dieses Musters in konkreten lebenden Systemen ist die Struktur, die mit physikalischen und chemischen Begriffen beschrieben wird. Die meisten Biologen begehen heute den Fehler, auf der Ebene der Struktur zu arbeiten und zu glauben, zunehmend größeres Wissen über die Struktur werde sie dazu bringen, schließlich alles über das Leben zu erfahren. Sie werden jedoch niemals wissen, was Leben ist, solange sie sich auf die strukturellen Aspekte beschränken. Nur wenn sie auch das Muster berücksichtigen, werden sie in der Lage sein, das Phänomen Leben zu begreifen.

Die kontinuierliche Verwirklichung des Musters der Selbstorganisation erfordert einen dynamischen Prozeß, den Lebensprozeß. Und der ist im wesentlichen ein geistiger Prozeß. Das ist dann der dritte Teil.

DSR: Wenn nun der Schritt vom Muster zum Prozeß seiner Verwirklichung erfolgt – wie läßt sich dann die Idee vermeiden, man könne zum Beispiel durch das Studium der Neurophysiologie das Verständnis psychischer Prozesse erlangen?

FC: Das Muster läßt sich nicht aus der Struktur ableiten. Man muß es erkennen, es beobachten.

DSR: Diejenigen, die in dieser Richtung arbeiten, tun es doch aber in der Meinung, sie würden schließlich dahin gelangen. Vielleicht ist Ihr Begriff des Prozesses eine Sicherung dagegen. Wie können Sie diese Warnung eindeutig zum Ausdruck bringen?

FC: Nun, ich kann sagen, ob ein bestimmtes System sich selbst organisiert oder nicht. Stellen Sie jedoch die Bedingung, daß ich mich dabei auf die Sprache der Physik und Chemie beschränken muß, dann werde ich dazu nicht imstande sein. Ich muß über den materiellen Aspekt hinausgehen und von abstrakten Mustern von Zusammenhängen sprechen.

Die Dreifaltigkeit

DSR: Meiner Ansicht nach könnte man in diesem Kontext die grundlegende theologische Aussage erforschen, daß ausschließlich die Zusammenhänge uns erlauben, innerhalb eines dreifaltigen Gottes von einer Verschiedenheit von Personen zu sprechen.

FC: Ich habe das als dreifaltige Theorie bezeichnet, weil Prozeß eindeutig mit Geist assoziiert werden kann. Struktur läßt sich ohne weiteres mit Fleisch assoziieren. Und das Organisationsmuster oder Organisationsprinzip läßt sich dann mit dem Vater assoziieren, meine ich.

DSR: Das fleischgewordene Wort nennt man auch das Abbild des unsichtbaren Gottes. Das Unsichtbare ist das Muster für das Sichtbare.

FC: Das ist eine verlockende Parallele.

TM: Es könnte eine ebenso legitime Parallele sein wie andere, die in der Vergangenheit aufgestellt wurden, etwa die vom heiligen Augustin verwendeten Parallelen: Der Vater als Gedächtnis, der Sohn als Verstand, der Heilige Geist als Wille. Auf jeden Fall arbeiten wir an der Theologie einer, wie ich es nennen würde, «praktisch angewandten Dreifaltigkeit», der drei göttlichen Personen, wie sie mit uns die Heilsgeschichte darstellen. Mit dieser neuen Metapher müßten wir dann auch von einer Kosmo-Geschichte sprechen.

Evolution und Teleologie

FC: In diesem Zusammenhang möchte ich einen anderen Begriff erörtern, nämlich den der Evolution. Sprechen wir von Lebensprozessen, dann führen diese zu einem Weg der Entwicklung, sowohl in Hinsicht auf individuelle Organismen wie auch auf die Evolution der Spezies.

Die Theorie der Selbstorganisation besagt, dieser Weg habe kein Ziel. Man spricht vom «Driften», und zwar von einem ontogenischen und einen phylogenischen. Dieses Driften ist eine kontinuierliche geistige Reaktion auf Umwelteinflüsse. Jede Stufe zeugt dabei von Kreativität. Aus diesem Grunde entwickeln zwei Organismen sich in verschiedenen Richtungen und bringen unterschiedliche Individualitäten oder Persönlichkeiten hervor. Es gibt jedoch keinen Plan, keinen Entwurf und keine Richtung.

DSR: Glauben Sie das wirklich?

FC: Ich habe mir noch keine Meinung gebildet.

DSR: Kein Plan – von mir aus. Kein Entwurf, um so besser. Aber keine Richtung? Das scheint mir wirklich problematisch.

TM: Besteht in diesem Fall ein durchgängiger Konsens? Oder gibt es andere Wissenschaftler, die das mehr teleologisch sehen?

DSR: Teleologie ist heute für viele Naturwissenschaftler ein schmutziges Wort. Doch meine ich, wir brauchen es hier in irgendeiner Form. Ohne Zielgerichtetheit lassen sich die von uns beobachteten Phänomene einfach nicht erklären. Wenn wir nicht einsehen, daß Zielrichtung selbst in subatomaren Teilchen vorhanden ist, dann riskieren wir es, den Menschen über die Natur zu stellen. Wir Menschen wissen, was Zweck ist, und handeln zielstrebig. Trennt uns das von der übrigen Natur? Ich glaube nicht.

Ich habe jedoch gemerkt, daß Sie stark auf das reagierten, was ich gesagt habe, Fritjof.

FC: Was meinen Sie mit Zielgerichtetheit?

DSR: Daß man sich irgendwie ein Ziel vorstellt und es dann anstrebt. Also das Gegenteil von ziellosem Driften.

FC: Ich persönlich sehe es so. Betrachtet man einen Organismus in einer Umwelt, dann stellt man fest, daß er sich entwickelt, sich vorwärts bewegt. Und dann fragt man sich – steckt dahinter ein Ziel oder driftet er einfach? Begibt man sich nun von dieser auf eine umfassendere Ebene, dann sieht man, daß die Bewegungen der kleineren Organismen Teil des Organisationsmusters des größeren Systems sind. Das scheint mir absolut eindeutig.

Ein Beispiel. Betrachten Sie eine einzige Blutzelle in meinen Adern und folgen ihrem Weg, dann sieht es so aus, als drifte sie. Sieht man sich dann jedoch den ganzen Körper an, dann könnte man sagen: «Ich habe meinen Finger verletzt, und jetzt reagiert mein Immunsystem darauf.» Es gibt eine globale Reaktion auf die Verletzung, und aus diesem Grunde schlägt die Blutzelle diesen Weg ein. Für mich steht fest, daß Bewegung und Entwicklung eines Teils zum Organisationsmuster des umfassenderen Systems gehören. In diesem Sinne erkenne ich eine Zielrichtung.

DSR: Damit bin ich zufrieden. Doch kann ich die Vorstellung nicht akzeptieren, daß wir durch blindes Driften, durch reinen Zufall, zu etwas so Komplexem gelangen wie es beispielsweise ein Auge ist.

FC: Die Wissenschaftler sprechen nicht von Zufall; es handelt sich hier nicht um die Anschauung von Monod. Es ist alles sinnvoll, eine geistige Reaktion, eine Ko-Evolution von Organismus und Umwelt, wobei die Umwelt ebenfalls lebendig ist.

DSR: Dem, was Sie eben sagten, kann ich zustimmen. Wenn ich Sie richtig verstanden habe, so ging die Naturwissenschaft früher im Rahmen des alten Paradigmas von der Grundlage zusammenhangloser Dinge aus. Sie arbeiteten sich dann nach oben bis zu einer prächtigen Harmonie, in der alles in einem wunderschönen Tanz zusammenschwingt. Nun aber fängt man an der Spitze an, beim Ziel, dem *telos*, dem Ganzen. Dann sieht die Sache natürlich ganz anders aus.

FC: So ist es. Man muß die Dynamik des Ganzen verstehen, um die Eigenschaften der Teile begreifen zu können. Lassen Sie mich jedoch die Vorstellung von der Zielgerichtetheit noch etwas weiter verfolgen. Ich denke da an Joseph Campbell, der wiederholt betont hat, die Ewigkeit sei nicht «eine lange Zeit» sondern *außerhalb* der Zeit.

DSR: Wie Augustinus es definiert: «Das Jetzt, das nicht vergeht.»

FC: Wenn Ihr Denken dahin geht, wie können Sie dann von Ausrichtung auf ein Ziel sprechen? Ein Jetzt, das nicht vergeht – wie kann darin ein Ziel stecken?

TM: Genau das ist es. Gott kennt kein Ziel, Gott *ist* einfach.

DSR: Aber *in* der Zeit gibt es doch eine Entfaltung von Sinn.

FC: Ich meine, wir vollführen hier einen Balanceakt an der Grenze sachlicher Sprache. Für die Poesie ist das kein Problem. Nehmen wir zum Beispiel die berühmte Zeile von Blake: «Du hältst die Unendlichkeit in der Fläche deiner Hand.»

DSR: Das ist der weiteste Kontext. Ich bin aber immer noch beim Thema Zielrichtung. Der heilige Augustinus sagt, alles werde von Liebe bewegt. Wir lieben, was uns anzieht. Da ich das bei uns Menschen so deutlich erkenne, neige ich zu dem Glauben, das sei nicht erst mit uns oder sogar mit den Tieren in die Welt gekommen, sondern muß es schon in der Welt der Pflanzen und sogar in der Welt der Materie gegeben haben.

FC: Nein, ich glaube, das ist wirklich erst mit dem menschlichen Bewußtsein in Erscheinung getreten. Wir haben ja schon vorhin von Bewußtsein und Zielgerichtetheit gesprochen.

TM: Ja, und zwar im Kontext der Bibel, die stets «Zielgerichtetheit» mit dem Begriff der «Zeit» verbindet. Interpreten und Theologen sprechen gewöhnlich davon, die Bibel habe eine «lineare» Zeitanschauung. Das ist jedoch nur eine Metapher. Eine andere spricht von Zeit als einer großen Leere, die aufgefüllt wird, um immer größere Dichte zu erreichen. Wir lesen, Christus sei «in der Fülle der Zeit» gekommen, und auch der Sieg der Liebe, des Lebens über den Tod werde in der «Fülle der Zeit» kommen. Diese Anschauung von Zeit und damit von Zielgerichtetheit hat weder Richtung noch ist sie linear, ist aber dennoch theologisch gültig.

FC: Frühere Kulturen hatten und selbst heutige Stammeskulturen haben eine viel stärkere zyklische Vorstellung von Zeit, die aus der Natur hergeleitet ist. Ich habe immer gehört, es sei ein Charakteristikum der christlichen Überlieferung, die Geburt Christi als Markstein zu postulieren und von da ab linear bis zur Auferstehung der ganzen Schöpfung als Endpunkt zu zählen.

TM: Wie wir das mit unserem normalen Kalender tun, wenn wir von Christi Geburt rückwärts – «vor Christi Geburt» – beziehungsweise vorwärts – «nach Christi Geburt» – zählen. Auch das ist eine Metapher.

FC: Doch wie unterscheidet die Theologie von heute sich davon? Das würde mich interessieren.

TM: Hierüber gibt es unter Theologen keine Einmütigkeit. Doch finde ich die These des Teilhard de Chardin vom «Omega Punkt» sehr anziehend. Zeit und Zielsetzung laufen an einem Punkt jenseits des Menschen zusammen, den Teilhard als den kosmischen Christus identifiziert.

DSR: Mir kommt es darauf an, daß wir die christliche Botschaft nicht so sehr auf ihren historischen Rahmen begrenzen. Was wir Christen als das Göttliche ansehen, das sich im Kosmos und besonders in der Menschheitsgeschichte ausdrückt, muß in der einen oder anderen Form allen Menschen zugänglich sein. Das könnte eher in kosmischen als historischen Begriffen ausgedrückt werden, durch Überlieferungen, die nicht so sehr an der geschichtlichen Entwicklung interessiert sind.

TM: Das scheint mir recht zutreffend, und ich glaube, die Theologie hat heute eine Chance, die nur mit der in der frühesten Periode des Christentums vergleichbar ist, als die Christen sich zwischen einzelnen Perioden der Verfolgung mit einem beachtlichen Grad von Freiheit und intellektueller Klarheit den großen philosophischen Strömungen der Antike öffneten. Gegenwärtig haben wir für theologische Kreativität eine ebenso große goldene Chance.

DSR: Und heute haben wir es nicht nur mit der hellenistischen Welt des Mittelmeeres, sondern mit der ganzen Welt zu tun.

173

TM: Mit der ganzen Welt und mit Kulturen, die uns mehr zu bieten haben, als die hellenistische Kultur den großen frühchristlichen Schriftstellern bot. Der Zugang zu hinduistischen und buddhistischen Texten in ihrer Originalsprache und in guten Übersetzungen bietet Chancen, die unvergleichlich größer sind als die, die der heilige Irenaeus und der heilige Justinus (der Märtyrer), oder später der heilige Basilius (der Große) und der heilige Gregor von Nyssa hinsichtlich der philosophischen Strömungen ihrer Epoche hatten.

DSR: Erkennen Sie Anzeichen, daß wir beginnen, diese Chancen zu nutzen?

TM: Nun ja, es gibt Anzeichen, daß wir damit beginnen. Aber es sind erst Hinweise und nur ein Anfang.

3. Wende von der objektiven zur «epistemischen» Naturwissenschaft

FC: Mein drittes Kriterium für das neue naturwissenschaftliche Denken ist eine Wende von der objektiven Naturwissenschaft zu einer «epistemischen», wie ich es nenne. Im alten Paradigma galten naturwissenschaftliche Beschreibungen als objektiv, also unabhängig vom menschlichen Beobachter und dem Erkenntnisprozeß. Im neuen Paradigma geht man davon aus, daß die Epistemologie, das Verstehen des Erkenntnisprozesses, explizit in die Beschreibung der Naturphänomene einbezogen werden muß. Es gibt zwar keinen Konsens darüber, was die angemessene Epistemologie sei, doch entwickelt sich langsam ein Konsens, *daß* sie integraler Bestandteil jeder wissenschaftlichen Theorie sein muß.

TM: Im Lager der Theologie entspräche dem eine Wende von der Theologie als einer objektiven Wissenschaft zur Theologie als Erkenntnisprozeß. Im alten Paradigma galten theologische Aussagen als objektiv, das heißt als unabhängig von der gläubigen Person und dem Erkenntnisprozeß. Für das neue Paradigma gilt, daß das Nachdenken über nichtbegriffliche intuitive, gefühlsmäßige, mystische Wege des Erkennens ausdrücklich in den theologischen Diskurs einbezogen werden muß. Kein Konsens besteht jedoch darüber, welchen Anteil begriffliche und nichtbegriffliche Wege des Erkennens integraler Bestandteil der Theologie sind.

DSR: Darf ich Ihnen, Fritjof, eine Frage stellen, um die Diskussion in Gang zu bringen? Sie sagten eben, im Augenblick gebe es noch keinen Konsens darüber, was die angemessene Epistemologie sei. Dennoch haben Sie sich jetzt eine Zeitlang mit dieser Frage beschäftigt, und ich bin sicher, Sie haben darüber viel nachgedacht. Haben Sie denn eine Ahnung, in welcher Richtung man nach dieser Epistemologie Ausschau halten sollte.

FC: Ich denke, die Leute in vorderster Linie dieser Forschung neigen zu der Ansicht, der Konstruktivismus sei die geeignete Epistemologie. Er besagt, was wir beobachten, sei nicht eine objektiv existierende und dann repräsentierte Welt. Es sei vielmehr eine Welt, die erst im Prozeß des Erkennens erschaffen wird. Maturana und Varela drücken das so aus: «Die Welt wird im Prozeß des Erkennens *hervorgebracht.*»

DSR: Es ist doch erstaunlich, daß diese Einsicht schon vor so langer Zeit durch den Mythos vorweggenommen wurde: Gott spricht das Wort aus, das sein Erkennen ausdrückt, und mit diesem Prozeß erschafft Gott die Welt. Das scheint mir eine echte Parallele zu sein. Damals war es eine Art Theologie durch einen Mythos. Heute entwickelt sich ein ähnlicher Gedankengang aus naturwissenschaftlichem Denken: daß der Geist im Prozeß des Erkennens Dinge hervorbringt.

FC: Bei meinem Verständnis der Erschaffung der Welt geht es nicht darum, daß es da draußen weder Materie noch Energie gibt, und wir sie erschaffen, sie materialisieren. Das ist damit nicht gemeint. Es gibt eine Wirklichkeit, jedoch weder Dinge, noch Bäume, noch Vögel. Diese Muster sind es, was wir erschaffen. Sobald wir uns auf ein besonderes von ihnen konzentrieren und es dann vom Rest trennen, wird es zu einem Objekt. Verschiedene Menschen werden das auf verschiedene Weise und verschiedene Spezies auf ihre Art tun. Was wir sehen, hängt von der Betrachtungsweise ab. In der Physik kam Heisenberg auf dramatische Weise zu dieser Erkenntnis.

Als Analogie hierzu nehme ich den Rohrschach-Test. Stellen Sie sich einen solchen Test mit nur einem statt mehreren Tintenkleckse vor, in dem alles zusammenhängt. Nun frage ich Sie: «Was sehen Sie in dem Teil da drüben?» Sie antworten vielleicht: «Ich sehe ein Segelboot.» Dann frage ich Thomas, und er antwortet: «Ich sehe ein Eichhörnchen.» Wie kann er ein Eichhörnchen und wie können Sie ein Segelboot sehen? Weil jeder von Ihnen die Dinge etwas anders aus dem Ganzen heraustrennt. Dazu kommt dann natürlich noch die persönliche Deutung und anderes. Der Unterschied liegt jedoch in der Art des Herausschneidens. Also ist die Subjektivität im Beobachtungsprozeß aufs engste mit dem Zusammenhang aller Dinge verknüpft. Ist die Welt ein Netzwerk von Zusammenhängen, dann hängt das, was wir als ein Objekt bezeichnen, davon ab, wie wir es anschauen. In diesem Sinne bringen wir die Welt hervor.

DSR: Und Sie sagen, was wir in eine bestimmte Ordnung bringen, ist eine Wirklichkeit, aber nicht in dem Sinne ...

FC: Im Grunde ist es Erfahrung! Wir bringen Ordnung in unsere eigene Erfahrung.

DSR: Wir sollten hier sehr vorsichtig sein. Sie wollen anscheinend betonen, daß alles da draußen an sich nicht mehr ist als Material, das erfahren werden muß.

FC: Richtig. Und wenn man «Material» sagt, stuft man es schon in eine Kategorie ein. Es existiert *etwas*, das erfahren werden kann, und verschiedene Wesen erfahren es auf verschiedene Weise.

DSR: Thomas, gibt es in der Theologie eine Parallele zu diesem Konstruktivismus? Mich erinnert das an einen Schlüsselsatz der thomistischen Theologie: «Was immer wir empfangen, das empfangen wir in der Form des Aufnehmenden!»

TM: Das ist ein grundlegendes Erkenntnisprinzip. In allem Erkennen steckt Immanenz; es ist stets ein Erkennen im Inneren. In der Theologie wäre die naheliegendste Parallele vielleicht die Vorstellung, daß alles Erkennen eine Art Teilhabe an einem fortlaufenden Dialog mit der Wirklichkeit ist.

DSR: Und im Kontext der Offenbarung würde es bedeuten, daß nur unsere persönliche Erfahrung Gottes das ist, was wir wirklich von Gott wissen. Was wir auch immer über Gott sagen, es ist Projektion. Mit Überzeugung können wir nur über unsere eigene Erfahrung Gottes sprechen.

FC: Das würde bedeuten, daß wir Gott nach unserem Abbild schaffen, statt daß er uns nach seinem Abbild erschafft.

TM: Nicht «statt», vielmehr trifft beides zu.

DSR: Richtig. Daß beides der Fall ist, ergibt sich aus dem berühmten Satz von Meister Eckhart: «Das Auge, mit dem ich Gott sehe, ist dasselbe Auge, mit dem Gott mich sieht.» Es ist oft gesagt worden, wir könnten uns Gott gar nicht anders als uns ähnlich vorstellen. Selbst die griechischen Philosophen sagten, wenn die Frösche einen Gott hätten, wäre es ein göttlicher Frosch.

FC: Ganz bestimmt würde vieles von dem, was Sie über religiöse Erfahrung sagten, sehr gut zum konstruktivistischen Standpunkt passen. In der Naturwissenschaft kennt man ein berühmtes Wort von Einstein. Er sagte einmal, es komme ihm wie ein Wunder vor, daß unsere abstrakten mathematischen Formeln so genau der Wirklichkeit entsprechen, daß wir Dinge, die wir außerhalb beobachten, in Begriffen von Dingen beschreiben können, die wir selbst erschaffen haben. Das schien Einstein zutiefst geheimnisvoll.

Für Maturana ist das überhaupt nicht mysteriös, weil alles,

was wir tun, nur darin besteht, Erfahrungsmuster zu vergleichen. Und die ähneln natürlich einander.

DSR: Selbst das ist nicht so neu. Die griechische Definition des Menschen als *«zoon logicon»* ist mit «vernunftbegabtes Tier» nicht richtig übersetzt. An sich bedeutet es ein Tier, das den Logos besitzt, das Wort, das Prinzip des Lesens von Mustern. Das griechische *logos* ist das Muster, das aus dem Chaos einen Kosmos erschafft. Wir sind Tiere, die diesen *logos* in uns haben und deshalb den Kosmos verstehen können.

FC: Aber wir sind nicht die einzigen. Das gilt für alle Lebewesen, ausgenommen daß wir darüber nachdenken.

DSR: Wir müssen also die bedeutsame Unterscheidung treffen zwischen reflexivem Bewußtsein und Bewußtsein. Ganz offensichtlich gibt es reflexives Bewußtsein nur bei Menschen, möglicherweise bei höheren Tieren.

FC: Nach der Systemtheorie geht das reflexive Bewußtsein mit der Sprache einher. In dem Maße, in dem Tiere über Sprache verfügen, haben sie ebenfalls ein reflexives Bewußtsein. Die andere Art von Bewußtsein, die ich lieber Gewahrsein statt Bewußtsein nennen würde, besitzen nach der systemischen Sicht alle Lebewesen.

DSR: Würden Sie in Betracht ziehen, daß Gewahrsein bis hinab zu den Elementarteilchen vorhanden sein könnte?

FC: Nein. Nach dieser Theorie ist Gewahrsein eine Dimension der Selbstorganisation – ich erwähnte bereits die drei Dimensionen oder drei Aspekte: Struktur, Muster und Prozeß. Der geistige Prozeß oder das Erkennen ist als Prozeß der Selbstorganisation für alles Lebendige charakteristisch, aber er ist nicht kennzeichnend für nicht-lebende Formen.

179

DSR: Und wie tritt der Geist dann plötzlich auf?

FC: Er tritt nicht *plötzlich* auf. Die Wurzeln des Geistes reichen tief in die unbelebte Welt hinab, und Aspekte des geistigen Prozesses sind hier schon vorhanden. Aber bis zum Stadium der Zelle kommen die notwendigen Aspekte nicht zusammen. Die Zelle ist der einfachste Organismus, den wir kennen, der alle Merkmale des geistigen Prozesses aufweist.

DSR: Und was das andere Ende der Skala angeht, so kann man heute wohl sagen, daß die Wurzeln dieses reflexiven Bewußtseins schon bei den Tieren vorhanden sein mögen, die Sprache benutzen – nicht nur Signale, sondern tatsächlich Sprache, also besonders bei den höheren Primaten –, aber eben nur die Wurzeln. Das reflexive Bewußtsein entwickelt sich erst voll in der menschlichen Gemeinschaft. Und das ist das Wichtige – die menschliche Gemeinschaft!

Bewußtsein und Zielgerichtetheit

FC: Vielleicht sollte ich an dieser Stelle etwas mehr über Bewußtsein sagen. Maturana erklärt, Bewußtsein entstehe mit der Sprache, ihr Vorläufer sei Kommunikation. Er definiert Kommunikation nicht als Übermittlung einer Mitteilung über eine äußere Wirklichkeit, sondern als Koordination von Verhalten mittels kontinuierlicher gegenseitiger Interaktion. Es ist noch keine Sprache sondern eine Art Proto-Sprache. Sprache entsteht, wenn es eine Kommunikation über Kommunikation gibt. Ich zitiere ein Beispiel von Maturana: Ich stehe morgens auf, meine Katze kommt in die Küche und miaut, woraufhin ich zum Kühlschrank gehe und ihr etwas Milch gebe. Das ist dann Kommunikation, eine Koordination von Verhaltensweisen. Eines Morgens habe ich keine Milch. Wäre nun die Katze in der Lage zu sagen: «He, was ist los? Ich habe doch schon drei-

mal Miau geschrien. Wo bleibt meine Milch?» – dann wäre das
Sprache. Es wäre Kommunikation über Kommunikation. Natürlich kann die Katze das nicht tun.

Maturana nimmt das zum Ausgangspunkt für eine Analyse
von Sprache. Die erwähnte Kommunikation über Kommunikation setzt eine Struktur von Benennungen voraus, die Bateson logische Typen nennt. Dann gelangt man zur Selbst-Bezüg-
lichkeit und erhält eine Vorstellung vom Selbst, von Begriffen,
Symbolen und dergleichen. Der ganze Bereich des Selbstge-
wahrwerdens und Bewußtseins entsteht aus der Sprache. In
diesem Zusammenhang kommt Maturana zu seiner radikal-
sten Aussage. Er sagt nämlich, Bewußtsein sei im wesentlichen
ein gesellschaftliches Phänomen, weil es durch Sprache entsteht, die in einem gesellschaftlichen System operiert. Bewußtsein läßt sich weder durch Physik und Chemie, noch durch
Biologie oder Psychologie verstehen, wenn wir uns auf einen
einzelnen Organismus beschränken. Man wird Bewußtsein nur
verstehen, wenn man sich in den gesellschaftlichen Bereich begibt.

TM: Sie könnten sich auch in den der Befreiungstheologie begeben. Eine Methode, welche die gesellschaftlichen Dimensionen theologischer Erkenntnis hervorhebt, würde zu dem passen, was Sie sagen.

FC: Können Sie darüber etwas mehr sagen?

TM: In der Befreiungstheologie ist das Verständnis des Glaubens stets ein soziales Verständnis auf der Ebene der gemeinsamen Alltagserfahrung aller Gläubigen.

DSR: Ich wurde einmal von Lex Hixon von der Rundfunksta-
tion der Columbia-Universität in New York gebeten, über
Christentum zu sprechen. Ich antwortete, es schiene mir lächerlich, als einzelne Person darüber zu sprechen. Will man wirk-

181

lich übermitteln, was Christentum ist, dann muß das durch eine Gemeinschaft geschehen. Ich schlug vor, der Sender sollte eine Gruppe von Menschen zusammenführen. Wir würden gemeinsam singen, das Brot brechen und miteinander reden, so daß die Zuhörer die Atmosphäre einer Gemeinschaft spüren konnten. Das wurde dann auch getan, und wir machten stundenlang so weiter. Der Sender strahlte das Programm mehrmals aus, weil es so beliebt war. Es vermittelte das Flair christlicher Gemeinschaft.

Übrigens habe ich noch eine Frage über das Selbst.

Ich habe versucht, Ihnen zu folgen, doch haben Sie ein zu schnelles Tempo eingeschlagen. Was sagten Sie vorhin, Fritjof, über die Art, wie wir zur Vorstellung des Selbst gelangen?

FC: Das beginnt mit Objekten. Die Tatsache, daß Sie mit einem Kommunikator über das Kommunizieren sprechen können, führt zur Vorstellung eines Objekts. Aus dem Fluß der Erfahrungen kann man abstrahieren und sagen: «Das dort ist ein Objekt.» Man könnte noch ausführlicher erörtern, wie es dazu kommt, doch ist das der erste Schritt. Dann wird die Vorstellung vom Objekt auf die eigene Person angewandt, auf das System selbst. Das führt zur Idee vom Selbst als einem Ego.

DSR: Es ist sehr stimulierend, auf diese Art über das Selbst nachzudenken. Mir scheint es jedoch eher ein Umweg zu sein, um gewissermaßen von außen zur Idee vom Selbst zu gelangen. Wir brauchen nur auf unsere eigene Erfahrung zurückzugreifen. Das Selbst läßt sich im Kontext des Zugehörens begreifen. Das Selbst ist das, dem man zugehört, ob man es mag oder nicht.

FC: Aber das meine ich nicht, wenn ich vom Selbst spreche. In diesem Kontext meine ich das eingeschränkte Bild vom Selbst, das man Ego nennt. Das ist sehr wichtig, wenn man von Bewußtsein spricht, weil wir uns auf diese Weise von der wahren Wirklichkeit, in der wir leben, abstrahieren können.

Theologie zeichnet die Bibel die Wege auf, auf denen der Mensch nach und nach das Göttliche verstehen lernte. Die Geschichte der Offenbarung ist der Prozeß, über den die Theologie nachdenkt. Die offenbarte Wahrheit entspricht der Struktur, die eine Manifestation des ihr zugrunde liegenden Prozesses ist, des Prozesses der Interaktion zwischen Gott und uns.

FC: Demnach wäre also die Struktur die Lehre, und der zugrunde liegende Prozeß ist der Prozeß der Interaktion zwischen dem Menschen und dem Göttlichen, durch den diese Lehre zustande kam. Sie sprechen jedoch von Erkenntnis. Wenn Sie von Lehre sprechen, sprechen Sie von Erkenntnis.

DSR: Ja. Die Offenbarung ist ein Prozeß, durch den wir Gott kennenlernen; und die Theologie ist es auch, auf ihre eigene Weise. Können Sie noch einmal sagen, wie die Kriterien 2 und 3 sich unterscheiden, wenn wir von einer Wende in der Naturwissenschaft sprechen?

FC: Kriterium 2 wird angewendet, wenn ich mir beispielsweise einen Baum ansehe. Im Rahmen des alten Paradigmas würde ich sagen, der Baum bestehe aus bestimmten fundamentalen Strukturen – Stamm, Äste, Blätter, Wurzeln. Diese würde ich beschreiben, so gut ich kann, und würde dann sagen, daß sie auch interagieren. Anschließend würde ich die Prozesse der Interaktionen beschreiben, doch zuerst kommen die Strukturen. Im Rahmen des neuen Paradigmas würde ich sagen, der Baum sei ein Phänomen, das Himmel und Erde verbindet. Er tut es durch den Prozeß der Photosynthese, der in den Blättern stattfindet. Um ein Höchstmaß an Leistung zu erzielen, werden die Blätter auf den Ästen und Zweigen verteilt, so daß sie sich alle der Sonne zuwenden. Sie müssen ernährt werden, wofür der Baum einen Stamm braucht, und dieser wiederum die Wurzeln. So wird der Baum von der Erde wie von der Sonne ernährt, und beide mischen sich im Baum. Dabei finden vielerlei

Prozesse statt, die ihrerseits gewisse Strukturen schaffen. Das ist es, was wir sehen, wenn wir den Baum betrachten. Ich habe jetzt nicht von dem Prozeß gesprochen, wie ich Erkenntnisse über den Baum erlange, sondern nur davon, was der Baum ist.

Kriterium 3 bezieht sich auf den Prozeß des Erkennens. Das ist eine andere Ebene, und hierzu sage ich: Wenn ich über den Baum spreche, kann ich das nur tun, weil ich ihn beobachte – und worin besteht dieser Prozeß des Beobachtens? Es gibt also zwei verschiedene Prozesse. Der Prozeß des Erlangens von Erkenntnis gehört zu Kriterium 3; der Prozeß, den ich in der Natur beobachte, gehört zu Kriterium 2. Mir scheint, in der Theologie fließen beide zusammen.

DSR: Jetzt verstehe ich, was Sie meinen. Auch in der Theologie können wir deutlich zwei Kriterien unterscheiden. Sie stehen jedoch einander näher als in der Naturwissenschaft. Thomas, würden Sie bitte diese Unterscheidung mit einem Beispiel aus der Theologie erläutern? Vielleicht am Beispiel der Dreifaltigkeit.

TM: Ich werde mein Bestes versuchen. Leider muß ich dazu etwas Fachsprache verwenden, was ich zu entschuldigen bitte.

Naturwissenschaftler sprechen vom Zusammenhang zwischen «Struktur» und «Prozeß» in der Wirklichkeit. Theologen sprechen vom Zusammenhang zwischen der «immanenten» und der «ökonomischen» Dreifaltigkeit oder, um die Begriffe unseres Kriteriums 2 zu verwenden, zwischen der Dreifaltigkeit als «zeitloser Wahrheit» und als «historischer Manifestation». Lassen Sie mich das deutlich machen. Die Bibel und andere Quellen für diese Lehre sprechen von den drei göttlichen Personen Vater, Wort (oder Sohn) und GEIST im Zusammenhang mit der Erlösung des Menschen, in anderen Worten, von Gottes Verhalten uns gegenüber. «Gott uns gegenüber» bedeutet Gott, wie er sich uns durch die göttliche «Ökonomie» oder den Heilsplan für die Menschheit und den ganzen Kosmos offenbart. Die Dreifaltigkeit ist insofern «ökonomisch», als sie auf unser Leben in der Welt und die Weltgeschichte Einfluß nimmt. Doch besagt der entsprechende Satz des christlichen Glaubens, daß diese zur göttlichen Weltordnung gehörende Dreifaltigkeit die «immanente» Dreifaltigkeit ist, daß Gott, der uns vor Entfremdung errettet und uns in eine Kommunion der Liebe einbezieht, Vater, Wort und Geist IST. Der Prozeß, durch den wir etwas über das innere Leben Gottes erfahren, ist derselbe, der uns spirituell verwandelt, befreit und erleuchtet.

Man könnte die Analogie zwischen den naturwissenschaftlichen und den theologischen Kriterien noch durch die Aussage erweitern, die «Struktur» entspreche der «immanenten Dreifaltigkeit» und der «Prozeß» der «ökonomischen Dreifaltigkeit». Durch unsere Einbindung in das dynamische Gewebe von Beziehungen zu Gott – in die göttliche Ökonomie – geraten wir an einen paradoxen Wendepunkt. In der Naturwissenschaft gilt Struktur als Manifestation eines ihr zugrunde liegenden Prozesses. Die Theologie hingegen durchdringt den Prozeß und entdeckt die «Struktur» Gottes, die ihrerseits ein dynamisches Gewebe von Beziehungen ist.

DSR: Mit anderen Worten – wir sprechen nicht länger davon, daß es da draußen dreierlei «Etwas» gibt, sondern in dynamischen Begriffen darüber, wie wir in diese Wirklichkeit eingebettet sind.

TM: Genauso ist es. Wissen Sie, die Christen vergessen gelegentlich, wie die Kirche zur Erkenntnis über die Dreieinigkeit in einem Gott gelangt ist. Sie stellen sich vor, diese Lehre sei gewissermaßen säuberlich verpackt direkt vom Himmel gefallen. Wenn dem so wäre, warum mußte dann die Kirche erst in einer langen Reihe von ökumenischen Konzilen die Worte herausarbeiten, die das unaussprechliche Mysterium Gottes ausdrücken? Es gibt keine fertig verpackten Dogmen! Das mühsame Erarbeiten eines gemeinsamen Verstehens des Mysteriums ist als solches ein Moment im Prozeß von Erlösung, Befreiung und Erleuchtung. Die «ökonomische» Dreifaltigkeit, die Dreifaltigkeit, «auf die es wirklich ankommt», weil in ihr unsere menschliche Transzendenz begründet ist, IST einfach die Dreifaltigkeit Gottes, die eigene Selbsterfahrung des göttlichen Seins. Das Dreifaltigkeitsdogma «ist wirklich von Belang», weil unser Ringen (als kirchliche Organisation und als individuelle Gläubige) um ein klareres Verständnis des Mysteriums in gewisser Weise das Mysterium selbst ist. Unser Ringen, die Dreifaltigkeit zu erkennen, wie sie in Gott ist (die «immanente» Dreifaltigkeit) ist ein integraler Bestandteil des Erkennens selbst und läßt den Erkenntnisprozeß identisch mit dem Prozeß der Erlösung, Befreiung und Erleuchtung sein.

DSR: Ich wünschte, daß mehr Menschen eine solche Erklärung der Dreifaltigkeit erhielten. Sie würden dann erkennen, wie unser eigenes Leben an diesem Prozeß der Offenbarung teilnimmt.

FC: Die Offenbarung ist also ein Prozeß. Könnte man dann sagen, Offenbarung sei ein Prozeß des Erlangens von Erkenntnis, während man durch Theologie Erkenntnis über die Offenbarung erlangt? Es gibt also zwei Prozesse – zwei Ebenen, durch die man Erkenntnis erlangt.

DSR: Genau das ist es. Bei dem Kriterium 3 befassen wir uns mit etwas ganz anderem als beim Kriterium 2. Beim zweiten sagen wir, die Theologie verlagere ihre Aufmerksamkeit vom Produkt auf den Prozeß der Offenbarung. Hier nun, im Kriterium 3, stellen wir fest, daß Theologie ein Prozeß ist, der unser mystisches Gewahrsein impliziert und ausdrücklich diese epistemische Tatsache reflektieren muß.

FC: Offenbarung ist also ein Prozeß des Erkennens der göttlichen Wirklichkeit (Kriterium 2), Theologie ein Prozeß des Wissens um Offenbarung (Kriterium 3). Beim Kriterium 3 sagen wir, unsere Methoden des Beobachtens und unsere Techniken müssen in die Theorie einbezogen werden. Deshalb nennen wir sie epistemisch. Meine Schwierigkeit bestand darin, daß Offenbarung selbst ein Erkenntnisprozeß ist, während zum Beispiel die Photosynthese in den Bäumen kein Erkenntnisprozeß ist.

DSR: Aus diesem Grunde sind die beiden Kriterien in der Theologie enger verbunden, wobei sie jedoch nach wie vor unterscheidbar sind.

4. Übergang vom Begriff des Bauwerks zu dem des Netzwerks als Metapher für die Erkenntnis

FC: Spricht man in der Naturwissenschaft über Erkenntnis, verwendet man häufig Metaphern aus der Architektur. Man spricht von «Grundbausteinen der Materie», von «fundamentalen Gleichungen», «fundamentalen Prinzipien» und dergleichen. Wissen muß auf festen Fundamenten beruhen. Und dann kommt es zu Paradigmenwechseln, welche die Fundamente erschüttern, und alle Welt wird nervös. Heute nun gehen wir zu der Metapher über, daß Erkenntnis eher als Netzwerk denn als Bauwerk zu betrachten ist, als ein Gewebe, in dem alles miteinander verknüpft ist. Es gibt weder oben noch unten, keine Hierarchien. Nichts ist fundamentaler als irgend etwas anderes. Dieser Wechsel von der Metapher des Bauwerks zu der des Netzwerks ist mein viertes Kriterium.

DSR: In der Theologie ist es genauso. Im Rahmen des alten Paradigmas wurden stets dieselben Metaphern aus dem Bereich der Architektur verwendet – unsere grundlegenden Anschauungen, unsere grundlegenden Glaubensstrukturen, und so weiter.

TM: Wichtiger noch als die Metapher war die allgemein statische Anschauung von der Erkenntnis, die diese Metapher implizierte. In der Theologie des alten Paradigmas war «offenbarte Wahrheit» eine statische Entität, die *en bloc* vom Himmel auf die Erde gesandt war. Theologische Aussagen galten als «objektiv», als Übermittler eines Sinns, der von den Gläubigen und ihrer Kultur unabhängig war. Heute setzt sich auch in der

Lehre gesetzt hat. Sobald wir ein von allen anerkanntes Herz-stück des Glaubens so klar und fest ausgedrückt haben, kön-nen wir uns in weniger zentralen Fragen eine große Vielfalt erlauben. Heute entdecken wir erneut das Prinzip des Augusti-nus: «In wesentlichen Fragen Einheit, in nicht wesentlichen Freiheit, in allen Dingen Nächstenliebe.» Solange dieses ge-meinsame Band besteht, wird es, je größer die Vielfalt der heu-tigen Theologien ist, um so besser für uns alle sein.

Gott als der Baumeister

FC: Mir scheint hier ein Zusammenhang zwischen Naturwis-senschaft und Theologie zu bestehen, nicht nur eine Parallele, sondern ein tatsächlicher Zusammenhang. In der Naturwis-senschaft des alten Paradigmas glaubte man, es gebe eine end-gültige wissenschaftliche Theorie über die Welt, ein Bauwerk auf soliden Fundamenten. Diese Fundamente waren die grundlegenden Teile der Materie, die fundamentalen Gesetze, die fundamentalen Naturkräfte, die fundamentalen Gleichun-gen.

Newton und seine Zeitgenossen waren der Ansicht, die Na-tur sei ein Buch, in dem wir Gottes Willen nachlesen könnten, und auch wie Gott die Welt geschaffen habe. Wir lesen darin im Grunde Gottes Geist in der Natur, und zwar in dem Sinne, daß Gott uns darin die Gesamtheit der Wahrheit offenbart hat. Durch Beobachtung der Natur schließen wir Wissenschaftler darauf, wie Gott sie geschaffen hat, und auf alle sonstigen fun-damentalen Dinge. Die Theologie behauptet ebenfalls, es gebe einen von Gott offenbarten Fundus von Wahrheiten. Nach dem alten Paradigma ist Gott also tatsächlich der Schöpfer dieses Fundus – sowohl für die Naturwissenschaft als auch für die Theologie.

TM: Nur wenige wissen etwas von den theologischen Interessen Newtons. Tatsächlich hat er den größten Teil seines reifen Lebensalters biblischen Forschungen gewidmet, die wir heute als sinnlos betrachten würden, etwa der Errechnung des Schöpfungsdatums nach dem Alter der Patriarchen in der Schöpfungsgeschichte.

DSR: Ich glaube, man braucht gar nicht erst bis zu Newton zurückzugehen, weil das Bild sich nicht geändert hat, selbst wenn inzwischen die Bezugnahme auf Gott entfallen ist.

FC: Nein, das Bild hat sich nicht geändert. Aber es ist doch recht interessant, daß Gott in der zeitgenössischen Naturwissenschaft nicht völlig aus dem Bild verschwunden ist. Zwar ist Gott aus den offiziellen Texten verschwunden, so daß Sie Gott in naturwissenschaftlichen Abhandlungen nicht mehr erwähnt finden. Doch werden Sie oft auf Gott als Metapher stoßen. Eines der berühmtesten Beispiele ist der Satz von Einstein: «Gott würfelt nicht.»

DSR: Würden Sie das dem Denken im alten Paradigma zurechnen?

FC: O ja, unbedingt. Das ist die alte Vorstellung von Gott, eines von seiner Schöpfung getrennten Gottes, der irgendwo da draußen in der Leere sitzt und würfelt und dann je nach dem, was die Würfel anzeigen, eingreift und sich in die Angelegenheit der Welt einmischt.

DSR: Wollen Sie damit sagen, das habe Einstein gemeint? Er sagte doch ausdrücklich «Gott würfelt *nicht*».

FC: Das schon. Aber er bedient sich dieser Metapher. Er sagt nicht, das ist die falsche Vorstellung von Gott. Es geht ihm darum, ob Gott würfelt oder nicht. Für Einstein mischt Gott

194

sich auf andere Art in die Welt ein, auf eine viel sinnvollere Art. Doch sitzt er immer noch da draußen und tut etwas mit der Welt, er zwingt der Welt seinen Willen auf.

Das ist übrigens auch genau die Haltung von Stephen Hawking. Gott sitzt irgendwo da draußen und hat verschiedene Optionen. Hawking fragt sich nun, für welche Option er sich entscheiden wird. Hawking ist einer der brillantesten heutigen Naturwissenschaftler, und sein Buch *Eine kurze Geschichte der Zeit* ist hinsichtlich seiner Formulierungen aus Physik und Kosmologie brillant. Theologisch gesehen ist es jedoch auf der Ebene eines Volksschul-Katechismus. Und es ist voll von Theologie! Man findet Gott in jedem Kapitel. Hawking sagt ausdrücklich: «Ich möchte den Geist Gottes verstehen.»

Im Wissensgebäude des alten Paradigmas ist Gott wirklich der Baumeister. Die fundamentalen Elemente, die Bausteine sind deshalb fundamental, weil Gott, der Baumeister, sie gelegt hat. Und wir entdecken sie nur. Auch im neuen Paradigma gibt es Dinge, die für jedes wissenschaftliche Modell fundamentale Bedeutung haben. Diese fundamentalen Dinge sind *per definitionem* solche, die nicht weiter erklärt werden. Das ist jedoch nur vorübergehend so. Im nächsten, umfassenderen Modell werden einige dieser Dinge erklärt sein. Das bedeutet, daß einige von ihnen zu anderen in Beziehung gebracht, in einen umfassenderen Kontext gestellt werden. Solange wir jedoch Wissenschaft betreiben, werden stets einige Dinge unerklärt bleiben.

Was fundamental ist, das hängt in gewissem Sinne vom Wissenschaftler ab. Es ist nicht objektiv. In diesem Netzwerkdenken, in dem alle Konzepte und Theorien miteinander verknüpft sind, kann es sehr wohl eine Theorie geben, die «fundamentale» Elemente hat, welche durch eine andere Theorie erklärt werden. Was also als fundamental gilt, ist eine Sache wissenschaftler Strategie. Das hängt vom Wissenschaftler ab und ist nicht festgelegt.

DSR: In der Tat spielt es hier wirklich keine Rolle, ob Gott erwähnt wird oder nicht; oder doch?

FC: Nein, das tut es nicht. Aus rein soziologischer Sicht ist es nur interessant, daß die Vorstellung von Gott sich da doch einschleicht.

DSR: Und die Tatsache, daß Gott ausdrücklich erwähnt wird, legt die Sache nicht zwangsläufig auf das alte Paradigma fest.

FC: Nicht zwangsläufig. Im allgemeinen aber doch, weil Gott üblicherweise im Sinne des alten Paradigmas angeführt wird, als Schöpfer des Universums entsprechend dem fundamentalistischen Sinne des alten Paradigmas.

TM: Es scheint, der Fundamentalismus ist heute ein allgemeines kulturelles Problem, nicht nur in der Theologie, sondern auch in anderen Bereichen.

DSR: Haben Sie irgendeine Vorstellung, wie man im neuen Paradigma von Gott oder, wenn Sie diesen Ausdruck vermeiden wollen, von der Höchsten Wirklichkeit sprechen könnte?

FC: Ja. Für einen Naturwissenschaftler wäre das der Horizont der Theorie. Sobald ich an die Grenzen der Theorie gerate, etwa wenn ich sage: «Jetzt habe ich so viel Kontext, so viele Zusammenhänge, daß ich das alles nicht mehr mit Worten ausdrücken kann», dann wäre das der Bereich, in dem man von Gott sprechen könnte, wenn man wollte. Doch würde man ihn nicht als Schöpfer in die naturwissenschaftliche Theorie einbauen. Ausdrücklich tut man das heute nicht, metaphorisch aber doch.

DSR: Darauf würde ich gern ausführlicher eingehen. Wie kann man im neuen Paradigma von Gott sprechen? In Augenblicken religiöser Begegnung wird stets etwas bedeutungsvoll. Anders ausgedrückt: Man erkennt etwas in seinem allerhöchsten Kontext. Bei uns gibt es so eine Redensart, «Das sagt mir etwas» oder «Das spricht mich an». Im Kontext des Sinnfindens ist diese Idee eines Dialoges sehr stark.

Würden Sie – jetzt nicht unbedingt als Wissenschaftler, sondern als Mensch, der die Dinge in ihrem höchsten Kontext zu erkennen versucht – folgender Aussage zustimmen: Indem wir der Welt durch tieferes Verständnis einen Sinn geben, haben wir die Erfahrung, mit der Quelle allen Seins in Kontakt zu stehen, und zwar in dem Sinne, daß «sie uns etwas sagt». Sie sagt uns etwas über *sich* selbst und etwas über *uns* selbst. Da ist wohl das Modell eines Dialogs nicht ganz unangebracht.

FC: Nein, das ist es nicht.

DSR: Ihre Antwort freut mich, weil diese dialogische Dimension des Sinns stark meiner persönlichen Erfahrung entspricht. Wenn Sie das auch so sehen, dann haben wir einen neuen Weg, Gott in dieses Bild einzubeziehen. Dann ist Gott nicht mehr derjenige, der diese Welt erschaffen hat, sondern wir befinden uns in einer historischen Interaktion. Das ist es, was ich den historischen Prozeß der Offenbarung nannte, in dem wir aktive Partner sind. In der abendländischen Überlieferung gibt es mystische Aussagen, die auf dieses Verständnis hinweisen. Da ist zum Beispiel eine islamische Aussage (wie ich glaube, sogar aus dem Koran): «Ich war ein verborgener Schatz, und damit ich gefunden werden konnte, schuf ich die Welt.»

FC: In den Hindu-Mythen gibt es die Vorstellung von *Līlā*, dem göttlichen Spiel, das dem sehr ähnlich ist.

TM: Das ist gewiß einer der Punkte, die in den Überlieferungen mediterraner Weisheit mit denen Indiens und Asiens übereinstimmen. Im Buch der Sprichwörter, Kapitel 8, wird von der

personifizierten Weisheit als von einer weiblichen Gestalt gesprochen, «die alle Zeit vor dem Herrn spielte, als er die Erde
schuf». Die Weisheit spielt – hier haben wir einen anderen
wichtigen Punkt: Arbeit verhält sich zum Spiel wie Zweck zum
Sinn. Wir arbeiten, um einen Zweck zu erreichen, aber wir spielen, um zu einem Sinn zu gelangen. Unser eigenes Wissen über
den Sinn des Universums hängt ab von unserer Fähigkeit, in
die Logik des Spiels der Weisheit einzutreten. Man sollte auch
an folgendes denken: Die Weisheitstheologie des Alten Testaments wird vom Neuen Testament herangezogen, um das Verständnis des Mysteriums des in Jesus und dem Heiligen Geist
inkarnierten Wortes besser auszudrücken, das sich zu Pfingsten
über die Jünger ergießt. Im Hebräischen ist das Wort «Geist»
auch weiblich.

DSR: In einer jüdischen Geschichte aus der chassidischen
Mystik kommt ein kleiner Junge, der Enkel des Rabbi, weinend
angelaufen und sagt: «Ich habe mich so gut versteckt, und niemand hat mich gesucht.» Die Kinder spielten Verstecken. Mit
Tränen in den Augen antwortet der Rabbi: «Oh, jetzt weiß ich,
was Gott zu mir sagt. ‹Ich habe mich so gut versteckt, daß niemand mich sucht.›» Das Spiel ist also noch im Gange, und wir
werden aufgefordert, mitzuspielen.

Dialog mit der Natur

FC: Hier besteht ein Zusammenhang mit etwas in der Naturwissenschaft, das ich für sehr wichtig halte. Im alten Paradigma
wird die Naturwissenschaft, wie ich vorhin schon sagte, vom
Wunsch nach Beherrschung und Kontrolle über die Natur motiviert. Das neue Paradigma erkennt an erster Stelle an, daß die
Welt lebendig ist, nicht mehr ein mechanisches und totes, sondern ein lebendiges System mit eigener Intelligenz, mit eigener
«Geistigkeit» *(mindfulness)*, wie Bateson es nennt. Daher wird

die Erforschung der Natur zum Dialog, und die Metapher verlagert sich von Beherrschung und Kontrolle zum Dialog. Tatsächlich ist diese Metapher vom Dialog in der gesamten Naturwissenschaft und auch der gesamten modernen Wissenschaft verwendet worden. Gewöhnlich spricht man vom Dialog mit der Natur. Naturwissenschaftler würden in diesem Zusammenhang den Ausdruck «Gott» nicht gebrauchen, doch kommt, was sie als Natur bezeichnen, dem sehr nahe.

DSR: Die Theologie würde das einfach in den höchsten Kontext stellen und sagen, man könne unseren Dialog mit der Natur als Dialog mit der tiefsten Quelle alles Seienden, dem göttlichen Ursprung, verstehen. In diesem Kontext treffen sich der Naturwissenschaftler und der Theologe wahrhaft in ein und demselben Ziel.

Toleranz und Pluralismus

FC: Ich habe immer noch Zweifel, was die Frage verschiedener Perspektiven innerhalb von Naturwissenschaft und Theologie angeht. Ein bedeutender Verfechter dieses Netzwerkdenkens in der Naturwissenschaft ist Geoffrey Chew mit seiner *Bootstrap*-Physik. In einer seiner ersten Arbeiten schreibt er: «Jemand, der imstande ist, verschiedene Modelle ohne Vorurteil zu betrachten, ohne zu sagen, das eine sei fundamentaler als das andere, der ist automatisch ein *Bootstrapper*.» Mit anderen Worten, diese *Bootstrap*- oder Netzwerk-Philosophie führt zur Toleranz.

Daher stelle ich zur zeitgenössischen Theologie folgende Frage: Sie sagen, es habe stets mehrere Perspektiven gegeben. Eine von ihnen hat dann die katholische Theologie monopolisiert und sich selbst als *die* katholische Überlieferung bezeichnet. Und nun kennt die zeitgenössische Theologie erneut mehrere Perspektiven. Doch die katholische Kirche ist dafür bekannt, daß sie sehr intolerant ist. Der Papst und die kirchliche Hierarchie haben sich oft sehr intolerant gezeigt. Wie ist denn heute die Lage hinsichtlich eines Pluralismus?

TM: Die Lage ist zweideutig, wie immer. Ein ehrlicher Kirchenhistoriker wird zugeben, daß «theologischer Pluralismus» seit der Zeit Konstantins im Christentum die falschen Glocken geläutet hat. Man muß daher unterscheiden zwischen der soziopolitischen Intoleranz, die sogar in der Kirche vorherrschen mag, und dem tatsächlichen Bestehen einer Pluralität theologischer Perspektiven und Emphasen. Eine solche Pluralität ist heute eine Tatsache, und ich habe den Eindruck, daß die gegenwärtigen Versuche, sie zu bremsen, dazu verurteilt sind, weniger erfolgreich zu sein als in der Vergangenheit.

DSR: Natürlich betrachtet eine monarchische Machtstruktur es als Vorteil, eine monolithische Doktrin zu haben.

FC: Eine Ideologie.

DSR: Ja. Das ist es, was Ideologie bedeutet: eine der Macht dienende Doktrin. Die Theologie befindet sich daher stets in Gefahr, durch Manipulation seitens einer autoritären Hierarchie zu einer Ideologie zu werden. Wann immer es eine autoritäre Machtstruktur gibt, auch in anderen Kirchen, neigt die Theologie dazu, zu einem Werkzeug der Macht zu werden. Das Zweite Vatikanische Konzil betonte eine gesunde Machtverteilung in der Kirche durch die Kollegialität der Bischöfe. Gleichzeitig damit gibt es natürlich einen Pluralismus theologischer Anschauungen innerhalb der Kirche.

FC: Wo gibt es heute Pluralismus in der Theologie?

TM: Ich möchte darauf eine allgemeine Antwort geben. Die Pluralität der Perspektiven in der heutigen Theologie ist die

Folge von drei sozio-kulturellen Fakten. Erstens die globale Kommunikation, die es jedem Menschen an jedem beliebigen Ort der Welt ermöglicht, die Einheit mit allen anderen in der Vielfalt zu erfahren. Zweitens – das zunehmende Gewahrwerden der Frauen, der Armen und der Unterdrückten, daß sie die für ihre eigene Befreiung erforderliche Macht erringen können und müssen – geistig, ökonomisch, politisch. Hinzu kommt drittens die Begegnung und der Dialog der großen Religionen der Menschheit. Letzteres hat Papst Johannes Paul II. ausdrücklich gefördert – man denke an die Zusammenkunft der Repräsentanten der Religionen in Assisi im Jahre 1986. Damit erleben wir die Anfänge einer Theologie im Verbund mit hinduistischen, buddhistischen oder afrikanischen Begriffen. Trotz einiger negativer Äußerungen aus dem Vatikan – nicht so sehr vom Papst selbst als von dem einen oder anderen seiner Mitarbeiter – gedeiht die Befreiungstheologie weiter und hat sich von Lateinamerika nach Asien und Afrika ausgebreitet. Alles das findet in Hörweite jedes Menschen auf dem Planeten statt.

DSR: Ein spezifisches Beispiel wäre ein breiteres theologisches Spektrum der Anschauungen über die Eucharistie. Im alten Paradigma muß man zu ihrer Beschreibung ganz spezielle Begriffe verwenden, als Schlüsselbegriff den Ausdruck «Transsubstantiation». Das setzt jedoch einen philosophischen Gedankenbau voraus, mit dem viele Menschen heute nicht mehr vertraut sind.

Das neue Denken in der Theologie erfreut sich einer großen Vielfalt der Weisen, über dieses zentrale Mysterium christlicher Gottesverehrung zu sprechen. Sollten wir nicht froh darüber sein, daß es eine solche Vielfalt von Perspektiven und Einsichten gibt, solange sie nicht im Widerspruch zu dem einen zentralen Glauben stehen?

FC: Sie meinen hinsichtlich dessen, worin die Botschaft Christi bestand?

DSR: Richtig. Ich meine den grundlegenden Sinn, daß wir mittels dieser besonderen Kulthandlung auf einzigartige Weise mit Gott durch Christus im Heiligen Geist und damit mit allen anderen Menschen und allen anderen Kreaturen kommunizieren. Das wäre ein ganz zentraler Punkt und in dieser Formulierung für viele unterschiedliche Theologien akzeptabel.

FC: Können Sie da einen Zusammenhang mit dem Gefühl der Zugehörigkeit herstellen?

DSR: Nun, die Eucharistie könnte verstanden werden als die Feier unseres allerhöchsten Zugehörens, und als solche muß sie allumfassend sein. Das würde natürlich bedeuten, daß jedermann an der Tafel willkommen ist; denn das ist es ja schließlich, was Zugehören bedeutet. Auf diese Weise verstanden, wäre die Eucharistie eine Feier unseres Zugehörens zu der einen Überlieferung des Jesus Christus; aber durch ihre Symbolik würde diese Feier die Überlieferung so ausweiten, daß sie alle Überlieferungen einschließt. Es wäre eine Feier des Zugehörens zur Gesamtheit der Schöpfung, eine Feier unseres letztendlichen Zugehörens zu Gott.

FC: Und natürlich ist nichts angemessener für die Feier dieses Zugehörens als ein Mahl, weil die ökologischen Zyklen so gestaltet sind, daß wir einander essen. Das ist der Zyklus von Geburt und Tod. Das letztendliche Zugehören zu einem Ökosystem bedeutet, daß wir in diese Zyklen von Geburt und Tod eingebunden sind, und das feiern wir, wenn wir ein Mahl zelebrieren.

DSR: Was Sie da eben sagten, ist ein gutes Beispiel für die Art, mit der das neue Denken der Naturwissenschaft uns eine neue

Einschätzung religiöser Wirklichkeiten vermitteln kann. Die eucharistische Theologie befaßt sich mit dem Mysterium von Tod und Leben. Aus der Sicht dieses Todes gibt Jesus uns seinen Körper zu essen. In der christlichen Überlieferung gibt es sogar Hinweise auf die Tatsache, daß man durch Essen von seinem Brot zu Brot für alle anderen wird. Dieser starke gemeinschaftliche Aspekt der Eucharistie wird durch das neue Denken in der Theologie noch stärker betont.

Ich muß jedoch immer wieder sagen, daß das neue Denken in der Theologie in Wirklichkeit eine Rückkehr zum ältesten Denken ist. Das kann gar nicht stark genug betont werden. Wir sprechen wirklich von der ältesten, der ursprünglichen Art des Nachdenkens über die christlichen Mysterien. Was man das alte Paradigma in der Theologie nennt, ist im Grunde gar nicht so alt. Ich frage mich, ob das nicht auch für das neue Paradigma in der Naturwissenschaft gilt. Die Prä-Naturwissenschaft hat eine Geschichte von Tausenden von Jahren, in der die Menschen einen Dialog mit der Natur führten. Ich frage mich, ob es da nicht eine Parallele gibt.

FC: Da gibt es ganz bestimmt eine Parallele. In gewissem Sinne kehren wir zurück zum vor-industriellen Zeitalter, dem vor-modernen Zeitalter. Es ist jedoch nicht *nur* eine Rückkehr. Im neuen wissenschaftlichen Paradigma und im neuen gesellschaftlichen Paradigma gibt es bedeutende Unterschiede zwischen dem, was wir jetzt neu nennen, und dem, was vor dem alten Paradigma geschah.

So gibt es beispielsweise viele Parallelen zwischen der mittelalterlichen Naturwissenschaft und der heutigen neuen wissenschaftlichen Denkweise. Es gibt die Ganzheitslehre, die Integration, das ökologische Gewahrsein, andererseits aber auch viele Unterschiede. Einer der Unterschiede wäre beispielsweise die patriarchalische Ausdrucksweise, die patriarchalische Ordnung und vieles andere.

DSR: Doch scheint mir der grundlegende Ansatz der mittelalterlichen Naturwissenschaft dem neuen Denken näherzuste-
hen als etwa die Naturwissenschaft des 19. Jahrhunderts.

FC: Ja, in vieler Hinsicht. Aber natürlich bauen wir die Naturwissenschaft des neuen Paradigmas auch auf den Leistungen
der Naturwissenschaft eines Galilei oder Newton auf. Wir betreiben Naturwissenschaft mit Instrumenten und Technolo-
gien, die auf Newtonschen Errungenschaften beruhen.

DSR: Stimmigkeit und Kontinuität scheinen auch für die
Theologie wichtig zu sein.

TM: Ich würde sagen, sie sind für die Theologie ganz wesent-
lich. In seinem klassischen *Essay on the Development of Doc-
trine* verwendet Newman die Metapher des Wachstums von
der Kindheit bis zum Erwachsensein. Man könnte auch zu-
rückgreifen auf die Worte von Jesus: «Ich bin nicht gekommen
zu zerstören, sondern zu erfüllen.»

FC: Kommen wir nochmals zurück auf das monolithische System im alten Paradigma und den Pluralismus im neuen, sowohl in der Naturwissenschaft wie in der Theologie. Da scheint
es eine sehr interessante Parallele zwischen beiden Bereichen
zu geben. Die monolithische Struktur in der Naturwissenschaft
wird mit aller Kraft von den wissenschaftlichen Beratern der
Regierungen aufrechterhalten, die teils Verwaltungsbeamte
oder ein Teil der Machtstruktur und teils Wissenschaftler sind.

DSR: Da denke ich sofort an entsprechende Parallelen in der
Kirche.

FC: Das sind keine wirklichen Wissenschaftler mehr, weil sie
selbst keine Wissenschaft mehr betreiben. Sie sitzen in der jeweiligen Hauptstadt und beraten die Regierung. Sie forschen

nicht, und weil sie das nicht tun, sind sie nicht mit den letzten wissenschaftlichen Entwicklungen vertraut, sondern vertreten mit allen ihnen zu Gebote stehenden Mitteln die Denkweise des alten Paradigmas.

DSR: Auch wir können mit solchen Beispielen aufwarten. Leute, die einst recht fortschrittliche Theologen waren, sitzen jetzt in Machtpositionen im Vatikan, so wie Ihre wissenschaftlichen Berater in den Hauptstädten. Ich glaube allerdings nicht, daß sie den Kontakt mit theologischen Entwicklungen verloren haben. In unserem Fall handelt es sich eher um eine pastorale Angelegenheit – das will ich ihnen zugute halten. Sie fürchten, es könnte Verwirrung bei den Gläubigen entstehen, wenn wir in der Theologie Pluralismus zulassen. Dabei ist das, was diesen Uniformisten widersprüchlich erscheint, in Wirklichkeit eine Vielfalt von Perspektiven ein und derselben Wirklichkeit.

FC: Der springende Punkt ist hier, daß wir, wie Sie sagen, über Perspektiven ein und derselben *Wirklichkeit* sprechen. Im alten Paradigma befaßte die Theologie sich nicht einmal mit der Wirklichkeit, sondern nur mit der Lehre. Und sieht man diese als die Wirklichkeit an, dann kann es keine Perspektiven geben.

DSR: Da ist etwas Wahres dran. Eine Vielfalt von Perspektiven ist auch aus pastoralen Gründen erforderlich. Lassen wir eine Vielfalt von Perspektiven zu, dann machen wir rechtes Verständnis einer breiten Vielfalt von Menschen zugänglich. Beschränken wir jedoch die christliche Lehre auf eine einzige Version, dann sperren wir alle diejenigen Menschen aus, für die diese Version nicht akzeptabel ist, die sich jedoch von einer anderen, ebenfalls gültigen Version angesprochen fühlen würden.

TM: Das Grundproblem der offiziellen katholischen Theologie ist stets die Neigung gewesen, die Integrität der Lehre mit der Integrität des Glaubens zu verwechseln. Natürlich würde kein vernünftiger Theologe behaupten, die Lehre, wie sie in Worten und Begriffen formuliert ist, sei Gegenstand des Glaubens; das ist nur Gott. Doch hat die Furcht vor dem Irrtum Theologen oft veranlaßt, sich auf eine Weise an Formeln zu klammern, die an Götzenverehrung grenzt.

Art Trittstein, der uns hilft, weiterzuforschen, in dem Sinne, daß die ganze Theologie «Erforschung Gottes» bedeutet, wie Christopher Fry es in *A Sleep of Prisoners* formuliert hat.

FC: Auch in der Naturwissenschaft gibt es solche Trittsteine. Aber von größter Bedeutung für unser neues Verständnis der Naturwissenschaft ist die Tatsache, daß *jedes* ihrer Ergebnisse zu jeder Zeit revidiert werden kann. Es gibt keine permanente Wahrheit und keine absolute Wahrheit im Sinne einer Identität der Beschreibung mit dem beschriebenen Objekt.

Doch im volkstümlichen Sinn ist das Dogma eine Wahrheit, die akzeptiert werden muß, nicht nur ein Modell.

TM: In diesem volkstümlichen Sinn impliziert Dogma einen Akt des Willens. «Du mußt das Dogma akzeptieren. Du brauchst es nicht zu verstehen, sondern mußt es einfach akzeptieren. Und du darfst es nicht in Frage stellen.» Meines Erachtens schadet dieses Verständnis des Begriffes Dogma seiner echten religiösen Anwendung. Außerdem macht es die *Entwicklung* des Dogmas unmöglich.

FC: Natürlich ist es kein Zufall, daß dies das volkstümliche Verständnis des Dogmas ist. Wir alle wissen, daß die Kirche seit Jahrhunderten darauf bestanden hat.

DSR: Sie tut das noch heute. Entweder du akzeptierst eine spezielle dogmatische Aussage, oder du mußt die unangenehmen Konsequenzen tragen.

FC: In der Vergangenheit wurde man auf dem Scheiterhaufen verbrannt. Welche Geschichte hat eigentlich dieser Begriff? Hat es in früheren Zeiten eine Anwendung von «Dogma» in dem Sinne gegeben, in dem Sie beide es heute benutzen? Und ist es dann erstarrt? Oder ist das jetzt eine neue Art der Betrachtung des Dogmas?

TM: Ich meine, es hat stets beide Wege gegeben. Der Entscheidungsprozeß, durch den Dogmen definiert wurden – die Versammlung von Bischöfen zu allgemeinen oder ökumenischen Konzilien der Kirche –, begann im 4. Jahrhundert unter der Regentschaft von Kaiser Konstantin. Damals wurde das Christentum legalisiert und wurde schließlich die offizielle Religion des Römischen Reiches. Also hat die Entwicklung des Dogmas einen sozio-politischen Aspekt. Mit anderen Worten: Wer zum Christlichen Reich gehören wollte, mußte sich nicht nur gewissen Verhaltensweisen anpassen, sondern auch gewissen Denkweisen. Zur gleichen Zeit befaßten sich die bedeutenden Denker der Kirche vor allem damit, was das Dogma für das spirituelle Wachstum der einzelnen Person und der Gemeinschaft bedeutete. Zweck des Dogmas, sagten sie, sei das weitere spirituelle Wachstum zu garantieren und zu einer tieferen persönlichen Erfahrung des Mysteriums zu gelangen, die das Dogma nur annähernd ausdrückt.

Lassen Sie mich noch eine Fußnote hinzufügen über die Wurzel der Wörter «Dogma» und «Orthodoxie». Beide sind vom griechischen Verb *dokein* abgeleitet, was «scheinen» oder «den Anschein erwecken» bedeutet. Ursprünglich bedeutete Dogma also «Meinung», vor allem die Meinung, die ich von einer Person habe, etwa in der Redensart: «Ich habe eine hohe Meinung von Ihnen.» Das ist der positive Sinn von Meinung. Eine zweite Bedeutung ist «intellektuelle Meinung», während die dritte «eine offizielle Lehre» bedeutet, die Lehre oder das Dogma einer philosophischen Schule, und schließlich das Dogma einer Kirche.

Für das frühe Christentum bedeutsamer war das andere Hauptwort, das vom Verb *dokein* abgeleitet wurde. Ich meine *doxa*, was soviel wie «Ruhm» bedeutet, die Manifestation der Eigenschaften einer Person für mich. Ich bilde mir meine Meinung aufgrund von *doxa*, auf der Grundlage der Herrlichkeit jener Person. Orthodoxie bedeutet demnach die richtige Art, Gott zu verherrlichen, Gott, der sich uns manifestiert. Es bedeutet auch die richtige Wahrnehmung der Herrlichkeit, die Gott ausstrahlt. Dogma bedeutet also unsere Verherrlichung Gottes und die Herrlichkeit, die *doxa*, die von Gott ausgeht. Ursprünglich wurde also der Begriff Dogma nicht im Sinne von Meinung oder von autoritativer Lehre gebraucht, sondern als Verdeutlichung dieser rechten Glorifizierung des ruhmreichen Einen, der sich uns manifestiert.

DSR: Wir müssen das heute in die rechte Perspektive bringen. Wir neigen dazu, Herrlichkeit als Pomp und Zeremoniell irgendeines über uns thronenden patriarchalischen und hierarchischen Gottes aufzufassen. Wir müssen zu der Zeit zurückkehren, zu der diese falsche Auffassung sich noch nicht eingeschlichen hatte. Als das Griechische noch die offizielle Sprache der Kirche war, erhielten wir auf die Frage ‹Was ist die Herrlichkeit Gottes?› folgende Antwort: «Die Herrlichkeit Gottes ist der in seiner ganzen Fülle lebendige Mensch.» Das ist eine der frühesten theologischen Aussagen.

TM: Die Herrlichkeit Gottes steht also dem Sinn des Ausrufs näher: «Welch herrlicher Sonnenuntergang!» Diese Leuchtkraft, welche die ganze Landschaft erleuchtet, uns selbst eingeschlossen.

DSR: Fritjof – vorhin fragten Sie, ob unsere Darstellung des Begriffs Dogma neu oder traditionell sei. Die Antwort muß lauten, sie ist beides. Leider gab es zu allen Zeiten und gibt es noch heute Leute mit einer sehr beschränkten Anschauung vom Dogma. Sie identifizieren die dogmatische Aussage über die Wahrheit mit der Wahrheit, über die diese Aussage getroffen wird. In der ganzen Geschichte der christlichen Überlieferung hat es jedoch Menschen gegeben, die dieses enge Verständnis des Dogmas nicht teilten. Ein Beispiel hierfür wäre der heilige Thomas von Aquino. Für ihn hält der Glaube an der Wirklichkeit fest, über die eine dogmatische Aussage gemacht wird, aber nicht an der Aussage in ihrer besonderen Formulierung.

TM: Eine Aussage ist kein Akt des Glaubens. Einen Akt des Glaubens begeht man nicht mit einer dogmatischen Definition. Man begeht ihn in der Wirklichkeit.

FC: Es könnte nützlich sein, das mit der buddhistischen Überlieferung zu vergleichen. Der Buddha hat die Vier Edlen Wahrheiten formuliert. Wie ich sie sehe, sagt der Buddha folgendes: «Schau mal, du bist doch nicht glücklich, so wie du bist. Ich kann vier Aussagen über dein inneres Leben machen, die dir helfen können. Ich kann dir garantieren, daß du deine Probleme überwinden wirst, wenn du im Einklang mit diesen vier Wahrheiten handelst: 1. Leben ist Leiden; 2. die Ursache des Leidens ist das Festhalten; 3. es gibt ein Heilmittel für diese Situation; 4. ich werde dir das Heilmittel geben, es ist der Achtfache Pfad.»
Wenn mir nun jemand so etwas sagt – dann ist das keine Aussage über die Welt. Sehen Sie: Das ganze Problem, das sich im Christentum ergibt, ist, daß man aufgefordert wird zu glauben, die Welt sei so und so, Gott sei diese bestimmte Person, und so weiter. Das stellt für uns eine Art Herausforderung dar, weil hier eine Aussage über unsere Existenz und über die Existenz der Welt gemacht wird. Der Buddha sagt etwas ganz anderes. Er sagt: «Du kommst zu mir, weil du Schwierigkeiten hast, und ich habe eine Lösung für deine Probleme», fast wie ein Arzt oder ein Psychotherapeut. «Willst du das nicht, auch gut. Willst du es aber, und bist du in dieser Sache aufrichtig, dann kann ich dir helfen.» So sehe ich die Vier Edlen Wahrheiten. Wie klingt das in christlichen Ohren?

DSR: Nun, zunächst einmal ist das einfach menschliche Wirklichkeit, grundlegende menschliche Wahrheit. Daher muß es auch für jeden Menschen akzeptabel sein. Wir haben es hier mit Fakten zu tun.

FC: Diese buddhistischen Edlen Wahrheiten sind aber keine Dogmen im engeren Sinne.

DSR: Natürlich nicht. Dennoch sind die Fakten, wie der Buddha sie ausspricht, unbestritten.

FC: Man ist nicht gezwungen, ihnen zu glauben. Niemand sagt, du mußt dies oder das tun, du mußt ihnen glauben. Es heißt nur: Wenn du es ausprobieren willst – hier ist ein Heilmittel.

DSR: Der Grund dafür, daß es im Buddhismus keine Dogmen gibt, liegt wahrscheinlich weit jenseits von Buddhismus und Christentum in dem Kontext, aus dem die beiden Überlieferungen erwachsen. Der Buddhismus ist grundlegend «apophantisch». Er ist fest davon überzeugt, daß man nichts über die höchste Wirklichkeit aussagen kann, die man in seinen erhabensten Augenblicken erfährt. Diese Erfahrung läßt sich nicht mit Worten ausdrücken. Der Buddhismus ist ein relativ später Ausdruck dieser apophantischen Haltung, die im Osten weiter verbreitet ist als im Abendland.

Die christliche Überlieferung erwächst aus einem kataphantischen Kontext, bei dem man etwas sagen *kann*, ja, sagen muß. Beide sind in unserer Erfahrung verankert. In den höchsten Augenblicken unserer religiösen Einsichten wissen wir, daß man diese niemals in Worte fassen *kann*, und doch hören wir niemals auf, es zu versuchen. Die christliche Überlieferung ist ein Ergebnis dieses Bemühens und endet daher früher oder später im Dogma, einer in allen Einzelheiten festgelegten Erkenntnis. Doch sind wir uns stets dessen bewußt, daß die Aussage dieser Erkenntnis nur annähernd sein kann. Im Buddhismus dagegen endet eine solche Erfahrung im Schweigen. Daher sprechen wir vom Schweigen des Buddha. Die höchste Lehre des Buddha wird nicht durch Worte übermittelt, sondern durch das Schweigen des Buddha.

TM: Natürlich ist es nützlich, diese beiden Ansätze in Begriffen ihrer jeweiligen Vorliebe für apophantische oder kataphantische Abhandlungen zu charakterisieren. Doch glaube ich, daß das Christentum wie der Buddhismus uns daran erinnern, daß das Mysterium unerreichbar und unfaßbar für uns ist, sobald alles gesagt und getan ist.

DSR: An dieser Stelle möchte ich Sie etwas fragen, Fritjof. Haben Sie selbst Erfahrungen mit Dogmatismus in der Naturwissenschaft gemacht?

FC: Ja, sehr oft.

DSR: Ich schätze, Sie könnten viele Beispiele anführen.

FC: Ja, und das Wort «Dogma» wird dabei ebenfalls verwendet. Man spricht zum Beispiel vom Darwinschen Dogma oder dem Neo-Darwinschen Dogma.

DSR: Hat das Wort Dogma in der Naturwissenschaft einen positiven Beigeschmack?

FC: Nein, der ist stets negativ. Lassen Sie mich kurz die allgemeine Situation erklären. Stellen Sie sich vor, ich hätte heute eine Diskussion mit einem Naturwissenschaftler, einem gestandenen, anerkannten Wissenschaftler. Er sitzt mir gegenüber, wie Sie im Augenblick, und ich frage: «Gibt es in der Naturwissenschaft irgendeine absolute Aussage, die für alle Zeiten gilt, oder sind alle Aussagen begrenzt und nur annähernd?» Zumindest nach kurzer Diskussion, vermutlich aber sofort, würde jeder Wissenschaftler zustimmen, daß die Naturwissenschaft nur annähernde Aussagen macht. Alles in der Naturwissenschaft ist begrenzt und annähernd gültig.

Andererseits handeln Naturwissenschaftler bei ihrer praktischen Arbeit oft, *als gebe es* absolute Wahrheiten, in dem

Sinne, daß sie diese Dinge nie in Frage stellen. Sie wären nicht bereit, eine Abhandlung zu akzeptieren, die diese Dogmen in Frage stellt, oder würden das nur zögernd tun. Konfrontiert man sie jedoch unmittelbar und auf abstrakte, allgemeine Weise mit der Frage: «Gibt es in der Naturwissenschaft tatsächlich etwas Absolutes?», dann antworten sie «Nein».

DSR: Auf solche Weise entsteht wahrscheinlich der Dogmatismus: Man weigert sich, etwas in Frage zu stellen. Man würde die Antwort kennen, wenn man sich der Frage stellte. Aber warum lehnt man das ab? Wegen des Drucks von Kollegen? Weil es leichter ist, einfach den alten Weg zu verfolgen?

FC: Nein. Für wissenschaftliche Arbeit braucht man einen bestimmten Rahmen, und man will mit diesem Rahmen arbeiten. Würde man nun jederzeit alles in Frage stellen, dann wäre man zu wissenschaftlicher Arbeit nicht imstande. Andererseits ist es auch nicht gut, wenn man meint, niemals etwas in Frage stellen zu dürfen. Dann würde es keinen Fortschritt geben. Ideal wäre es, in einem bestimmten Rahmen mit der Bereitschaft wissenschaftlich tätig zu sein, jeden beliebigen Teil dieses Rahmens in Zweifel zu ziehen, auch wenn sich das in der Praxis als nicht notwendig erweist. Die Bereitschaft dazu sollte jedoch vorhanden sein.

DSR: Ist das Ihre Antwort auf die Frage, wie es zum Dogmatismus kommt -- indem man es ablehnt, Dinge in Frage zu stellen, die man hinterfragen sollte? Und wie läßt Dogmatismus sich vermeiden? Indem man hinterfragt, was man in Frage stellen sollte.

FC: Jetzt habe ich noch eine andere Frage. Versucht man in der Theologie, die Annäherung zu verbessern? Für die Naturwissenschaft ist das nämlich typisch. Es gibt wissenschaftliche Fortschritte und auch, wie Thomas Kuhn sie beschrieben hat, wissenschaftliche Revolutionen, bei denen fast alles über Bord geworfen werden kann.

DSR: Um etwas zu verbessern?

FC: Natürlich, um die Annäherung zu verbessern. Es gibt also graduelle und darüber hinaus noch revolutionäre Verbesserungen. Beide verbessern die Annäherung.

DSR: In der Theologie würden sowohl das alte wie das neue Denken die Möglichkeit gradueller Verbesserungen zugeben. Verbesserte Annäherung ist das Ziel. Graduellen Fortschritt und graduelle Verbesserungen gibt es in der Theologie wie in der Naturwissenschaft. Das alte Denken würde jedoch glauben, alles, was zu sagen ist, sei bereits gesagt und müsse nur noch präziser formuliert werden. Im neuen Denken bedeutet Theologie ein Erforschen Gottes. Dabei kann es geschehen, daß dieselbe Wahrheit aus aufregend neuen Perspektiven sichtbar wird.

Und da kann ein Dogma sehr hilfreich sein: bestimmte Erkenntnisse sind darin bis ins letzte festgelegt. Wir können dann sagen: «Dieser Teil des Geländes ist kartenmäßig genau erfaßt. Wir brauchen ihn nicht nochmals zu erkunden, weil wir bereits alles gesehen haben. Marschieren wir also weiter.»

Doch wird ein Dogma – und das ist das Problem – stets in der Sprache einer bestimmten Zeit ausgedrückt. Neben seinem entscheidenden Gehalt kann es Dinge erwähnen, um die es hier gar nicht ging und die gar nicht haargenau festgelegt werden sollten. Also muß man zurückdenken und fragen: «Was bedeutet das in seinem Kontext wirklich? Was besagt die sprachliche Formulierung? Warum hat man damals diesen Punkt besonders betont? Warum war das für die Menschen damals so wichtig?» Das bedeutet harte Arbeit für die Theologen. Der Inhalt der Dogmen ändert sich nicht, aber unser Verständnis für sie muß immer wieder revidiert werden.

Der Fortschrittsbegriff in Naturwissenschaft, Kunst und Theologie

FC: Gibt es aber Verbesserungen? Gibt es Fortschritt? In der Naturwissenschaft gibt es Fortschritt. Man gelangt zu immer umfassenderen, präziseren und ausdrucksstarken Theorien – letzteres im Sinne von Voraussagekraft. Das ist ganz charakteristisch für die Naturwissenschaft. Dem möchte ich einmal die Kunst gegenüberstellen. Sie kennt eine solche Entwicklung wohl nicht. Man kann nicht sagen, Picasso stelle eine Verbesserung der Malerei von Rubens dar.

DSR: Zwar nicht in dem Sinne, in dem man sagen kann, Einstein sei eine Verbesserung von Newton, jedoch in einem anderen Sinne wage ich zu sagen: Es gibt Verbesserung auch in der Kunst. Es gibt Fortschritt in dem Sinne, daß ein Meisterwerk uns neue Einsichten in die menschliche Erfahrung vermittelt. Etwas, das unserer Erfahrung nicht zugänglich war, bevor Bach oder Strawinsky ihre Musik komponierten, besitzen wir jetzt; ein neues, tieferes Selbstverständnis, eine neue Vision der Wirklichkeit.

FC: Aber ist die alte darin enthalten? Zur Idee des Fortschritts gehört, daß die alte Perspektive einbezogen ist und etwas Neues hinzukommt. Einstein hat die Physik eines Newton einbezogen. Die Newtonsche Physik läßt sich mathematisch aus der Physik Einsteins ableiten. Man kann aber nicht Michelangelo von Picasso ableiten.

DSR: Sehr wohl aber Picasso von Michelangelo. Ich nehme an, das ist es, was Sie meinten.

FC: Nein. Ableiten meinte ich in dem Sinne, daß erkennbar ist, wie Newton in Einstein enthalten ist. Einstein geht über Newton hinaus, bezieht ihn jedoch in seine Arbeit ein.

DSR: Man kann doch aber auch bei Picasso erkennen, daß er auf dem Werk eines Michelangelo aufbaut und über ihn hinausgeht. So ist das auch in der Dichtung, und dasselbe gilt auch für die Musik. Ich meine, es ist nicht im selben Sinne Fortschritt wie in der Naturwissenschaft, aber dennoch eine Form davon. Die Theologie könnte sich auf ähnliche Art entwickeln wie die Künste.

TM: Ich glaube, sie tut es auch. Wie Theologen, die über ein Dogma nachdenken, sind sich alle Künstler des Erbes aus der Geschichte bewußt. Sie wissen, daß Kreativität ohne Gedächtnis unmöglich, und wie illusorisch die Idee von «Originalität» ist. Die Geschichte kann zugleich auch eine Last sein. Picasso schaute zurück auf Jahrtausende europäischer Kunstgeschichte, von den Höhlen bei Altamira bis zu seiner eigenen Epoche, und er spürte ihr Gewicht. Theologie und die Künste sind im allgemeinen näher miteinander verbunden, als die Leute meinen. Liturgie ist Kunst und auch, wie Papst Pius XI. sagte, das Hauptmedium der Gottesdienstordnung der Kirche. Liturgische Kunst ist oder kann auch Theologie sein. Man denke an die Ikonen der byzantinischen Überlieferung oder an die Mosaiken einer großen Basilika, etwa in S. Maria Maggiore. Was ist das für eine herrliche Theologie!

DSR: Meines Erachtens besteht der Fortschritt in der Theologie im Aufspüren göttlicher Offenbarung in einer besonderen Periode der Geschichte. Mit anderen Worten – was offenbart uns Gott in unserer Epoche durch das, was geschieht? Das gilt nicht nur für historische Ereignisse, sondern auch für die Erkenntnis in einer bestimmten Periode. Die Theologie spricht von der religiösen Wirklichkeit in Begriffen, die für unsere Erfahrung hier und jetzt relevant sind. Das kommt dem ziemlich nahe, was ein Künstler, Poet oder Dramatiker tut.

FC: In der Naturwissenschaft ist folgendes ziemlich klar: Haben wir zum Beispiel zwei Körper in relativer Bewegung vor uns, und kann man sie in Begriffen der Newtonschen und der Einsteinschen Physik beschreiben, dann ist Einsteins Physik die genauere. Sie ergibt eine genauere Übereinstimmung von Beschreibung und beschriebenem Phänomen. In diesem Sinne kann man sagen, die Physik habe von Newton bis Einstein Fortschritte erzielt.

DSR: Natürlich gibt es auch in der Theologie Fortschritte durch neue Informationen. Ich denke da an die Entdeckung der Schriftrollen vom Toten Meer. Das sind Bibelmanuskripte, die viel älter sind als die frühesten Manuskripte, die man bis zu jener Zeit kannte. Im Jahre 1945 wurde in Oberägypten eine ganze Bibliothek gnostischer Schriften entdeckt. In der Gegenwart ist eine Menge archäologischen Materials durch Ausgrabungen ans Licht gekommen. Die verschiedenen Methoden, mit denen Gelehrte sich in den letzten Jahrzehnten mit der Heiligen Schrift beschäftigt haben schufen uns vollständig neue Erkenntnisse darüber, was für eine Art von Bibliothek das Neue Testament ist. Denn es ist nicht *ein* Buch, wie früher mehr oder weniger unausgesprochen angenommen wurde. Es ist eine ganze Bibliothek von Büchern, die viele unterschiedliche Ansichten zum Ausdruck bringen. Daher müssen wir jetzt diese Anschauungen vergleichen.

FC: Das ist dann also Fortschritt wie in der Naturwissenschaft.

DSR: Ja, in dem Maße, in dem Theologie eine Wissenschaft ist, kann man von Fortschritt sprechen.

TM: Aber natürlich gibt es eine Form, in der Theologie keine Wissenschaft ist, und in diesem Sinne gibt es keinen Fortschritt. Auf jeden Fall können wir «Fortschritt» als einen Mythos unserer Zeit bezeichnen, wenn man «Mythos» einmal im negativen Sinne auffaßt, als eine Erzählung, die unsere Wahrnehmung der Wirklichkeit trübt.

FC: Als wir vorhin über Dogmen sprachen, sagten Sie, gewisse Dogmen drücken die Wahrheit für die Menschen einer gewissen Epoche, einer gewissen Kultur aus. Angenommen, Sie haben soeben eine gesamte Lehre und alle ihre Dogmen studiert. Sie müßten jetzt nicht die Dinge zurückverfolgen bis zu etwas, was man seinerzeit formuliert hat, es sei denn aus historischem Interesse, sondern könnten sich zeitgenössischer Formulierung bedienen. Die gesamte Lehre könnte in der Sprache der Gegenwart formuliert werden, und man könnte sagen, daß man auch in der Zukunft unterschiedliche Formulierungen erwarten kann. Auch in dem Falle würde keine Notwendigkeit bestehen, auf unsere heutige Zeit zurückzugreifen, es sei denn aus rein historischem Interesse.

DSR: Nein. Hier besteht mehr als nur historisches Interesse, weil es sich um Erkenntnisse handelt, die Marksteine darstellen, Erkenntnisse, auf denen spätere Generationen stets aufbauen werden. Wir nehmen Bezug auf sie, jedoch nicht zwangsläufig mit derselben Terminologie, weil die Sprache sich ändert. Man muß stets die geschichtliche Entwicklung studieren, um den Kontext zu erkennen, in dem die betreffenden Aussagen gemacht wurden. Ich nehme jedoch an, so etwas geschieht auch in der Naturwissenschaft.

FC: Ja, ich glaube, da gibt es eine ziemlich deutliche Parallele.

TM: Bei den beiden hier besprochenen neuen Paradigmen haben Historiker eine entscheidende Rolle gespielt. Ich denke da zum Beispiel an das Buch von Thomas Kuhn *Die Struktur der wissenschaftlichen Revolutionen* und seine Wirkung auf die Ausgestaltung des neuen Paradigmas in der Physik, den Wissenschaften vom Leben und sogar der Psychologie. In der Theologie hat das Beharren von Pater M. D. Chenu auf der Notwendigkeit, Thomas von Aquino und andere theologische Klassiker in ihrem historischen Kontext neu zu studieren, zunächst bewirkt, daß sein Werk auf den Index verbotener Bücher gesetzt wurde. Schließlich wurde er jedoch als offizieller Experte zum Zweiten Vatikanischen Konzil geladen. Das Werk eines lutheranischen Historikers der Theologie, Jaroslav Pelikan, übt gegenwärtig eine beträchtliche Wirkung auf die katholische Theologie aus. Seine Werke gehören zur Standardlektüre der meisten heutigen Seminare.

DSR: Vorhin haben Sie, Fritjof, davon gesprochen, wie problematisch es sei, Dinge zu erklären, die alle zusammenhängen. Wenn alles mit allem zusammenhängt, wo beginnt man dann? Ich denke, die Theologie versucht nicht, die Dinge in dem Sinne zu erklären, wie die Naturwissenschaft das tut.

Sie gleicht mehr dem, was man mit einem Theaterstück tut, beispielsweise mit *König Lear*. Da wird uns ein kleines Universum vorgeführt, in dem alles mit allem zusammenhängt. Innerhalb von drei Stunden wird uns die Fülle des Lebens mit all seinen Freuden und Leiden auf einer Bühne dargestellt. Und man empfindet als Zuschauer nicht das Bedürfnis, dieses Drama zu erklären. Vielleicht würde man es gerne in Begriffen der Literaturkritik analysieren. Was uns letzten Endes jedoch daran wirklich befriedigt, ist, daß man sagen kann: «Ja, so ist es im Leben.» Man sagt Ja nicht zu diesem oder jenem Charakter, zu diesem oder jenem Teil der Handlung. Irgendwie bejaht man die zugrunde liegende Wirklichkeit. Das ist es, wozu wirklich große Kunst uns führt: Ja zu sagen zum Leben in seiner ganzen Fülle.

FC: Eine Tragödie von Shakespeare hat heute dieselbe Gültigkeit wie zu Shakespeares Lebzeiten. Er hat den Finger auf etwas in der menschlichen Kondition gelegt, was uns heute genauso stark anspricht wie die Menschen damals.

Nun gibt es andere Elemente der menschlichen Kondition, die sich ändern. Nimmt man zum Beispiel ein Drama von Sartre, etwa *Geschlossene Gesellschaft*, dann könnte man sagen: «Das hat es zur Zeit Shakespeares nicht gegeben. Existentielle Angst ist ein Zeichen der Moderne. Es ist eine Entfremdungseigenschaft der modernen Zeit, die damals nicht existierte.» Das ist eine Reflexion auf den gesellschaftlichen und kulturellen Kontext der menschlichen Kondition, der sich gewandelt hat.

DSR: Man würde das nicht als Fortschritt bezeichnen.

FC: Richtig. Das würde man nicht Fortschritt nennen.

DSR: In der Theologie wäre eine offenkundige Parallele die Frage der medizinischen Ethik als Aspekt der Moraltheologie. In der heutigen medizinischen Wissenschaft sind viele Dinge möglich, die es früher nicht waren. Das stellt uns vor neue ethische Fragen. Auf der Grundlage unserer engen Bindung an höchste Werte müssen die Moraltheologen versuchen, in diesen neuen Bereichen angemessene Antworten zu geben.

Dichtung und Literaturkritik

FC: Würden Sie dann auch sagen, daß es Teile gibt, etwa in Dramen von Shakespeare – ich denke da an dieses äußerst bewegende zärtliche Zwiegespräch zwischen Romeo und Julia – die man nicht verbessern kann? Das ließe sich auch in moderner Sprache nicht verbessern. Shakespeare hat alles gesagt. Ich nehme an, in der Theologie gibt es Aussagen, von denen man dasselbe behaupten kann.

DSR: Die gibt es. Vielleicht bezeichnen wir diese Teile in der Theologie als Dogmen. Man kann sie nicht verbessern, vorausgesetzt man spricht ihre Sprache. Man muß das Englisch von Shakespeare sprechen, sonst kann man jene Stellen in *Romeo und Julia* nicht verstehen. Je weiter unsere Sprache sich von der Shakespeares entfernt, desto schwieriger wird es, jene Textstellen zu verstehen, selbst wenn man sie nicht verbessern kann. Und je weiter unsere Sprache sich von der entfernt, in der die frühere Kirche ihr Dogma formulierte, um so mehr muß man darum ringen, die Sprachbarriere zu überwinden, die uns von dem trennt, was nicht verbessert werden kann. Es wird immer dringlicher, das in unseren eigenen Begriffen auszudrücken.

FC: Die Dogmen sind aber doch nicht in dichterischer Sprache formuliert, oder doch?

DSR: Nein, das sind sie nicht, und das ist ein Teil des Problems.

FC: Wäre das der Fall, würden die Menschen sie leichter begreifen.

DSR: Richtig. Und das weist auf ein anderes großes Problem hin. Vieles von dem, was schließlich in philosophischer Sprache als dogmatische Formulierung festgelegt wurde, war ursprünglich eine poetische Aussage. Die philosophische Sprache der Dogmen, in die man sie später preßte, erlaubte längst nicht mehr den Reichtum und die Aussagekraft der früheren poetischen Sprache. Viele Begriffe, die als dogmatische Formulierungen endeten, haben ihre Wurzeln in Hymnen, die die Urchristen sangen. Sie waren echte Poesie. Religiöse Sprache ist die Sprache der Poesie; die Sprache der Theologie ist es nicht, sie ist die Sprache der Philsophie. Man könnte fast sagen, daß religiöse Erfahrung sich in Poesie ausdrückt, während die Theologie deren Literaturkritik ist. (Literaturkritiker neigen dazu, sich selbst ernster zu nehmen als ihren Gegenstand, die Poesie.)

FC: Würden also die Dogmen in poetischer Sprache ausgedrückt und kontinuierlich von Zeit zu Zeit in verschiedener Form von Poesie neu formuliert, und gäbe es eine Theologie als Literaturkritik, die das alles zusammenfaßt, dann wäre das befriedigender.

DSR: Möglicherweise schon. Immerhin ist das, was in den Dogmen in philosophischer Sprache formuliert ist, in der übrigen Überlieferung sowieso in Hunderten von verschiedenen Formen poetischen Ausdrucks verfügbar.

TM: Lassen Sie mich hier eine historische Fußnote anbringen. Die großen Dogmen zur Dreifaltigkeit und Christologie wurden niemals ganz und gar auf «philosophische Sprache» reduziert, weil sie in der Sprache der Bibel wurzeln. Das «Dogma» selbst mag nicht zur poetischen Literatur gehören, ist aber auch nicht reine Gebrauchssprache. In den klassischen dogmatischen Definitionen findet man Metaphern und Anspielungen und somit zumindest einige Elemente von Poesie oder dichterischer Prosa. Dagegen wird die Sprache der Theologie um so dürrer und steriler, je mehr sie sich von den großen Epochen der Kirchenväter und Scholastik weg in die Periode bewegt, die wir in unserem Gespräch als «altes Paradigma» identifiziert haben. Ich meine die Epoche der positiv-scholastischen oder «manualistischen» Theologie.

DSR: Als wir vorhin über Dramen sprachen, bewegte mich noch eine andere Frage. Läßt sich das dichterische Universum, das uns in einem bedeutenden Schauspiel präsentiert wird, mit dem Universum vergleichen, das die Naturwissenschaft uns darstellt? Könnten wir dann vielleicht den Sinn des Schauspiels, den man zwar in jedem Teil, jedoch nur im Hinblick auf das Ganze findet, mit dem Sinn des Kosmos vergleichen, den wir nur im allerhöchsten Kontext finden?

FC: Ja, absolut. Ich meine, Bateson hat das deutlich gemacht. Er legte großen Wert auf Geschichten und definierte eine Geschichte als ein Muster von Zusammenhängen. Bateson sagte: Was an einer Geschichte wichtig und wahr ist, das sind nicht die Menschen, die darin vorkommen, und auch nicht die Handlung, sondern die Beziehungen zwischen den Menschen. Verfolgt man eine Geschichte, dann verfolgt man bestimmte Zusammenhänge und erfaßt niemals den ganzen Sinn, weil man nicht das Ganze sieht, während man noch der Handlung folgt. Hat man sie jedoch ganz gelesen, dann hat man auch den Sinn, aber gelegentlich ist selbst das nicht genug. In den griechischen Dramen, etwa in der Ödipus-Trilogie, erfaßt man den Sinn nicht einmal in einem der einzelnen Teile. Man muß alle drei Dramen sehen, um zu erkennen, wie das Handeln einer Person karmisch über Generationen fortwirkt.

DSR: Das scheint mir eine durchaus passende Analogie. Die Naturwissenschaft präsentiert uns den Kosmos. Die Religion beschäftigt sich mit dem Sinn dahinter.

TM: Der christliche Glaube beschäftigt sich natürlich auch mit dem Sinn hinter der Geschichte, wie es auch die jüdische Religion und der Islam tun. Im Gegensatz zu den Weisheits- oder «mystischen» Religionen etwa des Hinduismus und Buddhismus werden die beiden eben genannten Religionen oft als «prophetische» bezeichnet. Diese Klassifizierung ist jedoch zu starr. Ganz gewiß gibt der Buddhismus der Geschichte einen Sinn, insoweit er eine Eschatalogie besitzt und eine Hoffnung für die Zukunft verkündet, den letzten irdischen Buddha, Maitreya. Alle Religionen müssen sich heute der Herausforderung durch die Geschichte stellen; das ist unvermeidlich. Die Christen können nicht behaupten, im Besitz aller Antworten zu sein, wenn es um die Frage nach dem Sinn unserer Zeit geht, selbst wenn die christliche Theologie der Geschichte Menschen anderen Glaubens als Anregung zum Nachdenken dienen kann und auch tut.

Das menschliche Element

FC: Wir haben gesprochen von der Theologie als einem Nachdenken über die Erforschung Gottes sowie von der religiösen Erfahrung als von einer Erfahrung des Zugehörens. Mir scheint, alles, was in der Theologie gesagt wird, bezieht sich auf diese Erfahrung des Zugehörens. Daher ist man selbst stets ausdrücklich in das Bild einbezogen. Alle theologischen Aussagen scheinen sich auf einen Zusammenhang zwischen uns und der Wirklichkeit zu beziehen.

In der Naturwissenschaft ist das nur implizit der Fall, da man den Beobachter nicht vom beobachteten Phänomen trennen kann. Doch spricht man nicht ausdrücklich vom Beobachter. Sage ich, ein Atom besteht aus einem Kern, Elektronen und so weiter, dann spreche ich nicht von meiner Beziehung zum Atom. Oder wenn ich von einem Ökosystem sage, daß beispielsweise in einem Forst Eichhörnchen, Bäume, Wurzeln und Pilze in Wechselbeziehung stehen, daß es gewisse natürliche Zyklen gibt und so weiter, dann betone ich nicht ausdrücklich, daß ich selbst zu diesen Zyklen gehöre. Die religiöse Erfahrung eines Ökosystems und das Nachdenken über diese religiöse Erfahrung unterscheiden sich, wie mir scheint.

DSR: Ganz bestimmt. Das Gewahrsein unseres letztendlichen Zugehörens wird stets der Kern unserer religiösen Erfahrung sein. Das braucht jedoch in der theologischen Reflektion über diese Erfahrung nicht deutlich gemacht zu werden.

Es wäre ein Fehler anzunehmen, das theologische Denken beziehe sich auf die innere, die Naturwissenschaft auf die äußere Erfahrung. Nein, sowohl die Naturwissenschaft wie auch die Theologie befassen sich mit der Wirklichkeit als einem Ganzen. Doch betrachtet die Theologie die Wirklichkeit unter dem Aspekt unserer Beziehung zu Gott, dem Horizont, während die Naturwissenschaft sich auf das konzentriert, was innerhalb unseres Horizonts gegeben ist.

In meiner Interpretation des Begriffes umfaßt die «Wirklichkeit» den Kosmos und die Geschichte. Das ist das gewaltige Forschungsgebiet für die Naturwissenschaft und die Theologie.

FC: An dieser Stelle überschneiden sie sich.

DSR: Ja, dort müssen beide die gemeinsame Grundlage finden. In diesem Zusammenhang möchte ich das persönliche Element in der Theologie nicht ungebührlich hervorheben. Wir müssen ebenfalls betonen, daß die Theologie ebenso wie die Naturwissenschaft eine objektive Einschätzung der Wirklichkeit anstrebt.

FC: Dazu möchte ich ein Beispiel anführen. Als ich mein Buch *Das Tao der Physik* schrieb, stellte ich Zitate von östlichen Mystikern und von Physikern gegenüber. Ich erinnere mich an eine Stelle in einem frühen buddhistischen Text: «Das Erwachen des Glaubens» von Ashvaghosha. Da heißt es: «Ist der Geist aufgerührt, entsteht die Vielfalt der Dinge. Ist der Geist gestillt, verschwindet die Vielfalt der Dinge.» Dann spricht er davon, daß es keine isolierten, getrennten Objekte in der Welt gibt und diese Wahrnehmung eine Illusion sei. Das kommt dem sehr nahe, was Physiker im 20. Jahrhundert herausgefunden haben. Doch beginnt die Feststellung Ashvaghoshas mit den Worten, «Ist der Geist aufgerührt . . .», womit die menschliche Kondition explizit einbezogen wird. Es gibt jedoch andere Stellen im selben Text, in denen die menschliche Kondition nicht ausdrücklich angesprochen wird. Er spricht von grober und feiner Materie und von diesem und jenem, und das sind die typischen Aussagen, die ich mit den Aussagen von Physikern vergleichen würde.

Im Laufe unseres Gesprächs habe ich den Eindruck bekommen, daß in der Theologie, deren Beziehung zu Gott ja schon im Namen «Theologie» zum Ausdruck kommt, diese Beziehung wirklich vorrangig ist. Ich meine die Erfahrung des Zugehörens zu dieser Beziehung.

DSR: Ja, sie ist stets vorrangig, aber nicht immer explizit, steht nicht immer im Brennpunkt. Wir befassen uns von unterschiedlichen Standpunkten mit der Wirklichkeit. Wie sieht das bei Ihnen aus. Fritjof? Als Physiker beschäftigen Sie sich auf wissenschaftliche Weise mit der Wirklichkeit, als religiöser Mensch auf spiritueller Ebene jedoch auch auf andere Weise. Wie würden Sie den Unterschied zwischen den beiden Haltungen beschreiben, die Sie einnehmen, wenn Sie diese beiden verschiedenen Hüte tragen?

FC: Nehmen wir die Erfahrung der Wirklichkeit als ein zusammenhängendes Gewebe und uns selbst als untrennbaren Teil dieses Gewebes. Als Naturwissenschaftler empfände ich es als eine intellektuelle Herausforderung, etwas über ein Phänomen auszusagen, von dem ich ein Teil bin. Bin ich ein Teil davon, dann schafft das eine Art Rückbezüglichkeit, die das Ganze sehr kompliziert und verwirrend macht. Diese Verworrenheit aufzudröseln ist eine unerhörte intellektuelle Herausforderung. Als Naturwissenschaftler würde ich also an dieses Gewahrwerden des Zugehörens zum übrigen Ganzen mit dem Verstand herangehen. Wir arbeiten dabei mit annähernden Aussagen und Modellen. Wir sagen: Auf dieser Ebene der Annäherung brauche ich nicht von mir selbst zu sprechen. Ich weiß, daß ich damit einen Fehler mache, und werde dann versuchen, diesen Fehler zu quantifizieren. Das ist das intellektuelle oder, wie Sie es nennen würden, das noetische Problem.

DSR: Und Sie sind sich dann klar, daß Ihr sauberes Konzept, Ihre saubere Beobachtung sehr dürftig ist?

FC: Ja. Ich würde es «annähernd» nennen. Was Sie als dürftig bezeichnen, ist genau die Idee der Approximation.

DSR: Ich bin nicht sicher, daß ich Sie hier verstehe. Unter Annäherung verstehe ich persönlich, daß wir uns dem Ziel mehr oder weniger nähern. Setzen wir uns als Ziel jedoch nur einen begrenzten Aspekt ...

FC: Dann bedeutet das Verarmung. Verarmung heißt, nicht das Ganze zu haben.

DSR: So ist es. Ich dachte übrigens dabei an einen besonderen Aspekt der Verarmung: Die persönliche Reaktion auf die Wirklichkeit wird dabei ausgeblendet.

FC: Ja, darauf wollte ich gerade noch kommen. Sie fragen mich, wie ich das als Wissenschaftler und als Mensch sehen würde. Um den Vergleich zu erleichtern, möchte ich einmal nur über ein Ökosystem sprechen: Als Wissenschaftler beschreibe ich dieses und sehe dann, daß mein Beobachtungsprozeß ein Teil der Beschreibung ist. Das ist der unsaubere Teil. Gehe ich anschließend jedoch ins Freie, durch einen Wald, und fühle mich emotional, ästhetisch und spirituell wirklich mit dem Wald verbunden und habe eine voll entfaltete Erfahrung dieser Art, dann ist das eine existentielle, eine spirituelle Erfahrung. Ich erlebe sie auf vielen Ebenen, und gerade dabei ist die für die wissenschaftliche Beschreibung wichtigste Ebene – die intellektuelle – überhaupt nicht vorhanden.

DSR: Intellektuelle Objektivität könnte in diesem Augenblick ein Sakrileg sein.

FC: Die intellektuelle, überlegende, analysierende Ebene wird transzendiert. Eine solche Erfahrung würde ich nicht analysieren.

DSR: Das ist ein wichtiger Punkt. Würden Sie sagen, der intellektuelle Aspekt habe etwas damit zu tun, daß man die Dinge in den Griff bekommt?

FC: Absolut.

DSR: Und die andere von Ihnen beschriebene Haltung bedeutet, daß man sich der Erfahrung hingibt, daß wir etwas mit uns geschehen lassen. Hier kommt die menschliche Reaktion ins Spiel, und ohne dieses menschliche Element hat nichts einen Sinn für uns. Als Naturwissenschaftler befassen Sie sich nicht mit der Frage nach Gott. Als Mensch können Sie jedoch dieser Herausforderung nicht entgehen. Sie ist von der Wirklichkeit so untrennbar wie der Horizont von der Landschaft.

TM: Mir scheint, Sie haben jetzt genau den Punkt getroffen, an dem die neuen Paradigmen von Naturwissenschaft und Theologie konvergieren – nämlich in der Erkenntnis, daß der «objektive Standpunkt» eine Illusion ist, daß angesichts der totalen Wirklichkeit niemand ein «unvoreingenommener Beobachter» sein kann. Für diese Haltung gibt es ein mittelalterliches Axiom: *Quidquid recipitur, ad modum recipientis recipitus* – «Was immer empfangen wird, das wird auf die Weise des Empfängers empfangen.» Der Anspruch einer objektiven Haltung wäre, wie Bruder David sagte, ein Sakrileg. *Tua res agitur!* – «Es ist deine Geschichte, die erzählt wird. Du bist ein Teil von ihr.» Die Wende vom Teil zum Ganzen beinhaltet also auch die Erkenntnis, daß ich im Ganzen enthalten bin und das Ganze mich einschließt. Diese Erkenntnis ist zugleich der Kontext und die Bedingung von Gottes Selbstoffenbarung.

VIERTER TEIL:
Soziale Implikationen des neuen Denkens
in Naturwissenschaft und Theologie

FC: Die sozialen Implikationen des neuen Denkens in der Naturwissenschaft sind mir ziemlich klar. Fast auf jedem wissenschaftlichen Gebiet von gesellschaftlicher Relevanz, etwa der Medizin, Volkswirtschaft, Psychologie, Biologie gibt es in der Gesellschaft größere Probleme, zu deren Lösung man die Wissenschaft braucht. Nur eine Wissenschaft, die zu neuem Denken fähig ist, wird imstande sein, sie zu lösen. So wird zum Beispiel die medizinische Wissenschaft nur dann in der Lage sein, viele der heute auftretenden schweren Krankheiten zu verstehen, wenn Körper und Geist als zwei Facetten desselben Phänomens gesehen werden. Und nur wenn man den Organismus in die Gesellschaft und die natürlichen Ökosysteme eingebettet sieht, wird man auf sinnvolle Weise für die Gesundheit Sorge tragen können. Ähnliches gilt für die Wirtschaft. Nur wenn wir sie in Ökosysteme eingebettet sehen, nur wenn wir die Wechselwirkungen zwischen wirtschaftlichen und gesellschaftlichen Prozessen erkennen, werden wir die Wirtschaftskrise meistern können.

Damit ist also ganz klar, daß das neue naturwissenschaftliche Denken viele soziale Implikationen hat.

TM: Das gilt auch für das neue Denken in der Theologie. Unsere Gesellschaft wird schnell gewahr, daß ihre Probleme spirituelle Implikationen haben. Die Theologie ihrerseits wird gewahr, daß die Antworten auf diese Probleme nicht länger von oben verfügt werden können. Sie müssen im Dialog mit breiten Volksbewegungen und deren aufdämmernden Einsichten entwickelt werden. Der Dialog ist eine typische Haltung für das neue Paradigma der Theologie.

Vernetzung und ökologische Tragfähigkeit

FC: Die wesentlichsten Implikationen des neuen Denkens für die heutige Politik und die Gesellschaft insgesamt betreffen den Begriff der Vernetzung. Er ist gewissermaßen das Herzstück des neuen Paradigmas, dieses Gefühl des Zugehörens, das für uns auch das Herzstück religiöser Erfahrung bildet. In der Politik gibt es einen Weg, dieses Verbundensein zum Ausdruck zu bringen; es ist die Einsicht in den inneren Zusammenhang der Probleme. Die Hauptprobleme unserer Zeit können nicht isoliert verstanden werden. Was immer sie sein mögen – Umweltzerstörung, Bevölkerungswachstum, die Fortdauer von Armut und Hunger in der Welt, die Gefahr von Atomkriegen –, jedes muß als mit allen anderen verknüpft wahrgenommen werden. Zur Lösung jedes beliebigen einzelnen Problems brauchen wir das Systemdenken, weil es sich in allen Fällen um systemische Probleme handelt, das heißt um Probleme, die miteinander verbunden und voneinander abhängig sind. Das ist ein zentraler Aspekt der tiefgreifenden Implikationen des neuen Denkens in der Gesellschaft und in der Politik.

TM: Denken Sie da noch an andere, Fritjof?

FC: Ja, und zwar insbesondere eine andere Art von Verknüpfung, die mit der Zukunft. Die meisten unserer heutigen sogenannten Lösungen schaffen neue Probleme. Löst man zum Beispiel das Energieproblem durch Atomkraft, so ist das eine typische Lösung, die für einen bestimmten Zeitraum richtig scheinen mag, ganz bestimmt jedoch nicht auf längere Sicht, wegen des Atommülls und verschiedener anderer Probleme. Da es keine akzeptable Endlagerung für nukleare Abfälle gibt, bleiben sie uns auf Dauer erhalten. Je mehr davon angehäuft wird, desto größer ist die Gefahr mitten unter uns, und um so mehr müssen wir den Atommüll isolieren und bewachen. So wird also das technische Problem der Endlagerung radioaktiver Abfälle letztlich zum gesellschaftlichen Problem der Schaffung eines Polizeistaates zu ihrer Bewachung. Für mich ist dies das stärkste Argument gegen die Kernenergie. Sie ist gesellschaftlich unakzeptabel, weil sie mit der Demokratie in Konflikt gerät. Kernenergie ist langfristig von Natur aus undemokratisch.

Also brauchen wir Lösungen, die nicht neue Probleme für die Zukunft schaffen. Man kann hier einen Begriff verwenden, der in der Ökologiebewegung zu einem Schlüsselbegriff geworden ist: Die einzig akzeptablen Lösungen sind langfristig tragfähige Lösungen. Dieses Konzept der ökologischen Tragfähigkeit (engl. *sustainability)* wurde von Lester Brown am Worldwatch Institute definiert: «Eine ökologisch tragfähige Gesellschaft ist eine, die ihre Bedürfnisse befriedigt, ohne die Zukunftschancen künftiger Generationen zu vermindern.»

DSR: Das ist eine sehr einfache und sehr schöne Definition. Sie stimmt weitgehend mit einer traditionellen Haltung der amerikanischen Indianer überein, daß man bei allen wichtigen Entscheidungen noch die siebte nachfolgende Generation im Auge haben sollte.

FC: Die Frage dieser langfristigen Tragfähigkeit ist zu einem entscheidenden Kriterium für Entscheidungen über die gesellschaftlichen Strukturen geworden, die wir errichten. Für mich persönlich besteht die Herausforderung der 1990er Jahre darin, Gesellschaften zu schaffen, die langfristig tragfähig sind. Nur solche Gesellschaften können die Probleme lösen, die uns zu zerstören drohen.

Was ich hier besonders hervorheben möchte, ist, daß diese beiden Punkte – die wechselseitige Verknüpfung aller Probleme einerseits und vorausschauende Übernahme der Verantwortung für künftige Generationen andererseits – in bezug auf Politik und Gesellschaft die beiden entscheidenden Themen des neuen Denkens sind. Ich frage mich, ob es dafür in der Theologie eine Parallele gibt. Aus meiner persönlichen Erfahrung mit Theologie des alten Paradigmas weiß ich, daß die Betonung auf der Ewigkeit und dem Leben nach dem Tode liegt, nicht bei künftigen Generationen. Das gilt auch für die Gesellschaft ganz allgemein.

TM: Es gibt zwei Sichtweisen der Situation des Menschen in der Geschichte. Man findet sie gleich zu Beginn des Christentums im Neuen Testament, und es besteht eine konstante Spannung zwischen ihnen. Eine dieser Perspektiven könnte man die Betonung des Eschatalogischen nennen.

FC: Was heißt eschatalogisch?

TM: Eschatalogisch ist von dem griechischen Wort *eschaton* (das letzte) hergeleitet. Es bezieht sich auf die Gegenwart der letzten Wirklichkeit, die definitive Manifestation Gottes im gegenwärtigen Augenblick und unsere Ausrichtung darauf.

Die andere Sichtweise wird überwiegend im Evangelium des Lukas und den «Taten der Apostel» dargestellt. Sie betrachtet unsere historische Situation als eine «Zeit der Mitte» zwischen dem Beginn der Zeit des Reichs Gottes mit Jesus und der Endzeit, der Erfüllung oder Vollendung dieses Reiches. In dieser mittleren Zeit sind *wir* für das Reich Gottes verantwortlich. Das Reich Gottes wird auf Erden nicht nur in der Kirche als religiöser Institution konstituiert, sondern auch in der Verbreitung der Früchte des Reiches unter allen Menschenwesen.

DSR: Das überwiegend mit der Ewigkeit und dauerhaften Dingen befaßte alte Paradigma betont nur die erste der beiden

FC: Und ich frage mich, ob in all dieser Literatur, beginnend beim heiligen Franziskus von Assisi und verschiedenen «ökologischen»Heiligen, nicht irgend etwas zu finden ist, was in Richtung des Konzepts der ökologischen Tragfähigkeit geht. Dieser Gedanke war in früheren Zeiten kein brennendes Thema, aber heute ist er es. Deshalb lohnt es sich, sich damit zu beschäftigen. Das scheint mir ein Gebiet, das überhaupt noch nicht erforscht ist.

TM: Ich glaube, die Tradition der Benediktiner kann in diesem Bereich einiges vorweisen. Nehmen wir als Beispiel die Einsiedelei von Camaldoli in den italienischen Apenninen.* Schon sehr früh in der Geschichte dieser Mönchsgemeinschaft, die ins 11. Jahrhundert zurückreicht, enthielten die Ordensregeln genaue Vorschriften über die Pflege des Waldes. Das Fällen von Bäumen erforderte eine Abstimmung im Rahmen einer feierlichen Zusammenkunft, und für jeden gefällten Baum mußte ein neuer gepflanzt werden. Diese Vorschrift wurde in den Ordensregeln festgeschrieben, nicht nur, weil der Wald eine ökonomische Ressource war, sondern auch, weil die Mönche ein Gespür für ihre Verwurzelung in der Erde hatten, für ihr Zugehören zu einem bestimmten Ort, was die Verantwortung einschloß, diesen Ort auch für die Zukunft für Menschen bewohnbar zu erhalten. Die Gemeinschaft war nicht nur auf eine Generation angelegt, sondern sollte Jahrhunderte überdauern.

DSR: René Dubos, einer der Vorväter ökologischen Bewußtseins, hat in einem seiner Bücher dieser Fürsorge der Benediktiner und der Rolle, die Mönche in diesem Bereich jahrhundertelang gespielt haben, ein ganzes Kapitel gewidmet.

FC: Da fällt mir noch etwas anderes ein. Als wir zuvor über die Natur des Geistes sprachen, sagten Sie, alles Leben sei durch

---

* 1012 vom hl. Romuald gegr. Kloster, Mittelpunkt des Ordens der Kamaldulenser in der Toscana. (Anm. d. Übers.)

den Geist Gottes entstanden. In vielen Überlieferungen würde man sagen, der Geist Gottes trägt alles Leben.

DSR: Das findet man wörtlich im Buch der Weisheit und in Psalm 104.

FC: Wenn also der Geist Gottes oder der Tanz Shivas, wie die Hindus sagen, das ganze Leben trägt, und zwar durch alle Zeiten hindurch, dann handelt jeder, der dagegen handelt, tatsächlich gegen den Geist Gottes. Andererseits bedeutet Handeln unter Berücksichtigung der ökologischen Tragfähigkeit ein Handeln im Geiste Gottes.

DSR: Man könnte also sagen, daß die Sorge um ökologische Tragfähigkeit, in dem Sinne, wie Sie es beschrieben haben, das entscheidende Merkmal eines Menschen ist, der ganz lebendig ist und wach für das, was Spiritualität in unserer Zeit erfordert.

FC: Das Bild der Hindus vom tanzenden Gott Shiva ist sehr kraftvoll und zugleich sehr subtil; er verkörpert zugleich Schöpfung und Vernichtung. Bewahren bedeutet für sie daher nicht das Bewahren individueller Formen, sondern der Organisationsmuster, die das Gewebe des Lebens bilden. Das dritte Element im Tanz des Shiva ist charakteristischerweise das Bewahren.

DSR: Seine dritte Hand drückt dies durch die Geste des Bewahrens aus. Das erinnert mich an die ausgestreckten Hände Christi am Kreuz.

TM: Das vielleicht erste Kompendium des katholischen Glaubens war ein Werk namens *Epideixis*, das gegen Ende des 2. Jahrhunderts vom heiligen Irenaeus geschrieben wurde. Darin wird das Kreuz nicht nur als das zentrale Geschehen bei der Erlösung des Menschen dargestellt, sondern auch als Mittelpunkt des gesamten Kosmos. Die vier Arme des Kreuzes verbinden Höhe und Tiefe, Länge und Breite, womit sie sowohl die historische Zeit als auch die kosmischen Zyklen ausdrükken.

FC: Ich meine, da gibt es für die Theologie noch ein weites Feld zu erforschen.

Eine Spiritualität sozialer Verantwortung

TM: Ganz zu Beginn unseres Gesprächs sagten Sie, Bruder David, für Sie sei Spiritualität die Art, wie religiöse Erfahrung in unser Alltagsleben einfließt. Ich würde gerne spezifische Beispiele erörtern, auf welche Weise uns das helfen kann, die heutigen Probleme zu lösen.

DSR: Einverstanden. Das kann verhältnismäßig leicht geschehen, weil jeder Wandel in der Theologie eine Parallele in einem Wandel der Spiritualität von beträchtlicher sozialer Relevanz findet. Nehmen wir als Beispiel die Erlösung. Im neuen Paradigma gilt sie nicht mehr als ganz persönliche Angelegenheit. Früher hatte man leicht den Eindruck, Erlösung sei eine Privatangelegenheit. Heute, angesichts des neuen ganzheitlichen Ansatzes, liegt der Schwerpunkt auf ihren sozialen Implikationen.

FC: Was meinen Sie genau damit?

DSR: Sprechen wir von Erlösung, dann meinen wir den Prozeß des Übergangs von der Entfremdung zur Gemeinschaft. Schlüsselbegriff in der Botschaft Jesu ist «das Reich Gottes». Damit ist weder der Himmel noch sonst ein bestimmter Ort gemeint. In heutige Terminologie übersetzt, bedeutet «das Reich Gottes» die Erfahrung des endgültigen höchsten Zugehörens plus jene Art von Gemeinschaft, die entsteht, wenn wir diese Erfahrung ernst nehmen und dementsprechend handeln.

Begreifen wir Erlösung in ganzheitlichem Sinne, wie es das neue Denken in der Theologie verlangt, dann kehren wir zurück zum ursprünglichen Verständnis, daß das Reich nicht nur einen Wandel in meinem Herzen bewirkt, sondern einen Wandel im Herzen mit allen sozialen Implikationen. Ich werde mich dann gegenüber anderen so verhalten, wie man sich verhält, wenn man zugehört, werde ein voll verantwortliches Mitglied im ‹Haushalt der Erde› sein.

FC: Dann wären also die ethischen Implikationen des Gefühls des Zugehörens ein wichtiger Teil?

DSR: Ja, das wäre ein Aspekt.

FC: Für mich ist das sehr wichtitg, weil das der Naturwissenschaft Schwierigkeiten macht. Zwar sind Wertvorstellungen eindeutig ein Teil des Paradigmas und somit die treibende Kraft wissenschaftlicher Aktivitäten, doch macht die naturwissenschaftliche Theorie als solche keine Aussagen über Werte. Sie kann uns etwas über den inneren Zusammenhang allen Lebens sagen. Was sich daraus jedoch für unser Verhalten ergibt – wie Sie vorhin sagten, verhält man sich auf bestimmte Weise, wenn man zu einer Gemeinschaft gehört –, das wäre dann eine normative Aussage, und die Naturwissenschaft kann uns da nicht wirklich helfen. Meines Erachtens wäre daher die spirituelle Grundlage sehr wichtig.

DSR: Das wäre ein gutes Beispiel für einen Bereich, in dem ein Naturwissenschaftler als Wissenschaftler nichts zu sagen haben würde. Als Mensch jedoch hat er etwas zu sagen, muß er eine moralische, eine religiöse Verpflichtung eingehen.

FC: Ja, und das ist sehr wichtig.

DSR: Damit haben Sie also eben darauf hingewiesen, daß Sie sich bei der Erörterung von Wertvorstellungen aus dem begrenzten Bereich der eigentlichen Naturwissenschaft in den umfassenderen persönlicher Verantwortung begeben.

FC: Ja, doch ist dies eine heikle Frage. Ich behaupte nicht, daß Wertvorstellungen für die Naturwissenschaft nicht relevant seien.

DSR: Nein, hier verstehe ich Sie.

FC: Allerdings sind sie nicht ein Teil der wissenschaftlichen Theorie. Sie sind Hintergrund und Motivation für die Beschäftigung mit Naturwissenschaft, doch praktisch außerhalb der wissenschaftlichen Theorie.

DSR: Was sagen Sie dann zu der häufig wiederholten Behauptung, die Naturwissenschaft sei wertfrei?

FC: Sie ist durchaus nicht wertfrei, weil sie durch Werte bestimmt wird. Welche Art von Forschung ich betreibe, das hängt von meinem Wertesystem ab und auch von dem der Gesellschaft, weil mein Forschungsgebiet durch die finanziellen Zuschüsse bedingt ist, die ich erhalte.

DSR: Das scheint mir einer der Fälle zu sein, in denen *nicht* Stellung beziehen gleichbedeutend mit Stellung beziehen ist. Wenn Sie behaupten, Sie handeln wertfrei, dann folgen Sie nur den vorherrschenden Wertvorstellungen.

FC: Absolut. Kehren wir aber zur Theologie zurück. Was meinten Sie mit Ihrer Feststellung, die Erlösung sei keine individuelle Angelegenheit. Könnten Sie etwas mehr darüber sagen?

DSR: Ich meinte, Erlösung ist nicht denkbar losgelöst von ihren sozialen Implikationen. Heute nicht mehr. Noch bis vor kurzem hätte man beispielsweise jemandem geraten, Almosen zu geben, ohne ihn zum Nachdenken anzuregen, warum die Armen arm sind und Almosen brauchen. Heute wird entsprechende Bewußtseinsbildung in Predigten und theologischen Schriften sehr nachdrücklich betrieben. Im Rahmen dieses neuen Ansatzes fragen wir nach den grundlegenden systematischen Problemen, erkennen wir die individuelle Verantwortung des Christen für Ungerechtigkeiten im System.

FC: Es ist wirklich interessant für mich, daß man in der neuen Theologie jetzt die Probleme systemisch betrachtet. Welche Art von Problemen sind das?

DSR: Ich habe bereits die Armut erwähnt. Achtung vor der Umwelt wäre ein anderes Problem. Auch Krieg und Frieden würden dazu gehören. All das hängt stark mit der Moraltheologie zusammen, muß jedoch in einem viel umfassenderen Kontext gesehen werden. Es ist nicht nur die Frage, ob man Steuern zahlen soll, die für den Rüstungswettlauf eingesetzt werden, oder ob ich den Kriegsdienst verweigern sollte. Es ist eine ganz neue Art, die Frage des Krieges zu bewerten. Muß es in unserer Zeit wirklich noch Kriege geben? Wie können wir unsere Probleme auf andere Art lösen? Können wir unser Zugehören auf unser eigenes Land begrenzen?

FC: Die Aufgabe des Gemeindepfarrers bestand traditionell darin, sich mit den individuellen Problemen der Menschen zu befassen. Ist das heute auch noch der Fall?

DSR: Ja, und das wird auch bis zu einem bestimmten Ausmaß eine Funktion des Pastors bleiben. Doch wird dessen Funktion als Koordinator der Gemeinschaft heute gleichermaßen hervorgehoben. Früher war der Priester einer katholischen Pfarrgemeinde so etwas wie ein kleiner Monarch mit absoluter Macht. Heute – an vielen Orten faktisch und überall theoretisch – hat er eine Pfarrgemeinde, die er nur koordiniert. Er übernimmt die Verantwortung für die endgültige Entscheidung im Gemeinderat, soll jedoch auch berücksichtigen, was die Männer und Frauen in dieser Pfarrgemeinde dazu beisteuern.

FC: Gibt es bei dieser pastoralen Tätigkeit Anzeichen für denselben Wandel, die Probleme systemisch zu betrachten?

DSR: O ja, sogar sehr weitgehende. Für die, wie ich sie nennen möchte, lebendige Kirche ist das ganz typisch. Dort gibt es in den USA zum Beispiel Ausschüsse für viele verschiedene soziale Belange, beispielsweise für eine Gefängnisreform, für Rassengleichheit, für Wohnungsfragen, für den Schutz zentralamerikanischer Flüchtlinge.

FC: Nun ist ja diese Art systemischer Analyse nicht gerade von Spiritualität motiviert. Mir scheint, die Kirchen haben hier eine Nische gefunden, weil niemand sonst sich mit diesen Fragen beschäftigt. Wenn die Politiker das täten, hätten die Kirchen wohl keine Ausschüsse für Fragen der Rassendiskriminierung. Ein Hirtenbrief katholischer Bischöfe über Wirtschaftsprobleme wäre nicht notwendig, wenn Wirtschaftler und Politiker hier mehr Kompetenz zeigen würden. In gewisser Hinsicht haben hier die Kirchen eine Rolle übernommen, und zwar nicht eigentlich aus spiritueller Motivation, sondern aufgrund eines sozialen Verantwortungsgefühls. Mit anderen Worten: Würde ich in einer Kirche zufällig in die Sitzung eines Ausschusses für Wohnungsfragen oder Fragen der sozialen Gerechtigkeit geraten, dann würde ich vermutlich ziemlich lange überhaupt nicht merken, daß ich in einer Kirche bin.

DSR: Aber muß das denn überhaupt so sein?

FC: Nein, das muß es nicht, denn das ist an sich eine gute Sache. Allerdings verdeutlicht mir das nicht, im Sinne unserer Diskussion, die sozialen Implikationen der neuen Anschauung von Spiritualität.

TM: Ich freue mich, daß Sie auf dieses Thema kommen. Ich habe gezögert, mich hier einzuschalten, erstens, weil ich Bruder Davids zugrundeliegenden Gedankengang verstehe, mit dem ich im wesentlichen übereinstimme, und zweitens, weil ich erwartet habe, daß sie, Fritjof, ihm diese Fragen stellen würden. Hier haben wir tatsächlich den ganz entscheidenden Punkt des Themas: Das neue Paradigma entwickelt keine Spiritualität, die dann auch einige soziale Implikationen hat. Es vertritt vielmehr die Anschauung, Spiritualität sei wesenhaft und unvermeidlich sozial. Wir sind «spirituell»; das heißt, wir sind mit Gott verbunden, in Gemeinschaft mit anderen oder überhaupt nicht. Und diese «anderen» sind nicht nur die Angehörigen unserer eigenen Religion, sondern letztlich die gesamte menschliche Familie. Das ist das älteste aller christlichen Paradigmen, ausführlich erarbeitet im zweiten Jahrhundert durch den anonymen *Diognetbrief,* ein bedeutendes Zeugnis für den urchristlichen Universalismus.

Ich bitte jedoch, meine Unterbrechung zu entschuldigen. Ich würde gerne Ihre Antwort hören, Bruder David.

DSR: Nun, vor der neuen Denkweise in der Theologie hatten sich viele Menschen, vielleicht die meisten, in der Idee individueller guter Taten festgefahren. Die heutige Theologie vertritt eine ganzheitliche, breiter angelegte Anschauung, ein stärker gemeinschaftliches Verständnis von der Erlösung und ihren sozialen Implikationen. Daher befassen sich jetzt zahllose Menschen mit diesen Angelegenheiten. Das ist deren Spiritualität.

FC: Und damit also ein Teil des religiösen Lebens?

DSR: Es ist ebensosehr Teil ihres religiösen Lebens wie etwa Fasten oder Gebete. Auf diese Weise übertragen sie religiöses Gewahrsein ins Alltagsleben.

FC: Jetzt verstehe ich es. Das entspricht dann der Zen-Redensart, Zen praktizieren bedeutet Wasser tragen und Holz hacken.

DSR: Genauso ist es.

FC: Jemand, der nichts von Zen weiß, würde das überhaupt nicht als religiös ansehen.

DSR: Es ist interessant, daß gerade Sie eine solche Bemerkung machen. Es gibt nämlich recht viele Christen, die immer noch der alten Denkweise verhaftet sind und sagen: «Wir wollen unsere Religion aus der guten alten Zeit wiederhaben. Wir wollen Verehrung, nicht Aktivismus.» Es gibt sogar einen Bischof, der für seine Äußerung berüchtigt ist: «Betet den Rosenkranz für den Frieden, statt zu demonstrieren.» Das ist genau das, worüber Sie jetzt sprechen. Es gibt Menschen, die nicht verstehen. Sie sagen: «Was tun diese Leute? Das sind ja marxistische Aktivisten. Das hat nichts mit Religion zu tun.» In ganzheitlicher Anschauung jedoch, aus gut begründeter theologischer Sicht, hat es durchaus mit Religion zu tun. So lebt man seine Religion praktisch.

Spiritualität und Kreativität

DSR: Im neuen Denken findet auch eine Wende von der auf die Erlösung ausgerichteten zur schöpfungs-zentrierten Theologie statt.

FC: Was meinen Sie mit «schöpfungs-zentrierter Theologie»?

DSR: Es ist eine Theologie, die sich nicht um die berühmte Frage der Fundamentalisten dreht: «Bist du erlöst?» Die Vorkämpfer des neuen Denkens würden hierauf antworten: «Ja, Gott sei Dank, wir sind erlöst.» Und was nun? Wie setzt ihr dieses «erlöste Leben», dieses «Leben des Zugehörens» in die tägliche Praxis um? Aus diesem Grunde liegt die Betonung auf dem Begriff Schöpfung, sowohl im Sinne des Kosmos, der Schöpfung, als auch im Sinne der persönlichen Kreativität. Im erstgenannten Sinne ist «Schöpfung» der theologische Ausdruck für «Natur», für alle geschaffenen Dinge.

FC: Dann legen Sie künftig also besonderen Nachdruck auf die Natur.

DSR: Und innerhalb dieser Natur betont man die eigene Kreativität. Schließlich ist man nicht einfach ein bewegliches Teilchen einer kosmischen Maschine, sondern ein Mit-Schöpfer. In dieser Hinsicht wird verantwortungsbewußte Fürsorge für unsere Umwelt ganz eindeutig zu religiöser Verantwortung.

FC: Lassen Sie mich Ihre Bemerkung ein wenig parodieren. Anstatt daß man Ihnen nach der Beichte auferlegt, zehnmal den Rosenkranz zu beten, könnte man auch sagen: «Sorge für das Recycling deiner Zeitungen.»

DSR: Es ist gar nicht ausgeschlossen, daß dies wirklich geschehen könnte. Moralisch reife Menschen werden bei der Beichte nicht die eher oberflächlichen Sünden bekennen, sondern sich auf Handlungen konzentrieren, die einen Riß in unserem Zugehören auf tieferer Ebene verursachen. In diesem Kontext könnte jemand durchaus beichten: «Ich habe mich nicht genug um die Umwelt gekümmert. Mein Häuserblock ist verkommen.» Oder so etwas Ähnliches. Dann könnte der

Komplementarität. Hält man den eigenen für den einzig möglichen Weg, dann muß man alle anderen für falsch halten. Hält man jedoch seinen eigenen Weg für einen speziellen Zugang zur göttlichen Wirklichkeit, dann kann man in den anderen ebenso gültige Wege sehen. Man ist dann dankbar für eine Vielfalt und die Komplementarität unterschiedlicher Anschauungen, die sich gegenseitig bereichern.

Das neue Denken stellt das gemeinsame religiöse Bewußtsein heraus, das uns mit anderen in ihrem Zugang zur göttlichen Wirklichkeit vereint. Je stärker wir dieses Gewahrsein betonen, desto mehr erkennen wir unsere gemeinsame Grundlage; wir sehen dann eher das, was uns vereint, als das, was uns trennt.

TM: Meine eigene Erfahrung mit dem Dialog zwischen Religionen hat mich davon überzeugt, daß die Öffnung gegenüber Menschen anderen Glaubens und gegenüber der Wahrheit, die wir gemeinsam suchen und bewahren, mein persönliches Eintreten für die Wahrheit als solche noch verstärkt. Schließlich ist das, was uns allen gemeinsam ist, die menschliche Wirklichkeit des Lebens auf dieser Erde in einem Licht, das von jenseits der Erde und jenseits unserer Religionen erstrahlt.

Im Dialog geht mir nicht verloren, was an meinem christlichen Glauben einzigartig ist, nämlich Christus selbst. Glaube ich wahrhaft, daß die Fülle der Gottheit in ihm verkörpert war, wie der heilige Paulus sagte? Wenn ja, dann sollte ich in der Menschlichkeit meines muslimischen Bruders oder meiner Hindu-Schwester dieselbe Göttlichkeit entdecken.

DSR: Richtig. Wir beweisen, daß wir Gott in Jesus Christus sehen, indem wir Gott in jedem Menschen sehen, dem wir begegnen.

FC: Das ist natürlich auch politisch äußerst wichtig, weil wir uns da nicht einmal anderen Glaubensbekenntnissen zuwenden müssen. Denn innerhalb der christlichen Gemeinschaft, in Nord-Irland, in geringerem Maße auch in der Schweiz und in Belgien, kämpfen Katholiken gegen Protestanten. Verschiedene kulturelle Gemeinschaften, die verschiedene Zweige des Christentums präsentieren, liegen miteinander im Kriege.

DSR: Natürlich stehen in all diesen Fällen die tiefgläubigen Christen nicht in vorderster Linie; sie wirken vielmehr als Friedensstifter. Man denke daran, welche Hebelwirkung die Religion im Ringen um Frieden haben könnte. Alle Religionen in der Welt predigen den Frieden. Würden sie vereint gegen diese lächerliche Vergeudung von Geld für die Rüstung Stellung beziehen, dann hätten wir größere Friedenschancen. Die Religionen sind schon allzulange Kräfte der Zwietracht in der Welt gewesen, obwohl sie alle den Frieden gepredigt haben. Wenn die Religionen doch endlich beginnen würden, den Frieden zu einem gemeinsamen Anliegen zu machen...

FC: Das geschieht natürlich zur Zeit in vielen Fällen.

DSR: In vielen Fällen, ja. Das ist ein typisches Beispiel für das neue Denken in der Theologie, das Früchte trägt. Ohne eine Bewußtseinsveränderung hätte das nicht geschehen können.

FC: Da kommt mir als Beispiel die protestantische Kirche in beiden Teilen Deutschlands in den Sinn, die in vorderster Linie der Friedensbewegung gestanden hat. Und ich denke auch an die katholischen Bischöfe in den Vereinigten Staaten, oder, um ein Beispiel aus einer anderen Kultur zu nehmen, an den Dalai Lama, dieses hervorragende Beispiel eines Buddhisten, der sich wahrhaft auf einer Friedensmission befindet.

DSR: Man denkt auch an die historische Zusammenkunft in Assisi, bei der der Papst neben dem Dalai Lama saß. Der Papst saß nicht auf einem Thron, sondern beide saßen auf gleicher

Ebene nebeneinander. Solche Ereignisse zeigen, daß es nicht nur ein neues Denken in der Theologie gibt, sondern daß daraus eine wirkliche Kraft für den Frieden in der Welt fließt, eine kraftvolle Energie für gesellschaftlichen Wandel. Was wir da oben an der Spitze sehen, hat seinen Anfang an der Basis gehabt. Denken Sie doch einmal an die Benediktiner für den Frieden in Erie, Pennsylvania, und an andere Zentren für Gerechtigkeit und Frieden, die Morgendämmerung eines neuen Zeitalters.

Die New-Age-Bewegung

DSR: Fritjof, das bringt mich dazu, Sie zu fragen: Wie definieren Sie die New-Age-Bewegung?

FC: In Europa wird mir diese Frage zur Zeit immer wieder gestellt. Ich definiere die New-Age-Bewegung als besondere Manifestation des gesellschaftlichen Paradigmenwechsels, eine Manifestation, die in den 1970er Jahren in Kalifornien ihre Blüte erlebte und in ihrer ursprünglichen Form nicht mehr existiert. Es war damals eine besondere Konstellation von Anliegen, Interessen und Themen – die Bewegung zur Entfaltung des menschlichen Potentials, der ganze Bereiche der humanistischen Psychologie, das Interesse für Spiritualität und für okkulte, paranormale Phänomene sowie die Bewegung für ganzheitliche Gesundheit Ich würde sagen, alles das zusammen machte die New-Age-Bewegung aus. Was sie in negativem Sinne charakterisierte, war das praktisch völlige Fehlen eines gesellschaftlichen und politischen Bewußtseins. Obwohl es natürlich in Kalifornien in den siebziger Jahren eine starke Umweltbewegung gab, war bei der New-Age-Bewegung weder ökologisches noch soziales Bewußtsein anzutreffen. Ganz zu schweigen von feministischem Bewußtsein. All das fehlte der New-Age-Bewegung. In den achtziger Jahren hat sich das gewandelt. Verschiedene Therapeuten und humanistische Psychologen haben sich der Belange der Friedensbewegung, der Frauenbewegung und verschiedener anderer sozialer Bewegungen in einem Ausmaß angenommen, daß sie nicht länger als «New-Age-Anhänger» bezeichnet werden wollen. Deshalb sage ich oft in Europa, wenn wir in Kalifornien heute von «New Age» sprechen, meinen wir in erster Linie Leute, die auf der Bewußtseinsstufe der 1970er Jahre stehengeblieben sind.

TM: Dann sollten wir den Begriff «New Age» lieber fallenlassen. Sicherlich ruft er bei konservativen Christen die falschen Anklänge hervor.

DSR: Dennoch ist es schade, diesen bedeutungsvollen Begriff einer vergangenen Periode zu überlassen. Die gute Botschaft ruft eigentlich stets nach einem neuen Zeitalter.

FC: Ich meine, in Europa kann man von einer New-Age-Bewegung sprechen. Hier in Kalifornien kann man jedoch nicht von einer dynamischen Bewegung sprechen, weil es die nicht mehr gibt. Dann stellt sich natürlich die Frage, wie soll man das Phänomen benennen? Ich würde gern von einer «grünen» Bewegung sprechen, denn es sollte eine solche geben – aber leider ist auch das nicht der Fall.

DSR: Ich würde sagen, die AHP (Association for Humanistic Psychology) hat ein New-Age-Bewußtsein, ein voll entwickeltes New-Age-Bewußtsein. Und in diesem Sinne kann man diesen Ausdruck «New Age» erneut verwenden.

FC: Natürlich sind die Werte der New-Age-Bewegung nach wie vor gültig und heute noch genauso wichtig wie damals.

DSR: Um jedoch ein wirklich neues Zeitalter hervorzubringen, müssen diese Werte durch andere ergänzt werden, die zunächst nicht besonders geschätzt wurden.

FC: Richtig – durch Ausweitung des transpersonalen Bewußtseins in den sozialen Bereich.

Die Befreiungstheologien

FC: Bei unserem Gespräch haben Sie beide mehrfach die Befreiungstheologie im Zusammenhang mit Basisbewegungen erwähnt. Könnten Sie etwas mehr über diese Bewegung sagen? Was ich in diesem Zusammenhang auch sehr interessant finde, ist der fernöstliche Gedanke der Befreiung als spirituelle Befreiung, als Erleuchtung. Ich denke da zum Beispiel an den Hindu-Begriff *Moksha*. Ich frage mich, ob sich da ein Zusammenhang herstellen läßt.

DSR: Den gibt es ganz bestimmt. Bevor wir uns jedoch näher mit dem Thema befassen, sollten wir vorsichtigerweise lieber im Plural von Befreiungstheologien statt von *der* Befreiungstheologie sprechen. Es gibt eine Vielfalt von Befreiungstheologien.

TM: Dabei sollten wir auch berücksichtigen, daß diese inhaltlich nicht besonders originell sind. Sehr oft halten sie sich bei den großen Themen des christlichen Glaubens – etwa der Dreifaltigkeit, der Inkarnation und dergleichen – sehr traditionell an die allgemein akzeptierte Lesart. Wichtig ist jedoch ihre Methode.

Die Methode beginnt bei der Erfahrung von Menschen in Gefangenschaft. Mit anderen Worten – es ist eine Befreiungstheologie, die aus einer Theologie der Gefangenschaft entstanden ist. Lesen wir die Bibel als wahre Erlösungsgeschichte, so werden wir gewahr, daß Gott sich dadurch offenbart, daß einst versklavte und unterdrückte Menschen befreit wurden und ihnen Gerechtigkeit widerfuhr.

Natürlich hat man auch von einem Risiko des Reduktionismus gesprochen – einmal ganz zu schweigen von meines Erachtens geringfügigen marxistischen Einflüssen – und von der Tendenz, die Befreiung zu einem ausschließlich sozialen Anliegen zu machen. Die wirklich ernstzunehmende Befreiungstheologen, etwa Gustavo Gutierrez oder die Brüder Boff, sind Männer, die vom Wert des Gebets und der inneren Erfahrung überzeugt und sich dessen bewußt sind, daß die Menschen in ihren Basis-Gemeinschaften, vor allem in Brasilien, einen kontemplativen Geist entwickeln. Das befähigt sie, die Wurzeln ihrer Unterdrückung wahrzunehmen und zu überwinden. Die Methode besteht darin, genau hinzuhören, wie die Unterdrückten das Wort Gottes aufnehmen. Das, könnte man sagen, ist die Methode der Befreiungstheologie.

DSR: Lassen Sie mich noch folgenden Gedanken hinzufügen. Diese Theologien verdienen es vor allem deswegen als Befreiungstheologien bezeichnet zu werden, weil sie den einfachen Menschen in den Basis-Gemeinschaften die Freiheit geben, selbst Theologie auszuüben, während ihnen Theologie früher nur von akademischen Theologen vermittelt wurde.

TM: Wir sprechen hier natürlich nicht von der akademischen Theologie der entsprechenden Denkschulen. Mit anderen Worten – dieses Verständnis des Glaubens, dieses Nachdenken über Gottes Selbstmanifestation in der Geschichte, wird *von* den Menschen und *mit* den Menschen unternommen. Die Befreiungstheologen hören auf die Menschen und ihre Erfahrungen und bedienen sich dann bei der Formulierung des Glaubensbekenntnisses der Ausdrucksformen dieser Menschen.

DSR: Das ist dann sicher keine Lehrbuch-Theologie!

TM: Sie beruht auf der Annahme, daß das Thema der Befreiung sich wie ein roter Faden durch die ganze Offenbarung zieht.

DSR: Und das erste Ereignis, das alles in Gang brachte, war der Exodus und die Befreiung des Volkes Israel aus Ägypten. In unseren Bibeln gehen Gedanken über die Exodus-Erfahrung tatsächlich dem Buch Exodus voraus; selbst die Schöpfungsgeschichte wird im Licht der großen Befreiung Israels geschildert.

TM: Ja. Es ist wichtig daran zu denken, daß das Buch Genesis *nach* der Erfahrung des Exodus aus Ägypten geschrieben wurde, ein Teil davon sogar sehr viel später, gegen Ende des babylonischen Exils, eintausend Jahre nach dem Geschehen.

FC: Dann sind also die «frühen» Bücher der Bibel in Wahrheit relativ späte?

TM: Ja. Es handelt sich um Befreiungsberichte, erzählt mit Blick auf die Befreiung aus Ägypten. Mit anderen Worten – sobald wir im Exodus erfahren haben, daß Gott uns aus Sklaverei erlöst, blicken wir zurück in unsere Geschichte und ihre Ursprünge und erkennen, wie in ihrem ganzen Ablauf dieselbe Macht Gottes wirksam ist.

FC: Kann man dann sagen, Befreiung sei ein Schlüsselelement im Alten Testament?

DSR: Absolut. Sie ist *der* Schlüssel schlechthin.

TM: Selbst im Neuen Testament ist das Thema des Exodus sehr wichtig.

DSR: Sehr wichtig ist auch die Erkenntnis, daß, wo immer das Wort «Gericht» auftaucht, wo Gott als Richter dargestellt wird, dies ebenfalls ein Hinweis auf Befreiung ist. Der Richterspruch Gottes bedeutet nicht, daß Gott – wie wir es uns manchmal vorstellen – in einem Gerichtssaal sitzend sein Urteil spricht. Gericht bedeutet in der hebräischen Bibel, daß Gott den Armen zu ihrem Recht verhilft und sie von Unterdrückung befreit. Das meint im Grunde die Vorstellung des Gerichts. Die Vorstellung von Gott als dem Richter sollte daher eine freudige Vorstellung sein. Wo immer die Menschen unterdrückt werden, erwartet man Gottes Richterspruch mit dem Verlangen nach Befreiung. Nur in den Kirchen, in denen sich die Unterdrücker versammeln, ist das Urteil Gottes etwas, was man fürchten muß. Man kann aus der Art und Weise, wie das Gericht aufgefaßt wird, entnehmen, in welcher Art von Kirche man sich befindet, in einer Kirche der Armen oder der Reichen.

FC: Dann wurde also das alttestamentarische Thema der Befreiung von verschiedenen unterdrückten Völkern aufgenommen.

DSR: Es wurde zuerst von Jesus aufgenommen.

FC: Richtig, sprechen wir also zunächst davon. Was bedeutet Befreiung im Neuen Testament?

DSR: Was wir Erlösung nennen, bedeutet auf gut Deutsch Befreiung. Wir haben eine Sammlung von Wörtern für den Sonntagsgebrauch entwickelt, die sich von denen für den Alltagsgebrauch unterscheiden. Wir haben Begriffe domestiziert, die uns in ihrer ursprünglichen Bedeutung zu unbequem waren. Was wäre da ein weiteres Beispiel?

TM: Seelenheil.

DSR: Ja. In Wirklichkeit bedeutet Seelenheil das Heilen auf jeder Ebene, vor allem das Heilen von Entfremdung. Ein anderes dieser Wörter für den Sonntagsgebrauch heißt Rechtschaffenheit. Es versucht sehr oft, die Wirkung des Wortes Gerechtigkeit zu erlangen.

FC: Welchen politischen Hintergrund gibt es da, und in welchem Verhältnis steht er zur spirituellen Botschaft Jesu?

DSR: Anscheinend ähnelte die politische Situation zur Zeit Jesu sehr derjenigen im heutigen Mittelamerika, wo die Befreiungstheologien aus dem Boden schießen.

FC: Ich verstehe. Daher also die Verlegenheit.

DSR: Daher die Verlegenheit. Jesus ist gewiß eine politische Gestalt und hat eine politische Botschaft, wenn auch nicht im Sinne von Parteipolitik. Das läßt sich nur schwer rekonstruieren, doch kann man wohl ziemlich sicher sein, daß er sich aus der Parteipolitik heraushielt. Dennoch war ihm und allen Betroffenen klar, daß seine Botschaft politisch ziemlich explosiv war.

FC: Worin bestand diese explosive Botschaft?

DSR: Meines Erachtens ergibt sich aus den Evangelien eindeutig, daß Jesus eine Autoritätskrise auslöste.

FC: Auf welche Autorität gründete Jesus seinen Standpunkt?

DSR: Die Antwort ist nicht, wie häufig angenommen, Jesus berufe sich auf seine persönliche, charismatische Autorität. Auch beruft er sich nicht direkt auf Gottes Autorität, als stehe Gott hinter ihm. Anders als die Propheten sagt Jesus niemals: «So spricht der Herr...» Auf welche Autorität beruft er sich also? Natürlich auf die göttliche Autorität, jedoch die im Herzen seiner Zuhörer. *Das* ist etwas vollkommen Neues. Seine gesamte Lehre gründet auf der Tatsache, daß in jedem einzelnen seiner Zuhörer – selbst den Dirnen, den Steuereinnehmern, den Ausgestoßenen, den Hirten, die keine Rechte, und den Frauen, die keine Stimme hatten –, daß in den Herzen aller Menschen Gottes eigene Stimme spricht.

259

Er geht nicht umher und spricht: «Ich will dir sagen, was du tun mußt. Höre mir zu, und ich werde dir einen Rat geben.» Er geht vielmehr um und erzählt Parabeln. Das ist seine typische Lehrmethode. Typisch für die von Jesus gebrauchten Parabeln ist, daß sie wie Scherze wirken. Sehr oft beginnt er mit einer Frage wie: «Wer von euch Fischern wüßte nicht; wer von euch Brot backenden Frauen wüßte nicht; wer von euch Sämännern wüßte nicht?» und so weiter. «Natürlich wißt ihr, nicht wahr?» Das ist der erste Schritt. Wir, die Zuhörer, antworten: «Natürlich wissen wir es. Das sagt uns doch der gesunde Menschenverstand.» Nun aber fällt der Scherz auf uns zurück, denn Jesus fragt: «Ach so, wenn euch das der gesunde Menschenverstand sagt, warum handelt ihr dann nicht entsprechend?» Jesus hängt seine Parabeln am gesunden Menschenverstand auf, an jenem Geist, der uns gegeben wurde, damit wir Gott von innen heraus erkennen. Die Parabeln setzen voraus, daß wir Gottes Geist durch so simple Tätigkeiten wie Fischen, Brot backen oder Saaten aussäen kennen können – und dementsprechend unser Leben gestalten können.

Warum aber sollte jemand *nicht* dem gesunden Menschenverstand folgen, den wir mit allen Menschen, Tieren, Pflanzen, mit dem ganzen Universum und seinem göttlichen Urgrund teilen? Warum leben wir nicht nach jenem Geist, den wir alle gemeinsam haben und der allein Sinn gibt? Weil wir eingeschüchtert sind vom Druck der Öffentlichkeit, von der öffentlichen Meinung. Jesus treibt einen Keil zwischen gesunden Menschenverstand und Druck der Öffentlichkeit. Mit seinen Parabeln sagt er den Menschen: «Gebt diesem Druck nicht nach. Ihr wißt es doch besser.» Er baut die Menschen auf, läßt sie auf eigenen Füßen stehen. Manchmal geschieht das buchstäblich. Wenn die Menschen sich begeistern, dann vertrauen sie so stark auf diese Kraft, daß sie aufstehen und gehen können, obwohl sie vorher lahm waren. Solche Geschichten in den Evangelien haben noch heute die Kraft, das Leben der Menschen zu ändern.

Nun gerät aber jeder, der anderen auf diese Art Kraft verleiht, in Schwierigkeiten mit den Autoritäten, die Menschen unterdrücken, mit religiösen wie mit politischen Autoritäten. In
den Evangelien lesen wir ausdrücklich, wie verblüfft die einfachen Menschen waren. «Der spricht mit Autorität, nicht wie
unsere Autoritäten», sagten sie. Natürlich kommt so etwas bei
Autoritäten, die zur Unterdrückung neigen, nicht gut an. Was
wirkt befreiender als der gesunde Menschenverstand?

FC: Dazu möchte ich etwas sagen. Mehrmals habe ich bei
Vergleichen von Christentum und Buddhismus gelesen, Befreiung sei ein Schlüsselbegriff in beiden Religionen, doch gingen
sie unterschiedlich mit ihm um. Symbol der Befreiung im Christentum ist Jesus am Kreuz, der uns durch seinen Tod erlöst,
während das Symbol des Buddhismus der meditierende
Buddha ist, der uns zeigt, daß wir uns selbst erlösen können.
Buddha hat niemals gesagt, er werde uns erlösen. Er sagt:
«Wenn ihr befreit werden wollt, werde ich euch zeigen, wie
man es macht. Ihr könnt es selbst tun.» Also eine ganz andere
Art der Ermächtigung. Ihrer Aussage nach ist das aber im
Grunde auch die Botschaft Jesu. Sie lautete nicht: «Ich werde
am Kreuz sterben, und ihr werdet dann erlöst sein.»

DSR: Dem kann ich zustimmen. Doch gibt es in jeder religiösen Tradition die Tendenz, sich vom Lehrer, der uns mit den
Worten ermächtigt, «Ihr könnt das selbst tun!», zu distanzieren
und ihn auf ein immer höheres Piedestal zu stellen, bis man sich
schließlich nur noch auf ihn verläßt. Diese Tendenz gibt es
auch im Buddhismus. In der Schule des Reinen Landes
brauchst du nichts weiter zu tun als Buddha anzurufen, und er
wird dich erlösen. Ich meine, ursprünglich haben Jesus und
Buddha die Menschen «erlöst», indem sie ihnen Kraft verliehen. Das ist jedoch ein heikles Thema.

TM: Es ist ein heikles Thema, weil es in sehr unterschiedlichen literarischen Genres ausgedrückt wird, in sehr unterschiedlichen Sprachen. Die begrifflichen Universen des Buddhismus und des Christentums sind so sehr verschieden, daß es in dieser Frage fast unmöglich ist, für beide Religionen eine gemeinsame Ebene zu finden. Dennoch meine ich, Sie müßten zugeben, daß ein wichtiges Element der Lehre Jesu im Neuen Testament einfach lautet: «Euch, ihr Armen, ist das Reich Gottes geschenkt.» Das ist die Botschaft Jesu.

DSR: Ja, Sie haben recht. Vielleicht neige ich dazu, die Lehre *des* Jesus zu stark im Gegensatz zu der Lehre *über* Jesus zu sehen. Ich verstehe Ihren Standpunkt. Doch stellt selbst das Evangelium des Johannes, das die am höchsten entwickelte Lehre über Jesus enthält, klar, daß jeder Jünger Jesu dahin kommen sollte, sagen zu können: «Ich und der Vater sind eins.» Laut Johannes predigt Jesus für jeden seiner Gefolgsleute, jeder sollte nach Möglichkeit in der Lage sein, *mit* Jesus zu sagen: «Ich und der Vater sind eins.» Das mag einigen christlichen Ohren unerhört erscheinen, doch spricht Johannes auf diese Art vom Reich Gottes.

FC: Die konventionelle Anschauung ist doch folgende. Die Kirche sagt den Armen: «Ja, euer ist das Reich Gottes, aber erst nachdem ihr gestorben seid. Inzwischen geht fleißig zur Kirche und tut gute Werke. Aber mischt euch nicht in die Politik ein.» Das ist nicht gerade eine Botschaft, die zu eigenem Tun ermächtigt.

DSR: Wenn Sie mit Kirche das religiöse Establishment meinen, dann haben Sie das ziemlich genau beschrieben. Religiöse Institutionen sind stets in Gefahr, auf die Seite der herrschenden Klasse gezogen zu werden. Die Kirche als Institution hat den Armen geholfen, so gut sie konnte. Sie neigte jedoch dazu, zu vergessen, daß die Armen die Kirche *sind*. Gottes

nere mich, was Thich Nhat Hanh mir darüber erzählte. Er ist ein bedeutender vietnamesischer buddhistischer Mönch, Schriftsteller, Dichter und Friedensaktivist. Er sagte mir, während dieser Jahre in Vietnam hätten er und seine Mitarbeiter sich den christlichen Priestern und Laien, die mit ihnen als Friedensaktivisten zusammenarbeiteten, viel näher gefühlt als den Buddhisten des eigenen Establishments.

FC: Dann *gibt es* also einen Zusammenhang zwischen den beiden Arten von Befreiung, der spirituellen und der politischen?

DSR: Aber durchaus. Man kann sogar folgendes sagen: In dem Maße, in dem man befreit wird, zumindest im christlichen Sinne, wird man sensibilisiert für die Notwendigkeit gemeinschaftlicher Befreiung, und man fühlt sich dafür verantwortlich.

TM: Das ist ein Beispiel einer für das neue Paradigma typischen theologischen Methode – es ist das Basis-Element, die Betonung der gesamten menschlichen Person, der Nachdruck auf der Überwindung der philosophischen Zweideutigkeiten der Seele/Körper-Sprache, und auch die Betonung des Historischen. Anders ausgedrückt: Offenbarung ist der Prozeß der erlösenden Gegenwart Gottes in der konkreten menschlichen und historischen Wirklichkeit.

DSR: Die Befreiungstheologie überwindet auch den Gegensatz von Denken und Handeln, ein Gegensatz, den auch Gandhi überwunden hat.

Autorität und Macht

FC: Unter allen Menschen, die auf spiritueller Grundlage für Frieden und sozialen Wandel gearbeitet haben, ist Gandhi ein leuchtendes Beispiel. Sein Werk zeigt uns auf sehr dramatische Weise einen Menschen, der mit Macht umzugehen wußte, ohne von ihr korrumpiert zu werden.

Nach meiner Erfahrung ist eines der großen Probleme der Basis-Bewegungen und sozialen Aktivisten, die die Zustände in der Welt ändern wollen, die Frage der politischen Macht. Sie stellt sich auf sehr verschiedenartige Weise. Zum Beispiel: Sollen wir mit Menschen oder Organisationen paktieren, die politische Macht besitzen, beispielsweise mit politischen Parteien? Sollen wir auf diese Weise selbst Macht erlangen, und wie können wir das tun, ohne korrumpiert zu werden, da wir alle wissen, daß Macht nun einmal korrumpiert?

Ein anderer Aspekt ist der, daß die Basis-Organisationen selbst in dem Maße, in dem sie politisiert werden, sich mit Verteilung von Macht untereinander beschäftigen müssen. Man könnte fast sagen, schon von der Definition her ist die politische Arena eine Arena der Macht. Ein zentraler Aspekt jeder Politik ist die Verteilung von Macht.

Jedermann weiß, daß Macht korrumpiert und alle möglichen Formen negativer Nebenwirkungen hat. Wir wissen auch, daß Gandhi auf beispielgebende Art mit Macht umgehen konnte und selbst eine zutiefst spirituelle Persönlichkeit war. Was sagt uns das alles über den Zusammenhang von Spiritualität und Macht? Ich halte diesen Fragenkomplex von Spiritualität und Macht für äußerst wichtig.

DSR: Dazu möchte ich mich ebenfalls äußern, doch bediene ich mich gewöhnlich des Begriffes Autorität. Schlagen wir in einem Wörterbuch nach, was Autorität bedeutet, so finden wir dort als Erklärung: «Macht zu befehlen.» Und dann fragt man: «Woher stammt diese Macht zum Befehlen? Wer hat sie den

Autoritäten verliehen?» Damit sind wir bei der eigentlichen Bedeutung von Autorität, nämlich Autorität als «eine feste Grundlage für Wissen und Handeln». Das ist etwas ganz anderes als «Macht zu befehlen» – die ursprüngliche Idee von Autorität. Wer Forschung betreibt, der braucht für seine Erkenntnisse nicht nur Hörensagen, sondern eine feste Grundlage. Also beschäftigt er sich mit einem autoritativen Buch. Wer krank ist, konsultiert eine Autorität auf dem für sein spezielles Leiden relevanten Fachgebiet. Wir verwenden das Wort Autorität auch im Sinne einer festen Grundlage für unser Wissen und Handeln, haben jedoch fast vergessen, daß dies seine ursprüngliche Bedeutung ist.

FC: Und wie kommt man nun von der Autorität im Sinne von «fester Grundlage für Wissen und Handeln» zur Autorität als «Macht zu befehlen»?

DSR: Dieser Schritt ist relativ leicht zu verstehen, vor allem wenn man von einer kleinen Gemeinschaft ausgeht. Denken wir doch einmal an ein Dorf oder einen Volksstamm in früheren Zeiten. Jemand, der dort zuverlässig unter Beweis stellte, daß er eine feste «Grundlage für Wissen und Handeln» besaß, wurde in eine Position von Autorität gebracht. Das geschieht auch heute noch in der Familie. Die mit Autorität ausgestattete Person kann eine weise Tante sein, zu der jeder geht, wenn er Probleme hat. Man sieht in ihr eine Autorität. Die amerikanischen Indianer bestimmten Häuptlinge für die Kriegführung. In Notzeiten sah man sich nach jemandem um, der schon oft eine zuverlässige Quelle für Wissen und Handeln gewesen war, und machte diese Person zum Häuptling. Sobald die kriegerische Auseinandersetzung vorbei war und kein Ausnahmezustand mehr bestand, trat diese Person wieder ins Glied zurück.

TM: Das ist eine sehr vernünftige Art des Umgangs mit der Autorität. Man findet sie auch in der frühen Geschichte des

Volkes Israel nach dem Auszug aus Ägypten. Das Buch der Richter berichtet von charismatischen Führern, die in Krisenzeiten die zwölf Stämme zusammenriefen und sie in den Kampf führten. Einer dieser «Richter» war sogar eine Frau namens Deborah.

DSR: Häufiger jedoch geschieht folgendes: Jemand, der die Macht zu befehlen erhält, etabliert sich in der Macht und beharrt auf dieser Position lange nachdem er aufgehört hat, eine feste Grundlage für Wissen und Handeln zu sein. Das ist dann der Wendepunkt von echter zu autoritärer Autorität. Wir sagen, jemand wird mit Autorität ausgestattet. Diese «Ausstattung» besteht in einer Amtskleidung. Der derart Ausgestattete kann eine zuverlässige Quelle für Handeln und Wissen sein oder nicht. In beiden Fällen jedoch gibt ihm seine Amtstracht die Macht zu befehlen.

Damit Autorität gesund bleibt, müssen zwei Dinge zusammenkommen: Stärke und Verantwortungsbewußtsein. Mit anderen Worten – wer Macht ausübt, muß für ihre Anwendung verantwortlich sein. Autoritäres Verhalten entsteht, wenn Menschen im Besitz von Macht nicht mehr verantwortungsbewußt sind. Verantwortungsbewußtsein verpflichtet die Machthaber, sich denen zu stellen, die ihre Autorität in Zweifel ziehen. Vielleicht sind diese so unterdrückt und ausgebeutet, daß sie sich nicht äußern können. Dennoch stellt ihr bloßes Vorhandensein die Autorität in Frage. Wie nutzen wir in diesem Zusammenhang unsere eigene Macht? Es ist wichtig daran zu denken, daß jeder einzelne von uns über Autorität verfügt – in der Familie, am Arbeitsplatz, unter gleichgestellten Kollegen –, jeder besitzt ein gewisses Maß an Autorität.

FC: Dann sprechen wir in Wirklichkeit also nicht von etwas da draußen – von «denen dort», diesen Schurken, diesen autoritären Typen. Wir reden von uns selbst.

DSR: Ja, und hier wird die Sache für mich interessant. Die Frage «Welche Verantwortung tragen diejenigen, die Autorität ausüben?» ist an uns alle gerichtet, wenn auch in unterschiedlichem Maße und verschiedener Form. Meine Antwort lautet: Wer Autorität besitzt, sollte seine Macht nutzen, um die seiner Autorität unterstellten Menschen mit Handlungsmacht auszustatten, sie fest auf beiden Füßen stehen zu lassen. Jemanden zum Handeln zu ermächtigen heißt, ihm Autorität verleihen. Und jemandem Autorität verleihen heißt, ihm Verantwortung überlassen. Das ist der Grund dafür, daß der Feigling in uns keine Autorität für sich will. Wir wollen einfach nicht die damit verbundene Verantwortung tragen. Indem wir unsere eigene Verantwortung abschieben, spielen wir autoritären Personen in die Hände.

FC: Dieser Prozeß – Autorität zu besitzen und andere unter seiner Autorität zu haben, sowie die Aufgabe, sie zu eigenem Handeln zu ermächtigen – ist allen Eltern bekannt. Ob sie es mögen oder nicht und in welcher Situation auch immer – die Eltern sind für das kleine Kind eine verläßliche Quelle des Tuns und Wissens. Dieses kleine Szenario wird zu jeder beliebigen Zeit aufgeführt. Die Eltern müssen das Kind nach und nach dazu bringen, auf eigenen Füßen zu stehen, müssen ihm Autorität überlassen oder ihm die Vollmacht übertragen, die in ihm vorhandene Autorität zu nutzen. Der Prozeß der Elternschaft ist auf der ganzen Welt einer, in dem wir den Umgang mit Autorität lernen müssen. Wir lernen dabei auch, daß das Kind – also jeder einzelne von uns – sehr bald alle Macht will, aber nichts von der Verantwortung. Das führt zu all diesen Problemen mit der Autorität.

DSR: Was können wir tun, um dem abzuhelfen? Was können wir dagegen tun, daß wir so schnell bereit sind, alles den Mächtigen zu überlassen, weil das für uns bequemer ist, als selbst Verantwortung zu übernehmen. Das ist das wirkliche Problem.

TM: Man braucht doch nur zu beobachten, wie wenig Menschen in diesem Lande Verantwortung übernehmen und zur Wahlurne gehen – obwohl das doch so einfach ist.

DSR: Und die meisten Nichtwähler beklagen sich über die Behörden. Sie sind mit den Kandidaten so unzufrieden, daß sie sich nicht einmal die Mühe des Wählens machen. Für sie spielt es keine Rolle, wer gewinnt. Der eine ist so gut wie der andere.

TM: Die würden eher sagen, einer sei so schlecht wie der andere, weshalb es keinen Sinn hat, zur Wahl zu gehen. Dabei ist in einer Demokratie der eigentliche Grund für das Wählen nicht so sehr die Wahl des einen oder anderen Kandidaten. Vielmehr soll man seiner Überzeugung Ausdruck geben und seine Stimme mit den Stimmen der Leute vereinen, die diese Überzeugung teilen.

DSR: Ja, so übt man in einer Demokratie verantwortungsbewußt seine persönliche Autorität aus.

Hinsichtlich der Autorität hat unsere Gesellschaft einen blinden Fleck. Die meisten Leute wollen einfach nicht glauben, daß der Mensch sich gern der Autorität beugt. Unsere Gesellschaft meint, jedermann sei im Grunde seines Herzens ein Rebell, falls man ihn nicht unter Kontrolle hält. Eltern behandeln ihre Kinder stets als potentielle Rebellen. Das Kind ist jedoch kein Rebell: es ist nur nicht so leicht lenkbar, das ist alles. Das Kind verlangt nach Macht, was jedoch nicht das wirkliche Problem ist. Das liegt vielmehr darin, daß das Kind keine Verantwortung übernehmen will. Ich erinnere nur an die Experimente, die Stanley Milgram an der Yale-Universität durchführte. Er wies nach, daß sehr viele normale Menschen bereit sind, gewalttätig zu sein, wenn sie von einer autoritären Person dazu aufgefordert wurden. Meines Erachtens ist der Grund für dieses schockierende Ergebnis, daß die Menschen lieber machtlos sind, als sich ihrer Verantwortung zu stellen.

FC: Und was können wir daran ändern?

DSR: In diesem Falle ist es hilfreich zu fragen: Wie lehrte Jesus selbst, bevor die Kirche begann, *über* Jesus zu lehren? Die Historiker stimmen im allgemeinen überein, daß er mit Autorität lehrte und seinen Zuhörern Mut zum Handeln einflößte, vor allem den kleinen Leuten. Sie sagten – und das wird mehrfach in den Evangelien erwähnt –: «Dieser Mann spricht mit Autorität.» Und dann fügten sie hinzu: «Aber nicht wie unsere Autoritäten.» Diese Barmherzigkeit brachte ihn in Schwierigkeiten. Spricht jemand zu unserem Herzen und sagt Dinge, die man selbst zwar stets wußte, jedoch nicht richtig in Worte zu fassen wagte, dann sagt man: «Oh, dieser Mensch spricht wahrlich mit Autorität.»

Und genau das sagte man von Jesus. Er autorisiert die Menschen, ihrem innersten religiösen Gewahrsein zu vertrauen. Er erinnert sie an den Gott, den sie in ihren Herzen kannten, Gott als liebender Vater, als Mutterhenne, die ihre Küken unter ihren Flügeln sammelt und schützt. Er zeigte ihnen, was sie im tiefen Inneren schon immer gewußt hatten – daß Gott jeden von uns liebt, als wären wir sein einziges Kind und wir alle eine große Familie.

Jesus machte Ausgestoßene zu seinen Freunden und gab ihnen das Gefühl des Zugehörens. Er heilte Menschen nicht mit den Worten: «Hokus pokus, du bist geheilt», sondern indem er ihnen Vertrauen in die göttliche Heilkraft in ihrem Inneren vermittelte: «Dein Glaube – dein Vertrauen – hat dich geheilt.» Er sagte auch nicht: «Hokus pokus, deine Sünden sind vergeben», sondern erinnerte sie an das, was sie im Herzen bereits wußten: daß Gottes Liebe ihre Sünden bereits vergeben hatte, bevor sie überhaupt gesündigt hatten. Nun ist aber jemand, der die Selbstachtung des einfachen Volkes stärkt, ein Dorn im Fleisch derer, die sich selbst dadurch an der Macht halten, daß sie andere unterdrücken.

Für den einzelnen Gläubigen besteht eine der wichtigsten

271

Veränderungen, die das neue Denken in der Theologie mit sich bringt, darin, daß der persönlichen Erfahrung des Göttlichen solch großes Gewicht verliehen wird. Jede Lehre muß mit der persönlichen religiösen Erfahrung des Menschen in Verbindung gebracht werden. Früher wurden religiöse Wahrheiten von außen und von oben vermittelt.

Die Frage an einen Erwachsenen vor der Taufe lautet: «Was erwartest du von der Kirche?» Das ist die entscheidende Frage, und die Antwort lautet «Glauben». Im Denken des alten Paradigmas bedeutet das: «Vermittle mir alle Wahrheiten des Glaubens. Gib mir das ganze Paket.» Nach dem neuen Verständnis heißt es: «Unterstütze mich bei meiner vertrauensvollen Erforschung Gottes.» Das sind zwei völlig verschiedene Verhaltensweisen. Sobald man sich derart umstellt, gibt man zu, daß die Funktion religiöser Ermächtigung darin besteht, die göttliche Autorität in all denen zu erwecken, die einer Autorität unterstellt sind.

FC: Das zeigt uns, wie sehr Macht und Autorität verbunden sind. Denken wir zum Beispiel an einen Arzt. Im alten Paradigma ist er die Autorität für die Gesundheit des Patienten. Er hat die Macht zu entscheiden, ob man gesund ist oder nicht, und was man zu tun hat, wenn man nicht gesund ist. Deshalb wird er vielleicht sagen: «Sie müssen sich operieren lassen.» Also läßt man sich operieren. Oder er sagt: «Sie müssen diese und jene Medizin einnehmen», und das tut man dann auch.

DSR: Das ist noch immer die vorherrschende Form ärztlichen Verhaltens.

FC: Im neuen Paradigma betätigt sich der Arzt mehr als Ratgeber und Unterstützer des Heilungsprozesses, der im Grunde dem Patienten obliegt. Dessen individuelle Verantwortung für die eigene Gesundheit ist also viel größer. Macht und Verantwortung gehören tatsächlich zusammen, nicht wahr?

Macht und Verantwortung

FC: Für mich war das Infragestellen der Autorität das Leitmotiv des größten Teils der Bewegungen der sechziger Jahre. Da waren beispielsweise Studenten, die die Autorität ihrer Lehrer und der Universitätsverwaltung anzweifelten. In der Bürgerrechtsbewegung stellten die Schwarzen die Autorität der Weißen in Frage, in der Frauenbewegung Frauen die Autorität der ' Männer. Im Prager Frühling bestritten die Tschechen die Autorität der Sowjets. Dieses Anzweifeln von Autorität ist ein gemeinsames Thema der ganzen 1960er Jahre. Gibt es Ähnliches in der Theologie?

DSR: Durchaus. Die Theologie hat stets Fragen gestellt, jedoch innerhalb eines gewissen Rahmens, der als solcher jedoch nicht angezweifelt werden durfte. Jetzt jedoch geschieht das. So diskutierten wir früher über die Offenbarung, indem wir fragten, was eine bestimmte Lehre besagte. Heute jedoch fragt man, ob Offenbarung eine Sammlung von Lehren oder etwas anderes sei? Plötzlich sprengt man den Rahmen, der früher als unantastbar galt.

FC: Mit anderen Worten – man stellt das Paradigma in Frage. Das gehört zum Begriff des Paradigmas – daß man den gesamten Rahmen in Frage stellen kann. Der Kontext ist nicht etwas Gegebenes, sondern kulturell und historisch bedingt. Und wenn man das Paradigma anzweifelt, dann zweifelt man auch die Autorität an, oder nicht?

DSR: Ja, zumindest wenn die Autoritäten auf einem gegebenen Paradigma bestehen.

FC: Wenn dieses in den sozialen Institutionen verkörpert ist. Mit dem Anzweifeln des Paradigmas zweifelt man an den gesellschaftlichen Institutionen.

273

DSR: Es wird alles in Frage gestellt – radikal, jedoch verehrungs- oder respektvoll. In diesem Kontext ist das Paradigma der gültige Rahmen, innerhalb dessen man die Dinge letztlich betrachtet. Die Worte «radikal, jedoch verehrungs- oder respektvoll» sind ganz entscheidend. Und es ist nicht so leicht, die Spannung zwischen den beiden Verhaltensweisen aufrechtzuerhalten, wenn wir Autorität in Frage stellen.

TM: Könnten wir demnach sagen, daß wir nicht nur die Inhaber verantwortlicher Positionen in Frage stellen müssen, sondern auch *uns selbst,* um unsere eigene Reaktion und unser eigenes Verantwortungsgefühl auf den Plan zu rufen.

DSR: Ja, so ist es. Der Begriff «Verantwortung» impliziert, daß diejenigen, denen wir Macht anvertrauen, Antwort geben müssen, wenn wir sie nach dem Gebrauch dieser Macht befragen, aber auch, daß wir von unserem Recht Gebrauch machen müssen, sie zu fragen.

FC: Nun sagt man im Rahmen des alten Paradigmas, die Regierung sei für dies und das verantwortlich und habe daher die Macht zu entscheiden, was mit dem Geld des Steuerzahlers geschieht. So ist beispielsweise die Regierung für unsere Sicherheit verantwortlich, und sie hat die Macht zu bestimmen, welche Waffen wir brauchen. Es wird aber nicht gefragt, ob Sicherheit nicht etwas vollkommen anderes bedeuten könnte. Wie würden Sie aus theologischer und religiöser Sicht von Verantwortung sprechen?

DSR: Das ist etwas, was in der Lehre der Kirche sehr sorgfältig formuliert wurde. Der technische Ausdruck für das zugrundeliegende Prinzip ist «Subsidiarität». In der Umgangssprache bedeutet dies, daß die Entscheidungen an der Basis getroffen werden. Das Wesen des Subsidiaritätsprinzips besteht darin, daß jede Entscheidung, die auf einer unteren Ebene getroffen werden *kann*, auf dieser Ebene getroffen werden *muß*. Sie darf nur an die nächsthöhere Ebene der Autorität verwiesen werden, wenn die untere sie nicht angemessen handhaben kann.

TM: Man könnte sagen, dieses Prinzip sei erst in relativ neuerer Zeit in die Tat umgesetzt worden, obwohl es aus dem Neuen Testament stammt. Es begann alles mit den sogenannten «sozialen» Enzykliken, ausgehend von der Enzyklika Rerum Novarum von Papst Leo XII. gegen Ende des 19. Jahrhunderts. Darin wird das Subsidiaritätsprinzip auf die säkulare Gesellschaft angewendet, jedoch nicht auf die eigenen Strukturen der Kirche, die als Pyramide gedacht sind, in der alles von oben nach unten gelenkt wird. Eine Ausnahme waren und bleiben die Benediktiner.

DSR: Wir Benediktiner sind stolz darauf. Die Schwierigkeit bei der Anwendung des Subsidiaritätsprinzips liegt jedoch darin, daß die unteren Autoritäten so zaghaft sind, daß sie die ihnen zustehende Macht freudig den höheren Autoritäten überlassen. Wir können nicht voraussetzen, daß die Menschen stets darauf bedacht sind, mehr Macht auf lokaler Ebene zu erlangen. Oft geben sie sie nur allzugern weiter. So fragen beispielsweise die Bischöfe sehr häufig in Rom zurück, in Fällen, bei denen man in Rom wünschte, sie sollten besser an Ort und Stelle entschieden werden.

TM: Das gilt besonders für die sogenannte «Dritte Kirche» in Asien und Afrika. Zwar hat das Zweite Vatikanische Konzil voll und ganz Predigt und Gottesdienst im Stil der jeweiligen Kultur und ihre Anpassung an lokale Eigenarten und Sitten autorisiert. Doch die meisten asiatischen und afrikanischen Bischöfe zögern ohne ausdrückliche Zustimmung des Vatikans, konkrete Schritte in dieser Richtung zu unternehmen.

FC: Kommen wir nochmals auf das Verhältnis zwischen Macht und Spiritualität zu sprechen. Wie beurteilen Sie Gandhis Spiritualität? Stimmen Sie mir zu, daß er ein Vorbild dafür ist, wie man Macht handhabt, ohne korrupt zu werden? Und wenn ja, was können wir daraus lernen?

DSR: Gandhi wird von vielen Christen als christusähnliche Gestalt angesehen. Er tat genau das, was ganz typisch für Jesus war, nämlich andere zum Handeln zu ermuntern. Dadurch geriet Jesus in Schwierigkeiten, und genau das war auch bei Gandhi der Fall.

FC: Ja, beide wurden umgebracht.

DSR: In beiden Fällen wollten die Menschen nicht wirklich die Macht, die ihnen zugestanden wurde, jedenfalls nicht in dem Ausmaß. Einige wollten sie schon, aber viele andere sagten: «Uns ging es doch viel besser, als uns gesagt wurde, was wir zu tun haben. Unter britischer Herrschaft lief alles ganz reibungslos.»

FC: Aber das waren nicht die Leute, die Gandhi umgebracht haben.

DSR: Das stimmt. Hätte Jesus eine ausreichend starke Gefolgschaft von Menschen gehabt, die es nach Handlungsfreiheit verlangte, dann hätte diese ihn vielleicht beschützen können. Ich weiß nicht, wie das im Falle Gandhi aussah. Was ich an ihm so bewundere, ist, daß er wie Jesus seine persönliche Macht nutzte, um andere zu ermächtigen. Nach den Evangelien ist das die christliche Anwendung von Macht. Ein typisches Beispiel dafür ist die Fußwaschung. Jesus sagte: «Die weltlichen Fürsten überlassen das ihren Untertanen. Mit euch soll es umgekehrt sein. Der Mächtigste sollte der Diener aller sein.»

FC: Also auch hier wieder ein Zusammengehen von Macht und Verantwortung.

DSR: Richtig. Wo Macht und Verantwortung getrennt sind, da wird Macht korrumpiert. So könnte man fast korrupte Macht definieren.

FC: Nun weiß jeder, wie schwer es ist, Verantwortung zu tragen. Je mehr man davon hat, desto schwerer trägt man daran. Deshalb wird eine verantwortungsbewußte Person, die eine Fülle von Macht besitzt, bestrebt sein, andere zu ermächtigen, um auf diese Weise die Verantwortung aufzuteilen, zu dezentralisieren, nicht wahr? Denn einer alleine kann nicht allzuviel davon handhaben. Besitzt man also viel Macht, dann gibt es nur zwei Möglichkeiten, damit fertig zu werden. Die eine besteht darin, sich an die Macht zu klammern. Das ist nicht verantwortungsbewußte, sondern korrupte Macht, was natürlich meistens der Fall ist. Die andere Art ist zu sagen: «Ich besitze zu viel Macht, zu viel Verantwortung, und möchte sie daher aufteilen.» Dann gebraucht man seine Macht, um andere zu ermächtigen. Und das wäre dann die christliche Art von Machtausübung – andere ermächtigen.

DSR: Ja, doch würde ich das nicht ausschließlich christlich nennen; es ist der Weg des gesunden Menschenverstandes. Fragt man mich, worin der echt christliche Einfluß während dieser zweitausend Jahre bestehe, dieses Neue, wodurch das Christentum das Abendland transformiert hat, dann würde ich von einer neuen Vision der Macht sprechen. Sie hat von Anfang an viel Unruhe gestiftet, viele Märtyrer geschaffen. Oft hielten sich nicht einmal die Autoritäten und Machtstrukturen der Kirche daran, im Idealfall jedoch wurde sie weitergegeben, und oft wird sie von Leuten übernommen, die außerhalb der Kirche stehen. Doch bleibt sie erkennbar als etwas, was in der Geschichte des menschlichen Geistes auf Jesus zurückgeht. In dieser Hinsicht übte er eine Wirkung aus, die noch in die heutige Zeit ausstrahlt.

FC: In meinen Vorträgen und Seminaren habe ich das Wort «Macht» oft in zweifachem Sinne gebraucht – Macht als Herrschaft über andere und Macht als Einfluß auf andere: Einfluß entspricht sinnesgemäß mehr dem Ermächtigen, Herrschaft mehr der korrupten Macht. Mit Autorität hängt das insofern zusammen, als echte Autorität, im ursprünglichen Sinne des Begriffes, jemand besitzt, der Vertrauen verkörpert und dem daher Verantwortung übertragen wird.

DSR: Diese Menschen sollten Macht haben, solange sie Vertrauen verdienen. Die meisten mit Macht ausgestatteten Autoritäten neigen aber dazu, sich noch lange, nachdem das Vertrauen in sie geschwunden ist, an die Macht zu klammern.

FC: In Wirklichkeit besteht die Rolle der Autorität darin, Wissen zu verbreiten, damit die Menschen sich selbst helfen können und sich nicht auf andere verlassen müssen.

DSR: Genau das meine ich, wenn ich sage, Autorität wird verliehen, damit den ihr unterstellten Menschen Kraft zum Handeln gegeben wird. Selbst wenn wir eine religiöse Autorität irgendwo da draußen anerkennen, tun wir das letzten Endes aufgrund der Stärke der göttlichen Autorität, der allerhöchsten Autorität, die wir in unserem Herzen erfahren.

FC: Man kann diese Denkweise eines neuen Paradigmas auch dynamisch auffassen. In der Vorstellung des alten Paradigmas ist Macht statisch. Es gibt eine Hierarchie, und daran ist nicht zu rütteln. Das bedeutet Beherrschung aller niederen Ebenen durch die oberste Ebene. Sieht man Macht jedoch als einen konstanten Fluß nach außen zur Ermächtigung anderer und zur Stärkung ihrer Autorität, dann ist sie ein dynamischer Prozeß.

DSR: Das ist ein sehr guter Standpunkt. Dazu kommt natürlich noch die Vernetzung der Autorität verschiedener Individuen, verschiedener Gruppen, nicht nur vertikal, sondern auch horizontal.

FC: Aus diesem Grunde sage ich: Die ideale Struktur der Macht als Einfluß ist das Netzwerk. Feedback erhält man nicht in der Hierarchie, sondern im Netzwerk.

TM: In der katholischen Tradition gibt es für diese Art von Struktur eine theologische Grundlage. Es ist das Prinzip der Kollegialität, innerhalb dessen Papst und Bischöfe, der Klerus und die Laienschaft organisch handeln, wie ein lebender Körper, mit festliegenden, jedoch interdependenten Funktionen, die den verschiedenen Mitgliedern zugewiesen sind.

Michail Gorbatschows Neues Denken

FC: Ich möchte hier auch noch etwas über einen sehr aktuellen Zusammenhang mit Gorbatschows «Neuem Denken» sagen, das gut in unsere Diskussion von Macht und Autorität paßt.

Während meines jüngsten Besuches der Sowjetunion habe ich herausgefunden, daß es einen Aspekt von Gorbatschows Perestroika gab, der für unser Gespräch unmittelbare Relevanz hat. Als Anführer der Perestroika kombinierte Gorbatschow seine politischen Bemühungen mit einer Sprache, die der unseren sehr ähnlich ist. Viele der Begriffe, die wir in unserem Gespräch gebraucht haben, verwendete er auch in seinen Reden. Während der beiden vergangenen Jahre habe ich mit großem Interesse die Wurzeln der Sprache Gorbatschows erforscht. Wie wurde er mit dieser Art von Sprache vertraut? Schließlich ist es eine philosophische und wissenschaftliche Sprache, die er in Zusammenarbeit mit anderen entwickelt haben muß. Dabei habe ich festgestellt, daß dieses «Neue Denken», wie er es nennt, seinen Ursprung in den siebziger Jahren hat. Damals gab es eine über das Land verstreute Gruppe von Philosophen und Naturwissenschaftlern, die sich mit etwas befaßten, was wir als Paradigmenwechsel bezeichnen. Sie taten das in Artikeln und Diskussionen am Runden Tisch, die in der bekannten philosophischen Zeitschrift «Fragen der Philosophie» veröffentlicht wurden. Herausgeber dieser Zeitschrift während der siebziger Jahre war ein Philosoph namens Ivan Frolov. Dieser Philosoph war auf dem Höhepunkt der Perestroika Chefredakteur der Pravda und hatte als solcher unerhörten Einfluß auf die Gestaltung der öffentlichen Meinung; er war zu der Zeit in der Sowjetunion ein sehr bedeutender Mann und Ratgeber für Gorbatschow.

Bei Entstehung des neuen Denkens in den siebziger Jahren lag der Schwerpunkt bei der Erforschung der Beziehungen zwischen Naturwissenschaft, Philosophie, Religion und Kunst. Es ging also mehr oder weniger um dieselben Themen, die wir hier in unserem Dialog behandelt haben. Für mich ist das neue Denken des Gorbatschow tatsächlich Teil derselben Bewegung, von der wir hier ebenfalls ein Teil sind.

Gespräche wie das unsere, das seit einiger Zeit in Gang ist und nun in diesem Buch niedergeschrieben wird, gab es in den siebziger Jahren also auch in der Sowjetunion, zu einer Zeit, in der die von uns erörterten Ideen auch dort erarbeitet wurden. Extrem formuliert könnte man sagen, diese Art von Gesprächen waren es, die letzten Endes die Berliner Mauer zum Einsturz brachten. Denn sie beeinflußten das Denken von Gorbatschow, dessen Haltung der Nichteinmischung und des Verzichts auf Gewaltanwendung sich auf ganz Osteuropa auswirkte und damit zum Fall der Berliner Mauer führte. Es gibt also tatsächlich einen unmittelbaren Zusammenhang zwischen den hier von uns erörterten Gedanken und den jüngsten Geschehnissen in Osteuropa.

DSR: Ich kann mir darüber hinaus noch viele unsichtbare

Mauern vorstellen, die ebenfalls niedergerissen werden müssen. Vielleicht wird unser Gespräch dazu einen gewissen Beitrag leisten.